U0145752

哲學與教育
——基督教觀點

George R. Knight 著

簡成熙 譯

五南圖書出版公司 印行

Philosophy and Education
An Introduction in Christian Perspective
(Fourth Edition)

George R. Knight

作者序

　　本書基本前提在於明確的指出，除非人們知道要往哪裡去，否則他們無法到達其歸宿。這項前提會讓人們開始探詢其目標，探詢目標的課題會使人們反思種種價值問題。當關注到價值時，就必然導致人們開始思考真理、實體的基本問題。換句話說，目標之探詢導致人們探索基本的哲學課題。

　　本書第二項前提是哲學立場與教育實務之間的關係清楚明確。這項陳述的意思是教育實務植基於哲學信念。也就是哲學觀點主要決定了各項教育實務的考量，諸如教學方法、課程重點、教師角色、學校的社會功能以及學習者的本質等。

　　第三項前提是基督學校最大的需要是充分彰顯基督徒這個字最完整的意思。處於教育花費急遽擴增的年代，在公立學校體制下，基督學校作為一種另類學校，說明了基督教育工作者有能力發展出真正的基督另類教育。當基督教育工作者清楚明瞭基督信念以及這些信念能且必須影響教育規劃及實務時，基督教育的需要才能被充分認清。基督教育工作者藉著研修歷代及當代教育哲學、教育理論，當有助於其工作推展；但必須超越世俗視野，致力於發展建立在明確基督教世界觀下的積極教育哲學。

　　本書正是要檢視涉及教育專業的哲學各個層面，並突顯哲學原初論點與教育結果之關係。這本小書不敢說完全掌握哲學或教育的全貌，也不企求對引出的問題提出解答。相反地，許多問題刻意懸而未決或未加說明，我希望能刺激討論，並持續思考這些問題。思考是一不斷奮力向前的歷程，如果學生學習教育哲學時，能臻於此境，不會將教育實踐孤懸於生命的基本問題，能將教育實踐扣緊終極意義，那就是研讀教育哲學最有價值的成果之一了。

　　本書是為大學或學院的學生而寫。然而，一般讀者也會發現，本書將有助於他們省思自身的基本信念，並據以分析教育目的與實務。本書可作為教育哲學課程有限上課時間之教本，也適用於各派哲學學者、教育理論家們相互聯繫的讀物。基督教教育哲學課程的教師們，也可為其學生揀選內容，無須全書讀透。第一、三篇提供基督觀點的精要，而第6章討論當代教育各派理論，將助於學生快速掌握時下教育理論之概要。

　　本書分成三個部分，第一篇探討哲學的基本課題與哲學和教育的關係；第二篇探討傳統和當代教育哲學所面對的基本問題，以及它們對教育實務所能提供的選擇回應之道；第三篇涉及發展個人教育哲學的重要、基督哲學的可能取向、基督學校中運用基督哲學在各個教育實務上的重點。

　　我在此謹向形塑我觀念的人們致意。感謝休士頓大學（University of Houston）的威因斯坦（Joshua Weinstein）帶我進入教育哲學的領域。我也要在此對本書編輯 Robert Firth 致謝。Andrews 大學的 George Akers，Calvin 學院的 Peter DeBoer，Loma Linda大學的Maurice Hodgen，他們共同審閱了本書初稿，提供了許多建設性的修正意見，豐富了本書的內容。謝謝Shirley Welch、Jill Doster二位費心校對；感謝Donna Wise、Nancy Sharp、Gail Valentine 協助大部分的文書打字；感謝Peter Erhard美編與封面設計；感謝 Denise Johnson協助付梓；感謝Andrews大學提供經費支持及時間，讓我能專事寫作。在我受教的過程中，深受無數作者、教師、演講者等等的影響，更不待言，我必須承認，這些潛移默化的觀念，也成了本書資料的來源。當然，作為一本導論性著作，本書第一手資料的呈現並不特別迫切，但總是缺憾，特別是一、二兩篇。

喬治・奈特

1980 年 5 月

增定四版序

　　本書前三版所受到的歡迎是我原先所不敢預期的，逾四分之一世紀的持續使用，可說明作為基督教教育哲學的一般介紹而言，本書是適當的。所以，在第四版中，對原來的結構與內容並沒有作很大的改變，我多增添了第四篇「公立學校的基督教師」一章；第 10 章課程橋段中，增添學校中的世界觀、文化戰爭和衝突之議題。每章後也設計了一些問題，在內文中也特別「標示重點」。除此之外，也增添了智慧設計、在家教育、建構主義、全球化對教育的討論。本版也增補、澄清、豐富、潤飾了原先的內容。

　　我要特別謝謝洛杉磯教育局辦公室的 Richard Nicholson 提供了許多寶貴建議；Bonnie Knight 協助繕打；Deborah Everhart、Ronald Knott 二位在出版過程中的關心。

　　我相信無論是讀者在個人興趣或專業工作上，若需要接近基督觀念之堂奧，本書新版將能提供助益。

喬治・奈特

2005 年 12 月 1 日

譯者序

　　我個人1990年在博士班就讀時，基於興趣與學習的需要，翻譯了原作者奈特之《教育哲學導論》（*Issues and Alternatives in Educational Philosophy*）一書。1991 年正式站上大學講臺後，利用《教育哲學導論》講授教育哲學，該書竟然成為臺灣各大學師資培育的長銷教科書，倒是始料未及，這應該歸功於原著文風流暢，譯者也一直隨原作者之修訂增補。過去 20 多年來，在研討場合，常有許多後學或學子與我寒暄的第一句話，就是在教育學程階段，讀過我的《教育哲學導論》譯著。實在不敢掠美原作者，但能夠以學術情牽美國學者到華人世界，我也與有榮焉。我在譯出《教育哲學導論》之後，也進一步得知，《教育哲學導論》其實是本書略去鮮明的基督教色彩後，為一般讀者需求而出的「世俗版」。十數年來，一直很希望能還原原著，但因繁重的學術行政，延宕至今。總算今年可趁休假之便，有機會把原作者真正心儀的基督教育哲學理念介紹出來，也代表我個人對原作者的感念。

　　教育哲學是教育學的重要理論基礎，根據英國教育哲學家皮德思（R. S. Peters）的看法，歷史、哲學、心理學、社會學可視之為教育學的四大理論基礎。從歷史學發展出的教育史是過往教育人物、事蹟之智慧；教育心理學與教育社會學是運用社會科學的方法，對教育現象涉及之經驗現象作客觀之實徵探究；教育哲學則是運用哲學的方法，澄清教育的重要概念與論證教育價值。我們不一定堅持皮德思的看法，但讀者可以大致用這些學門（不管你有沒有修過）去架構個人的教育素養，形成個人圓滿的教育信念。本書的讀者，可能是未來的教師，應該會同意，在你們修習師資學分時，主要會集中在教育心理學、課程與教學等的知識脈絡，旁及許多實務導向的課程，如班級經營、教材教法等等；相形之下，教育哲學等思想性或理論性之學科，受限於其抽象

性，較少開設。而一般教育工作者更常視爲學習畏途，研究生亦然。當今資訊日新月異，知識在數位、e化、人工智能、虛擬實境的形塑下，如何把古雅的「愛好智慧」的哲學，帶給時下年輕人或準教師們，毋寧是我們教育哲學工作者的重責大任。誠摯期盼藉著翻譯奈特的這兩本書，能代表譯者個人唐吉柯德式、知其難爲而爲的嘗試性努力，也期待年輕朋友能體會與傳承。

教育哲學對於教育的導進功能以及本書的旨趣，原作者已做了完整的說明，譯者不在此贅言。我想在此特別提出幾點想法。其一，美國教育哲學各學派，羅馬天主教的傳統（Roman Catholic educational philosophy）（如本書的新士林哲學）一直見諸重要教育哲學教科書中，譯者曾譯出馬瑞坦（J. Maritain）的《十字路口的教育》（*Education is at crossroads*，五南出版），就是其中重要的經典。但我相信天主教與基督教在教義上的差別，一般非教友可能無法完全分辨。奈特在本書中認爲新士林哲學取向的教育哲學傳統，從古希臘亞里斯多德（Aristotle）、中世紀聖多馬士（Thomas Aquinas）到當代馬瑞坦等仍然過度強調理性的傳統，或許是從美國教育哲學的發展來立論。其間的分際，值得一般讀者再去釐清，教友同道也可以協助深化，繼續深究。附錄一原是當初《十字路口的教育》的導讀，並附於此，提供有志者參考。

對一般非教友而言，本書可以提供什麼思考？走筆之時，譯者友朋群組，剛好有人表達聖經就是一部以色列人等之民族歷史及一些神話而已，譯者相信這應該反映了大部分沒有宗教信仰讀者的看法。而大多數沒有宗教信仰的哲學工作者，可能爲數不少的人也會認爲宗教信仰有最高不容挑戰的權威，終究是違反人的自主性。譯者認爲，對前一類非教友而言，無論讀者是持其他何種宗教立場（不信教、無神論也是一種立場），就把宗教或神學論述當成是哲學論述中的一種也無妨，我們不是也會情有獨鍾某一類哲學立場嗎？但這不妨礙我們讀其他派哲學，也不代表不能從其他派哲學獲得智慧。

　　至於不滿宗教代表最高權威，認爲違反人的自主性者，這確實是人生態度的大哉問。不少治中國思想學者，認爲東方文化不窮究終極實體，不必託付上帝，這種以人爲本的傳統，反而可以更自在地身心安頓，不假外求。相關論述，讀者可以多方探索。奈特在此勉勵吾人，不要高漲自己的理性，信仰能讓我們更謙卑。信仰神，或許更可體現在世俗的價值與服務的生命意義。2017年恰是馬丁・路德（Martin Luther）在威騰貝格堡（Wittenberg）教堂門口釘上 95 篇反教會腐化的宣言500週年，西方世界從此展開了波濤壯觀的宗教改革運動。我的大學哲學啓蒙老師張奉箴神父，曾勉勵我研究西方思想是繞不過宗教的（已辭世的張神父精通多種語言，讓我見識了大學教授的深厚學養，謹此懷念）。社會學巨擘韋伯（M. Webber）認爲基督新教有助於西方人努力工作以彰顯上帝榮耀，是促成現代資本主義興起的深層心理機制，已是耳熟能詳。更不用說啓蒙時代的康德（I. Kant），建構人類理性尊嚴的道德自主時，除設定意志自由外，也還得設定（非證明）上帝存在與靈魂不朽。譯者要說的是，西方基督教的信仰傳統，並不妨礙他們在近代社會中建構自由、民主等生活方式。事實上，無論是天主教或基督教，在2000年來歷史發展的過程中，信仰與理性一直折衝不斷，其間的原委，也值得我們虛心探討，不宜逕行以權威視之。

　　此外，在政治哲學和教育哲學的一個重要學術爭議是宗教在學校推展的適法性，某一族群可否爭取宗教自由，不受世俗或學校教育的影響？或是父母對於子女宗教影響的權力或權利的大小等。宗教學校是否有權抵制進化論（或公立學校可否允許學生不接受進化論教學的權利）？這些議題是地道的西方世俗學術議題，在第11章，作者有畫龍點睛的討論。總之，我相信對廣大非基督教的教育工作者而言，本書仍然有世俗探索的價值。

　　譯者在近30年前翻譯《教育哲學導論》時，或受制於學養，也爲了初學者的方便閱讀，部分譯筆有簡化、有些地方有些許增刪，趁翻譯

此書之便，前七章部分一併予以還原。原來一些方便初學者的譯注說明，部分保留。聖經無論中西，都有很多的版本，原作者應該是用新美國標準本（*New American Standard Bible*），部分內容則引述「欽定聖經本」（King James Version, KJV）。中文世界目前較通行的是「新國際版」（New International Version），中文譯本應該還是歷史悠久的「和合本」。原書相關的經文論述部分，我大概是引用和合本的用詞；原作若明確使用欽定本，我會視需要同時列出不同本用詞。本來想針對原書論及之聖經論點，一一列出聖經原篇章，但一來篇幅不允許，再者，現在搜尋系統普及（Bible Gateway.Com，有各式語言版本，可茲對照），也就不多事了。但為了便於讀者當下理解，原書對聖經故事過於簡單帶過之處，若有必要，我仍會直接在內文說明或引出原經文，以方便讀者。這多少會些許更動原書，希望原作者不以為忤。讀者在閱讀本書時，若能直接對照經文，相信會有一番意想不到的樂趣。

我大膽的向擔任教育哲學課程的教師建議，可以直接用本書取代原《教育哲學導論》，不必有「宗教灌輸」的顧慮。若是考量到教學時間等限制而採用原《教育哲學導論》，也希望教師能向學生介紹本書，允許學生能自行選擇，特別是針對基督徒學生。我相信課堂上，聽不同宗教信仰的同學分享他們的經驗，也有助於培養晚近多元文化的世界觀。本書之讀者也有可能有應付教師檢定考試之需要，譯者也將《教育哲學導論》之附錄一併列出，是為附錄二，方便讀者進一步延伸教檢所需。

本書是譯者在教授七年後趁休假之便，全家赴美加州訪學時完成。感謝前南灣中文學校校長葉敏芬及我的苗栗大同國小同學移民加州的何黛莉熱心協助最初生活安排，並積極引介此間教會兄弟姊妹。前全美中文學校聯合總會的戴啓亮（David Tai）會長、橄欖山基督教會（Mount Olive Lutheran Church）李貴祥牧師（Pastor Craig）、張文辛（Tom Chung）等賢伉儷；洛杉磯靈糧教會（Bread of Life Church, Torrance）仁愛團契第一小組干首書夫婦（Lena & Sonny Gan）、陽道華夫婦（Joyce & Eric Yang）及王邦聰（Joyce Liu）等，我無法一一在此列出眾兄弟姊妹大名。諸兄姊不僅邀約我這位非教友參與禮拜日及查經班之聚會，義務擔任我無給職的聖經請益對象，更熱情像家人一樣協助我全家，讓我深切體會基督家庭中服務、愛與關懷的真諦，這是我這一生人際交往經驗中最美好的回憶之一，謝謝你們。本書付梓時，我的教育哲學恩師邱兆偉教授辭世，邱老師自1973年返臺後，終生致力於教育哲學之研究，希望我的努力，沒有讓邱老師失望，也把這本譯著獻給邱老師在天之靈。最後，把本書獻給我辭世的雙親。

簡成熙

2018 年 3 月間

於美國加州 Rolling Hills Estates 小城

目　錄

第三篇　基督教育哲學

第一篇
哲學和教育的基本概念

chapter **1**

哲學和教育的本質

為什麼學習教育哲學

「心靈貧乏」（mindlessness）[1] 是對 20 世紀美國教育最中肯和正確的批評。在教育的園地中，已經有許多的教育改革和實驗，但大多數這些活動的意圖、目標和實際需要並沒有被適當地評價。希爾伯曼（Charles Silberman）提到，教育「由於答案太多和提問太少，長久以來都在受罪當中。」[2]

波士曼（Neil Postman）以及韋恩賈特納（Charles Weingartner）指出，教育上缺乏心靈，是傳統以來只關心「如何」而不關心「為何」的現代社會生活中自然的結果。一個多世紀以來，美國業已因技術而受到無情的痛擊。這個國家，一直以來都忙於創造有關旅遊、通訊、醫療、清潔、死亡和殺戮的新技術，然而卻很少追問他們是否想要、需要和應該擁有這些進步，或是問問自己，這些所謂的進步是否代價太高。「進步」（progress）這個字眼已經被視為是新方法的意思。

波士曼和韋恩賈特納聲稱，美國的教育學家們接受了這種所謂的進步心態，他們正汲汲於創製出教導拼字的新技術、教導兩歲孩童算術的新方法、保持學校講堂安靜的新方法、測量智力的新模式……。教育工作者如此忙碌於創造和進行新的方法理論，以至於他們常不去詢問諸如

「兩歲數學家是否值得獲致？」的問題。[3]

「爲什麼這些就是教育（why all this education）？有什麼目的（to what purpose）？」[4]這是必須面對的兩個最重要問題，然而它們通常並沒有被嚴肅地面對。教育工作者一直是關心「活動」勝於關心「過程」；關心「手段」勝於關心「目的」。他們從未探尋有關目的之大哉問，教育工作者的專業訓練，由於只著重方法，也助長了此一問題。哥倫比亞大學的克里明（Lawrence Cremin）在面臨這個問題時公允地提到：

> 極少數的美國教育界領導者能真正注意到教育的一些問題，因為他們對於教育並沒有清楚的概念。我們若是對這些領導者之所以被徵選和受訓練的過程作一番審視，這其間，幾乎沒有什麼可以令我們有所指望。在最狹義的情況下，他們通常只是監督者、促進者和政客。他們關切的是興造建築物、平衡預算，以及撫慰家長，卻從未計劃要舉辦有關「教育目的和方法」的盛大、公開的對談。由於缺乏這樣的討論，一般大眾對於學校教育的種種運作、了解極為有限。[5]

培育一批新的教育專業人員，非常迫切。這些教育人員必須專注於「思考有關目的之問題」，以及「認清他們在做什麼和爲何做它？」[6]一些具有教育思想的領導者正從事於振起專業的訓練，這些訓練強調教育的人文（humanities）研究，包括歷史、哲學和文學等，使教育工作者對於教育目的及生活的意義，能發展更清晰的視野。在20世紀，教育的人文研究已經從教育的專業訓練中去除，因爲它們難以證明立即的功

> 教育工作者一直是關心「活動」勝於關心「過程」；關心「手段」勝於關心「目的」。他們從未探尋有關目的之大哉問，教育工作者的專業訓練，由於只著重方法，也助長了此一問題。

效。但是克里明提到：「正是這些人文研究的終極功效（ultimate util-
ity）才真正重要。」⁷ 畢竟，除非每個人都能夠知道他渴望什麼樣的目
的和為何在眾多可能的目的中選擇其一，否則要談論教育方法的功效是
不可能的。一旦某個可欲的目的存於心中，個人便抱持著特定的態度去
思考有助於達到目的的各種方法理論之相關價值。

教育哲學的任務就是要帶領未來的教師、督學、諮商者，以及課
程專家，使他們能確實面對隱藏在教育與人生的意義、目的之下的重大
問題。為了要理解這些問題，學生便必須與下列的難題苦熬，諸如實體
（reality）的本質、知識的意義和來源，以及價值的體系。教育哲學必
須使學生具備哲學的基本立場，以便能理智的評估可供選擇的成果，
將可欲的成果扣緊目的，並慎選與教育目的一致的教學方法。若此，教
育哲學的一個主要任務乃是幫助教育人員能深刻地思考整體的教育和生
活歷程，使他們能夠站在更好的立場去發展前後一致、兼容並蓄的方
案，協助他們的學生達到可欲的目標。

總而言之，學習教育哲學是要：(1) 幫助教育工作者可以熟曉教育
的基本問題；(2) 使他們能更適當地評估解決這些問題的各類廣泛建議；
(3) 幫助教育工作者清晰地思考有關生活和教育的目標；(4) 引導他們發
展出一套內在一致的觀點和方案，能夠實際地結合到更廣大的世界脈絡
中。

哲學是什麼

依字面上的意思，「哲學」這個名詞意指對智慧的愛好。然而必
須指出，僅只愛好智慧不會使一個人成為哲學家。依專門的意義，哲學
最好要從三個角度來設想：一種活動、一組態度和一套內容體系（見圖
1-1）。⁸

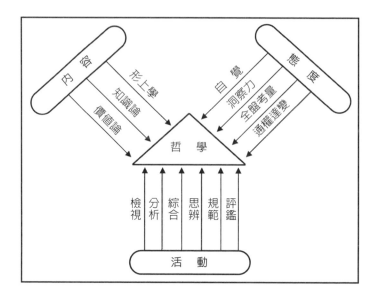

圖 1-1　哲學的面向

哲學作為一種活動

　　哲學的活動面向最好是觀察哲學家們做了些什麼。檢視（examining）、分析（analyzing）、綜合（synthesizing）、思辨（speculating）、規範（prescribing）和評鑑（evaluating），這六種活動在傳統上被視為是哲學努力的核心。

檢視

　　「檢視」可說是哲學歷程的第一步，在思想提出之前，哲學家必須先檢視證據。證據可能涉及外在的因素，也可能涉及哲學家自己內在想法與情緒的反省。哲學家當然渴望去檢視證據的所有層面，這種渴求涉及一種「整全式」（comprehensiveness）的態度，下面將接著討論。

分析

　　「分析」在哲學上著眼於澄清人類的語言，以及我們對語言的使用，其意圖在辨清我們對問題的理解和問題如何去解決。在分析時，

哲學家仔細詳查爭議中的邏輯使用，並澄
清一些諸如「博雅」（liberal）、「善」
（good）、「智力」（intelligence）和「動
機」（motivation）等詞語，試圖評估這些
詞語在各種不同脈絡中的意義。分析學派
的哲學家構設了一個假定，認爲人類問題
的根源就在於對意義的根本誤解。

> 依字面上的意思，「哲學」這個名詞意指對智慧的愛好。然而必須指出，僅只愛好智慧不會使一個人成爲哲學家。依專門的意義，哲學最好要從三個角度來設想：一種活動、一組態度和一套內容體系。

綜合

　　哲學家的「綜合」角色乃是關注於人類的意圖，並且必須獲得一種兼容並蓄、協調一致的人生觀，這一人生觀能爲統整思想、設定志向和詮釋經驗提供基礎。對大多數的人來說，理性的存在（rational existence）（按：這裡指人類）要求有一種世界觀，藉著將這世界觀放入人類更廣闊的背景中，一些個別的活動便增添了意義。作爲綜合者的角色，哲學家尋求去統一和整合人類的專門知識，使之成爲一種統合的世界觀。

思辨

　　哲學的「思辨」層面立基於人類知識的限制之上，並沒有足夠的經科學證實的資料能爲活動提供基礎。進一步地說，人類和終極存在（universal existence）最重要的層面是無法順利地以科學來處理的。倘若我們每天的日常活動不想成爲機械麻木，就必須超越經驗論證的範圍。哲學的思辨功能便在於它能允許從已知到未知的理智跳躍（rational jump），這種理智的跳躍容許在相當程度的信心下，涉入未確定的領域。否則，我們將永遠受阻於懷疑。

規範

　　「規範」在哲學上乃是企求建立關於評鑑行爲和藝術等價值的標準。「規範」常是在既定的美學判斷或道德選擇的情境中，人們「應該」如何行動或反應的表達方式。更嚴謹的說法，「規範」其任務是界

定到底善惡、對錯、美醜等意味著什麼。所以規範性的哲學，其目的在於發現和揭示一些原則，以便決定哪些活動和質素是最有價值的。如果沒有規範的功能，則每一項抉擇的情境都是獨特的，那將無法建立原則。

評鑑

哲學的「評鑑」功能涉及了對某一哲學方案相關的系列規準（criteria）作精確的判斷。當然，這些判斷規準的本質，是隨著不同哲學家以及不同哲學間而有不同。我們在第 2 章討論知識的檢證時，會再討論一些評鑑哲學觀念的理論。

在 20 世紀中葉，許多哲學家早已捨棄了哲學的其他層面，而只專力於僅存的分析功能。這種情形已經使得哲學產生了窒礙的困境，哲學的訓練因而極為貧乏薄弱，並剝奪了哲學的意義及其與社會日常活動的關聯（請參考第 7 章）。充滿意義和生機的哲學必須包括上述六種核心活動的互動（interaction）和均衡（balance）。

哲學作為一種態度

哲學家對於他們的任務（task）提出了一些思考的途徑。一個具有哲學心靈的人，他有如下的特徵：自覺（self-awareness）、全盤考量（comprehensiveness）、洞察力（penetration）和通權達變（flexibility）。

自覺

自覺，也就是盡可能真誠的面對自己的偏見、臆度和成見。沒有人是公正不偏的，人類最為困難和無可捉摸的活動，乃是去掌握自己潛存的立場。我們可以這麼說，除非人們能了解到他們自己所戴的有色眼鏡是什麼顏色，否則一開始就不可能立足於正確的世界觀。一旦每一個體開始覺察到他們個人立場的後果，他們就必須將這個情況納入詮釋（interpretation）和溝通（communication）中，加以考量。

全盤考量

全盤考量涉及一種傾向，那就是對一個特定主題從廣泛的來源中，盡可能蒐集大量的相關資料，而不是沾沾自滿於狹隘的事例。這種全盤考量的態度近似於哲學的綜合功能，它志於現象全體的考量，而非執著於部分。

洞察力

洞察力乃是一種企望，它驅使一個人在技術、時間和精力容許之下，盡可能深入問題。它抑制了膚淺表面的傾向而傾心於探求基本原理、論點和解決之道。

通權達變

通權達變可能被看成是嚴密性或「心理邏輯傾向」（psychological set）的對比。通權達變的態度是一種極敏銳的形式，可以使一個人從嶄新的路徑去體察舊有的問題。它包括在面對充分證據時願意重構其觀念，以及為所抱持的觀點假想另類可行觀點的能力。然而，切不可將通權達變混同於優柔寡斷或沒有能力作決定。[9]經過審慎的研究後，通權達變的人能決定哪個立場最為合理，進而根據決定而做出行動。「關鍵在於一個人要能自發地，甚至準備好要作改變——因為有充分的理由去改變立場。」[10]

哲學作為一種內容

前面已經提及，哲學在某些方面是一種活動和態度。假使人們涉入那些綜合、思辨、規範和分析的活動——同時具有自覺、全盤考量、洞察力和通權達變的態度——接著他們就將面臨一些有關實體、真理和價值的本質之根源問題。

哲學的內容最好是把它看成問題的楔子，而非答案的明燈，甚至可以說，哲學是對於問題的研究。莫里斯（Van Cleve Morris）提到，重要的是要「問對問題」（asking the right questions），而所謂「問對問

題」，莫里斯的意思是指有意義和相關的問題──就是人們真正致力於探索且有助於改變其生活和工作的問題。[11]

哲學的內容環繞在三種根本的範疇（categories）而建立：

1. 形上學（metaphysics），是對於實體本質問題之研究。
2. 知識論（epistemology），是對真理和知識性質的探討，以及如何獲致真理和知識。
3. 價值論（axiology），是價值問題的研究。

對於這三個基本範疇的探討，將成為第 2 章的主要題材。

教育是什麼

「在完成教育之前，我還不想結婚。」一個年輕人這麼對他的朋友宣稱。他所謂的「教育」究竟是什麼意思？他在結婚之前所希冀完成的是什麼？是教育（education）？學習（learning）？或學校教育（schooling）？這些字眼在概念上有什麼差別？假若有差別，那我們就應該掌握其間的不同，並嚴格精確地使用這些詞語。以下的論述將會提出這些概念間的區別，並提供定義，[12] 使得它們之間彼此相關但卻時常混淆的交互過程有較佳的理解。*

由以上的論述，那個年輕人的意思顯然是他在完成學校課業之前不會結婚。所以他即便使用的是「教育」這個詞語，但他意謂的卻是「學校教育」。學校教育可視為是參與了一種機構，在此機構中，教師和學生依循規定的方式而活動運作。學校教育可以視同於正式的教育，也就

---

* 諸如對教育、學習、訓練等詞語之意義，並沒有如此之簡單。英美的教育分析學者有極其嚴格的界定。在此，作者只是初步的描繪而已。初學者可暫時作常識性之理解即可。進一步的探討則應參考 R. S. Peters 等之相關著作，中文的介紹主要見於歐陽教之《教育哲學導論》一書。

是在學校所發生的教育。

學習顯然是個更難定義的概念，加上不同的學習理論專家對於學習的本質有著各種立場，依照我們現在的討論目標，學習可定義為「產生了展現新的人類行為，或改變人類行為的歷程（或是藉由相關的刺激，使得產生新行為或改變舊行為的可能性增加），而這些新行為或行為改變，並不是由於其他的因素所造成，諸如年齡的成長或疲勞等。」[13]

> 哲學的內容最好是把它看成問題的楔子，而非答案的明燈，甚至可以說，哲學是對於問題的研究。莫里斯（Van Cleve Morris）提到，重要的是要「問對問題」（asking the right questions），而所謂「問對問題」，莫里斯的意思是指有意義和相關的問題——就是人們真正致力於探索且有助於改變其生活和工作的問題。

從這個定義中可以看出，學習是一種歷程，它不像學校教育，不必限制在一個機構的情境中。所以自己個別地學習或由他人幫助而學習，都是可能的。人們可以在學校中學習，但即使沒見過學校也同樣可以學習。學習是種終身的歷程，它可以發生於任何時間、任何地點。

教育可以視為是學習中的次類（subset）。賴士加（John A. Laska）對於學習和教育兩者作了極有幫助的區分，他定義教育為「學習者或其他人所作的有計畫的嘗試，以便控制（或引導、指導、影響、經營）學習情境，其目的在獲得所期望的學習結果（或目標）。」[14]

從這個觀點看來，教育並不限於學校教育或學校中傳統的課程、教學法。教育就如同學習，也是終身的歷程，可以發生於各種不定的環境和情況。此外，教育與廣義的學習是有區別的，因為教育有具體的理念，它是學習者或他人經由有計畫地控制而趨向期望的目標，因而教育可以視為是直接的學習，以相對於非直接或不經意的學習。

經常與教育相混淆的第四個詞語是「訓練」（training）。訓練的觀念（並不必然是這個字慣常使用的方法）在理解力的發展這個基礎上，可以與教育的觀念區分開來。理解力的成長是個體被引導對因果關

係能作精熟的思考，而非只是對一連串刺激的反應而已。理解力的發展是伴隨在教育的過程中，反之，未經思慮的反應性舉動通常與訓練相關聯。訓練可以發生在動物的層次，反之，教育根本上是一種人類的經歷過程。必須注意的是，教育有時可以包括一些訓練的層次，這是由於訓練是教育的次類，就恰如教育是學習的一個次類一般。

　　圖 1-2 闡明了學習、教育、訓練和學校教育的關係。教育和訓練是學習的特定型態，而依序，訓練又是教育的一個特定型態。學校教育與上述三種形式都相關，其關聯方式乃是：不經意的學習、[15] 教育和訓練均可發生於學校教育的情境中。但是圖 1-2 顯示，仍有許多其他的生活經驗（諸如食用午餐或上育幼院）是發生於學校，但卻與上述各種學習經驗均無必然的關聯。從圖 1-2 也可以看出，大部分的學習、教育和訓練，是發生於正式的學校情境之外。

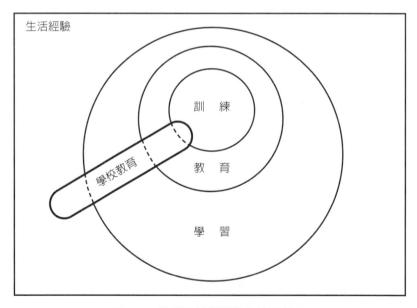

圖 1-2　學習及其相關概念的關係圖

學校在社會中的角色

學校是社會上有關學習、教育和訓練的代理機構之一，家庭、傳播媒介、同儕團體和教會也是共同分擔教育責任的機構。事實上，學校可以看成是教育過程中的次要合夥者，它與家庭和傳播媒介在兒童的大部分生活中共同扮演了主要的角色。[16] 即使本書傾向於認爲教育與學校教育的關聯最爲密切，但上述這一點仍然要認識清楚。我們必須了解，就「教師」這個字的最充分意義來說，它並不僅是學校體系的一個受僱者，而應該包括傳播者、家長、牧師和同儕。同樣地，每一個電視節目或個別家庭都有其對於眞理和實體的觀點，以及一套價值觀念，這使得它們在發揮教育功能時，會趨向於選擇特定的「課程」和方法。在接下來的內容中，這個觀念並不會被反覆地提出，但卻會隱含在論述之中，而且若想獲得對教育相關歷程的最充分了解，那麼就必須認清上面這個觀念。

學校有著複雜的教育環境，更複雜的是，這個環境的組成分子並不全都擁護相同的實體、眞理和價值。這無疑減弱了學校的影響力（以及社會其他「教育者」的影響力）。關於這個世界，以及生活中什麼是重要的這些問題，我們給予孩童的是片面和任意的訊息。教育工作者必須銘記在心，即學習、教育、訓練、學校教育等都是在各種複雜勢力中運作。

> 學校是社會上有關學習、教育和訓練的代理機構之一，家庭、傳播媒介、同儕團體和教會也是共同分擔教育責任的機構。

⟳ 討論問題

一、爲什麼要研讀教育哲學？讀不讀教育哲學對教育工作者來說，有什
　　麼差別？

二、哲學有多面的意義，請用共通的一些話加以描述，也請從不同的面
　　向中說明哲學的複雜性。

三、請區分學校教育、學習、訓練、教育之差異。你是用什麼標準加以
　　區分？哪些標準會使上述概念有重複、交互浸染的可能？

四、「學校是社會主要的教育力量」，請加以反省其意義。

⟳ 註釋

1. Charles E. Silberman, *Crisis in the Classroom: The Remaking of American Education* (New York: Vintage Books, 1970), p.11; cf. Joe L. Kincheloe, *Critical Pedagogy* (New York: Peter Lang, 2004), p.6.

2. Ibid., p.470.

3. Neil Postman and Charles Weingartner, *The School Book: For People Who Want to Know What All the Hollering Is About* (New York: Dell Publishing Co., 1973), pp.295-297.

4. Lawrence A. Cremin, *The Genius of American Education* (New York: Vintage Books, 1965), p.30.

5. Ibid., pp.111-112.

6. Silberman, *Crisis in the Classroom*, p.11.

7. Cremin, *The Genius of American Education*, p.112.

8. Cf. Charles D. Marler, *Philosophy and Schooling* (Boston: Allyn and Bacon, Inc., 1975), pp.5-11; Philip G. Smith, *Philosophy of Education: Introductory Studies* (New York: Harper & Row, 1965), pp.2-16.

9. Smith, *Philosophy of Education*, p.14.

10. Marler, *Philosophy and Schooling*, pp.10-11.

11. Van Cleve Morris, *Philosophy and the American School* (Boston: Houghton

Mifflin Company, 1961), pp.19-20.

12. 這些定義只是顯示了可能的定義，而非文中語詞（按：指教育、學習……等）的確切定義。因此，這些可能的定義有助於刺激對上述概念的異同之想法和討論。

13. John A. Laska, *Schooling and Education: Basic Concepts and Problems* (New York: D. Van Nostrand Company, 1976), p.6. Cf. Ernest R. Hilgard and Gordon H. Bower, *Theories of Learning*, 3d ed. (New York: Appleton-Century-Crofts, 1966), p.2.

14. Laska, *Schooling and Education*, p.7.

15. 圖 1-2 中，最大的圓是屬於所有的學習歷程，因此唯有在教育次類之外的學習，才是指不經意或非直接的學習。

16. 有關家庭的教育力量，在柯門（James Coleman）和詹克斯（Christopher Jencks）極具影響的研究中頗受強調。兩人的發現中所隱含的是：改善後的家庭比起學校更具決定性的教育效果。克里明（Lawrence A. Cremin）反映這些研究時總結道，他們（按：指柯門和詹克斯）所提供的訊息是「並非學校無能，而是家庭有力。」1977 年卡內基兒童會議（Carnegie Council on Children）的發現使得問題更形複雜。它指出，在 18 歲的年紀，一般美國的孩子花在看電視的時間比在學校或家長身邊的時間都長。〔見 James S. Coleman et al., *Equality of Educational Opportunity* (Washington, DC: U.S. Department of Health, Education, and Welfare, 1966); Christopher Jencks et al., *Inequality: A Reassessment of the Effect of Family and Schooling in America* (New York: Harper and Row, 1972); Lawrence A. Cremin, *Public Education* (New York: Basic Books, 1976), p.68; Kenneth Keniston et al., *All Our Children: The American Family under Pressure* (New York: Harcourt Brace Jovanovich, 1977), p.7.〕

chapter **2**

教育中的哲學課題

　　教育哲學並不是一般哲學本身的分枝，它是一般哲學應用到教育而成爲人類努力結晶的一個特定領域。在了解教育哲學的結構之前，對於哲學的基本輪廓作一些學習是不可避免的。爲此，我們必須檢視一下形上學、知識論和價值論的領域。

形上學

　　形上學是哲學的一個分支，它處理實體（reality）的本質這個問題。「終極的實體是什麼？」是形上學的研究中所探討到的根本問題。

　　乍看之下，這似乎是個簡單得不值得爲它浪費時間的問題。畢竟，一般人似乎對於世界上的「實體」有很確切地了解。所以一問他們，他們都很喜歡這麼告訴你：睜大你的眼睛，去看看牆上的鐘，聽聽過往火車的聲音；或是彎下腰來，摸摸腳下的地板。他們聲稱，這些東西是眞實的。

　　然而，經過思索之後，人們總是企圖詢問以下有關實體的觀念，譬如，你所站立其上的地板到底是什麼？這地板似乎可以有更加深刻的存在特性，它顯然是平的、固體的和平滑的，並有著特殊的顏色，且

形上學是哲學的一個分支，它處理實體（reality）的本質這個問題。「終極的實體是什麼？」是形上學的研究中所探討到的根本問題。

由一種特定的質料所構成，如木材或水泥；此外，它還支撐著你的重量。初一瞥，這是你所站立地板之實體。但是假設有個物理學家進入那房間且被問及有關地板的實體，他會回答說地板是由分子組成，分子由原子組成，原子則由電子、質子、中子所組成。而到最後，這些電子、質子和中子只不過是些電能罷了。對他來說，真實的地板只是分子運動的溫床，而且這溫床中的空隙要多於質料。一個路過的化學家又提供了第三種對地板實體之立場。對他來講，地板是碳化氫以特定的方式所連結成的物體，且受某些環境因素的影響，譬如熱、冷、溼、乾和氧化等。

這樣看來，很明顯地，實體的問題並不像它一開始所顯示的那麼簡單。倘若連普通地板的實體都很混淆的話，則一些重大的問題如人類所探尋的宇宙實體問題又將如何呢？

形上學的層面

對形上學領域的初瞰，可以透過檢視一連串有關實體本質的主要問題而加以掌握。誠如我們所知，形上學家的疑問都是屬於可問之中最為普遍的問題。然而有一點相當重要，那就是人們期望對其特定的問題找到滿意的答案之前，必須先掌握形上學問題的各種答案。而對這些答案作出完全的論證，將會超出了人類論證的範圍。然而，這種無法論證的現象並不會使得對這些問題的討論變成不相關或只是頭腦體操，因為人們總是將他們的日常活動和長程目標都築基在一系列的形上信念中——不管他們是否自覺地了解到這一點。甚至即使人們在解答更專門的問題——譬如物理學或生物學時——也都無法迴避形上問題。甚且，必須注意的是，形上學的結構是現代科學的基礎。「形上學」這個名詞是

由希臘字翻譯過來，意思為「物理學之後」（beyond physics）。*它實質上代表著哲學的思辨和綜合活動，並且提供理論架構，使得科學家們得以創造世界和發展一連串的假設，這些假設是可以按其基本前提而驗證的。因而科學理論最終還是牽涉到實體的理論。科學的哲學（philosophy of science）構成了科學實驗的基礎，這情形與教育哲學構成教育實踐的基礎極為類似。而我們也必須體認，即使是科學家，有時也會提出種種解釋，而這些解釋超越了狹隘的科學「事實」（facts），這便侵入了引用形上答案的領域。科學家們對有關宇宙神創說（creationism）或進化論（evolution）作出明確的陳述，這就是他們的立場。此時，他們已逾越了實驗的事實，並假定自己是形上學家的角色了。這種情形並不至於有什麼問題，它使得科學家和他們的學生可以自覺地了解到，他們已經跨出科學的領域而踏入更基本的形上學世界了。

形上學問題可以區劃成四個部分。首先是宇宙論（cosmology）的層面，它乃是研究作為規律體系的宇宙，其起源、本質和發展。「宇宙是如何源起和發展的？」這是個宇宙論的問題。人們對這個問題已經以各種各樣的方式加以回答了，各種不同答案之點形成了一條連續的線，線段的兩個極點分別是命定（design）和偶然（accident）。此一形上學探討的問題是關係到宇宙的目的性。是否宇宙會趨向某種目的？對這個問題作肯定的回答，則屬於目的論（teleology）。某些宗教哲學強調歷史和宇宙之目的。另一方面，許多哲學體系則傾向於接受歷史是隨機偶然和往復循環的。宇宙論其餘兩個廣受討論的問題是環繞在論辯時間與空間的本質。

---

* 西元一世紀時，Andronicus of Rhodes在編亞里斯多德全集時，將亞氏自己命名的「第一哲學」（first philosophy）或「神學」（theology）放在亞氏之物理學（physics）之後，所以後世習慣以「metaphysics」（即「物理學之後」）稱之。而「物理學之後」又有另一層涵義，那就是它（指形上學）所研究的是物理學之後更深的理論基礎。

　　第二個形上學的層面是神學（theology）層面。神學是宗教理論的一部分，它關係到對上帝（God）的觀念或有關上帝的觀念。是否有上帝存在呢？倘若有，是一個或更多？上帝的屬性是什麼？假如上帝是至善且全能的，那惡怎麼能存在？有類似於天使（angels）、撒旦（Satan）和聖靈（Holy Spirit）嗎？倘若有，它們與上帝又有什麼關聯呢？上述以及與此類似的問題在整個人類歷史上不斷地爭議著。

　　人們用各種不同的方式來回答上述問題。無神論者（atheists）聲稱並沒有上帝存在；但泛神論者（pantheists）則斷言上帝和宇宙兩者是同一的——所有的一切都是上帝，而上帝是所有的一切。自然神論（deists）的信仰者視上帝是自然法則和道德法則的創造者，但他們主張上帝存在於人類和物質世界之外，並不參與人類和物質世界。另一方面，有神論者（theists）則相信存在著具位格性（personal）的創造者——上帝。其中多神論（polytheism）在有關神的數量這個問題上與一神論（monotheism）相對立。多神論堅持神應是複數的，一神論則堅持只有唯一的上帝。[1]

　　形上學的第三個層面是人類學（anthropology）。人類學從事於人類的研究。哲學的人類學面向是個獨特的領域，因為它不像其他有關人類研究的範圍，因為人類就是研究的主體，同時也是探究的對象。當人們以哲學的立場來研究人類時，他們是在敘說自己本身。哲學的人類學面向探問下列的問題：身（body）與心（mind）有何關係？身、心之間有互動嗎？心比身更為根本，因為身依賴著心，或是情形剛好相反？人類的道德狀態是什麼？是天生就有善、惡，或是中性的？個體在什麼範圍內是自由的？人們有自由意志嗎？還是人們的思想和行動都受環境和遺傳所決定？個體有靈魂嗎？倘若有，那是什麼？人們對上述這些問題顯然採取不同的立場，而這些立場反映在他們的政治、社會、宗教和教育的實踐計畫中。

　　形上學的第四個層面是本體論（ontology）（或譯為存在論）。本

體論是研究有關存在的本質，或是探問「『事物的本然狀態』（anything to be）是什麼意思？」巴特（J. Donald Butler）將「isology」看成是「ontology」（本體論）的同義字，因爲本體論的任務是斷定：當我們說到某物是什麼時，我們是意味著什麼？[2] 有一些問題是本體論的核心：最根本的實體是立基於物質或物理能量（我們所能感覺的世界），或是立基於精神或精神能量？實體的根本基礎是由單一的要素所構成（例如物質或精神），還是兩個（例如物質和精神），或是許多？實體本身是有秩序和有法則的，或是它只因爲人類的賦予才有秩序？它的核心特徵是固定不移，還是變化不定？實體是與人性相近的、違逆的，或是中立無關的？

形上學與教育

即便很隨興的概覽歷史或當代社會，也能看出形上學的宇宙論、神學、人類學和本體論諸面向對社會、宗教、政治、經濟和科學思想與實際行動所造成的衝擊。不論何處的人們都對上述形上學問題有自己的預定答案，其日常生活也環繞和在這些假設中運作。我們的一切都逃不出形上學的抉擇，除非個人選擇了渾渾噩噩過日，即使如此，這個抉擇本身也是對人性本質和功能的一個形上學抉擇。

教育就如同其他人類活動，不能脫離形上學的範圍。研究終極實體的形上學是任何教育觀念的核心，因爲學校的教育規劃是奠基於事實和實體之上，而非奇思、幻覺和空想。各類形上學信念導致了教育路向的不同，甚至因而分化成不同的教育系統。

爲什麼基督教會在免費公立學校教育已經廣泛有效的今日，每年還要花費數以百萬計的金錢去支助私人的教育系統？這是因爲形上的信念關涉到終極實體的本質、神的存在、神在人類事物的角色，以及人類作爲神

> 研究終極實體的形上學是任何教育觀念的核心，因為學校的教育規劃是奠基於事實和實體之上，而非奇思、幻覺和空想。

的子女角色之所在。不論是男人或女人，在他們最幽深的層次都受形上信念的影響而引發動機。他們會爲了那些信念而生、而死，他們企望創造出教育環境，以便將這些基本信念傳授給他們的子女。

　　稍後在本書中會看到形上信念對各種教育問題的直接衝擊，諸如涉及課程的重要內容，如何設計同時滿足個人與社會兩者的教育制度，以及與學習者有關的教師角色的問題。

　　形上學的人類學面向對各宗派的教育工作者來說，特別重要。畢竟它們在一個人生命中最重要的可塑時期關聯到可塑的人類。對於學生的本質、潛能之觀點，恰好是教育歷程的基礎。

　　每一位教育人員都必須對人類本質、個人或社會需要，以及理想人類的形象具有一些想法。所有哲學之教育的目的恰好與這些想法有著密切關聯。因此人類學的考量精思熟慮與教育目的息息相關。楚布納德（D. Elton Trueblood）說得好，他說道：「除非我們對『人類是什麼』能夠很清楚，否則我們對其他事物便無法知悉。」在教育的領域中，由哲學人類學衍生出來的重點，正如同師資培育課程中心理學所扮演的角色。社會學亦然，但社會學在大部分的教師訓練課程中，所占的比重低於心理學。*3

　　學生究竟被視爲是墨利斯（Desmond Morris）所說的「裸猿」（naked ape）** 或是「上帝之子」（chlid of God），在教育上將造成極大的差異。兒童是否如盧梭的愛彌兒一樣天生就是善的？或者他們的善曾受到根本的扭曲？認清這個問題是相當重要的。人類學的各種紛紜立場將教育歷程引至極爲不同的路向，其他有關形上學對教育所引致的衝擊

---

*　人類學在現代學術分類中，已屬社會科學的一環，特別是文化人類學，著重在人類民俗等之探討。此處所謂的人類學是指哲學人類學，著重的是人類本質、身體、心靈之探討，希望讀者不要混淆。有關對心靈、人性與教育之關聯，請參考本書附錄譯者所撰。

**　「裸猿」在此是指將人類視爲未開化的猿猴類。《裸猿》是墨利斯的暢銷書，隱含的意義是人與一般猿類無異，蓋毛已退化，故名「裸猿」。

之事例，在我們爾後對教育哲學的研究中會更加明確。

知識論

　　研究知識的本質、來源和功效的一個哲學分支是知識論。它尋求答覆諸如下面的問題：「真理是什麼？」和「我們如何認知？」由於知識論處理諸如「知識的可靠性」以及「各種探尋真理方法的適用性」等問題，所以它和形上學一樣在教育歷程中居於相當核心的地位。

知識的層面

實體可以被認知嗎？

　　這是個邏輯上的問題，由它開始了知識論的歷險，因為這個問題顯示了知識論和形上學間的密切關聯。站在極端的懷疑論

> 研究知識的本質、來源和功效
> 的一個哲學分支是知識論。

（skepticism）立場，它聲稱知識是不可能獲得的，對真理的追尋注定是枉然。這種想法由希臘辯者哥加斯（Gorgias, 483-376 B.C.）相當精彩地表達了出來，他主張沒有任何東西存在，即使有，我們也無法認知它。走火入魔的懷疑論將使得一切理智的和一致的行為都變得不可能。就廣義的懷疑論而言，它經常用來指稱對任何假設或結論加以問難，直到它們可以依從於嚴格檢覈的那種態度。與懷疑論密切相關的詞語是「不可知論」（agnosticism），它是對於不知（ignorance）的專業研究，它特別涉及到上帝存在與否的問題，而不是對任何證據確鑿的知識都作斷然的否定。

　　大多數的人都聲稱實體可以被認知，然而一旦他們採取了這個立場，那麼他們就必須斷定實體是透過什麼來源而被認知，也必須知道如何去檢證知識。

眞理是相對的或絕對的？

所有的眞理都視條件而改變嗎？可不可能今日爲眞，到了明日就變假了呢？對上述問題的答覆若爲「是」，那麼眞理是相對的。絕對的眞理是指那種終極與普遍眞實的眞理，不受時空的影響。倘若世上有這種絕對眞理，那麼對我們便很有裨益，因爲可以去發現，並將其安置於學校課程的核心。

知識是主觀的還是客觀的？

這個問題與眞理的關係密切，莫里斯（Van Cleve Morris）提出知識的客觀性有三種基本的立場。首先，有些人認爲知識就是那種由外界而嵌入我們心靈和神經系統的事物，就好像將鐵礦傾倒入船上的方式一樣。莫里斯聲稱，數學家和物理科學家時常以這種眼光來看待知識。

其次，有些人確信認知者在與世界交涉時，加進了一些東西，所以認知者必須爲知識的結構擔負部分的責任，社會科學和行爲科學的人經常這樣看待知識。

第三，也是最後的觀點，認爲我們是以「純主體」而出現，它是眞理的製造者，而非上述的領受者或參與者。莫里斯指出，這個立場大多由諸如藝術、文學和音樂等領域的人所持守。[4] 稍後我們將可以看到，不同的哲學派別對於眞理和知識的客觀性問題都與上述的一種或兩種觀點連成一氣。

有獨立於人類經驗的眞理嗎？

這個問題對於知識論來講是基本的，很可以將它用「先驗的」（a priori）和「經驗的」（a posteriori）這一對詞語來表示。先驗知識關涉到某些思想家所聲稱的，由實體的構造物所構築而成的眞理，它獨立於人類認知者之外，而且無論人類是否認知或接受它，它都是眞的。這類的眞理是先於人類的經驗而存在，無論人類知曉或接受與否，它都存在。先驗知識的一個例子是圓的圓周與直徑間的比率（圓周率 π），這個關係是圓的本質之一。

　　從另一方面來看，一個圓與另一圓並不存在相等關係。一圓可以大於另一圓，它們兩者可以在相同或不同的平面，或是同屬於一個圓心。我們所獲知有關這兩圓的關係之知識，必須有人類的經驗來驗證。一切涉及這兩圓的關係所得到的知識都是經驗的——它是後於人類的經驗，並依賴於人類的知曉與否。

　　傳統哲學擁護先驗知識的優先性，它們宣稱這是因為先驗知識被認為是代表了固定和永恆的世界，這個世界沒有受到人類認知者的汙染。現代哲學則倒轉了這個次序而宣稱經驗知識的優先性，事實上，他們之中有些還否認有所謂的先驗知識。

知識的來源

感官（the senses）

　　經驗論（Empiricism）的看法是認為知識乃經由感官而獲得，人們藉著視、聽、嗅、觸、嚐而形成對周遭世界的圖象（pictures）。實徵性的知識被建構成人類經驗的本質，每個人都能在春光明媚的日子步出門庭，觀賞景致的幽美、聆聽鳥兒的嚶鳴、感受和煦的日光、聞嗅花朵的馨香，他們「認識」到這是春天，因為從感官所接收到的訊息是如此。這個知識是經由觀察的資料所形成的觀念所組成。人類的感官認知是直接而又具有一般性的，並且在許多方面是我們大部分知識的基礎。

　　感官資料的呈現是無法否認的，多數的人們都因為感官資料有再現「實體」的價值而接受它。但天真地接受這種處理知識的方式，有著潛在的危險，那就是我們的感官已被證實是不完全和不可靠的。例如，大多數的人都看過，當一根棍子的一端插入水中時，它看起來是彎曲的；但在空氣中檢視時，棍子顯然是直的。疲勞、挫折和一般的感冒都會扭曲和限制了感覺性的知覺。此外，有些聲波和光波是超出人類薄弱的知覺能力，這並沒什麼值得驚訝的。

　　人類發明了科學儀器以便擴伸自己的感官範圍，但這些儀器的可靠

性無法確定，因爲我們並不曉得人類的心智在記錄、詮釋和扭曲感官知覺時產生的全部影響。對這些儀器的信任是建立在思辨性的形上學理論之上，這些理論的有效性已經被實驗所增強，在這些實驗中，形上學預言已經以理論性的方式加以有效建構了。*

簡而言之，感官知識是建立在一些假定上，這些假定乃是我們必須信任感覺機械論的可靠性。實徵知識之所以優越，是因爲對於感官經驗的複驗（replication）和公開檢查是開放的。

天啓（revelation）

天啓的知識（revealed knowledge）在宗教的領域中最爲重要，它有別於其他的知識來源，而是預設了有個超越、超自然的實體闖入了自然的規律中。天啓是有關上帝神聖意志的信息。信徒們對天啓的看法是，這種型態的知識具有特異的優越處，它源自於全知的訊息，是無法藉由其他知識論的方法去獲得的。由這種來源所獲致的眞理，被確信是絕對而未受汙染。另一方面，人們通常認爲對天啓的曲解是發生於人類的詮釋過程中，有些人認爲天啓知識的主要優越處在於它必須靠信仰才能接受，並且它不被經驗所證明或否證。

權威（authority）

權威的知識之所以被接受爲眞，是由於它來自於專家或長時期地被認可爲傳統。在教室中，大多數訊息的來源都是一些權威，如教科書、教師或參考書籍等。

權威作爲一種知識的來源，有它的價值，但也有其危險。假如每個個人除了他或她自己能直接、第一手地經驗，否則便不願意接受任何

---

* 所謂「形上學預言已經被科學理論所證實」，意思是指科學理論——無論是態度、儀器、實踐、法則等——的背後都預設有形上學的信念，這些信念支持著科學工作人員去實驗和發展科學，所以表面上雖然客觀而無迷信的科學在增長，主觀而玄虛的形上學地位一落千丈，但是科學的成功，可以說是科學背後的形上信念的成功，這些形上信念可以說是間接透著科學的理論包裝而被證實。

陳述，這麼一來，文明必將陷於蕭條。接受權威的知識通常可以節省時間，並促進社會和科學的進步。另一方面，這種形式的知識，其有效性是建立在所植基假設的正確性之上，倘若權威的知識築基於錯誤的假設，那麼這種知識將必然遭到扭曲。

理性（reason）

推論、思想或邏輯是知識的核心要素。持這種看法的被視為理性主義（rationalism）。理性論者在強調人性的思想能力和心靈對知識的貢獻時，他們樂於聲稱，光憑感覺並無法為我們提供人與人之間都一致的普遍有效判斷。從這個觀點來看，由我們感官獲得的感覺和經驗只是知識的素樸材料而已，感官資料在成為知識之前必須經過心靈加以組織，使成為有意義的系統。

就較不極端的理性主義來說，它宣稱人類擁有認知世上各種真理的能力，這是光靠感官所無法給予的。例如，假若 X 與 Y 相等，而 Y 與 Z 相等，那麼 X 與 Z 相等。我們可以了解到，上述情形之為真，是獨立於任何實際範例或經驗之外，並且可應用到盒子、三角形和其他世上的具體事物之上。在較極端的形式中，理性主義聲稱人類有能力獲得獨立於感覺經驗而無可反駁的知識。

形式邏輯被理性論者用來作為工具，邏輯的系統具有內在一致的優越，但也面臨了與外在世界毫無聯繫的危險。思想的邏輯系統只在其所奠基的前提下才是有效的。

直觀（intuition）

那種對知識的直接領悟力，而非有意識的推論或當下的感官知覺，被稱為「直觀」。在論述到直觀的文字中，我們經常發現這樣的表達：「當下的確定感覺」（immediate feeling of certainty）或「觸及到確信的想像力」（imagination touched with conviction)。直觀發生於「意識閾」（threshold of consciousness）的底層，它通常令人經驗到像「猛然地靈光一閃」（sudden flash of insight)。許多學生在完成數學難題時都有

這種經驗，他們在依難題的解決步驟去作出答案前，便已獲得了答案。

直觀也許是最為個人式的認知了，它是人們致力尋求解答後的發現，這種對知識的直接領悟，伴隨著一種強烈的確定感覺。在各種不同的情境，如宗教或世俗知識，直觀都被視為一種知識的來源。

直觀的弱點或危險在於，它在單獨使用時不像是一種獲得知識的安全方法，除非受其他認知方法的控制或檢覈，否則它很容易出錯，並且可能導致荒謬的主張。然而直觀知識與眾不同的優越處，在於它能夠跳脫出人類經驗的限制。

知識來源的互補性

沒有一種知識來源能提供人類所有的知識，各種來源可以視為具有互補的關係而非對立狀態。然而，實際的情形是大部分的思想家都選擇其中的一種來源，將它視為比其他來源更為根本，然後就以這種最根本的來源為基礎，用來評估其他獲得知識的方法。例如在現代世界中，經驗的知識通常被認為是最基本的來源，多數人們都認為，任何所謂的「知識」若是與科學理論不一致，那麼它就是可疑的。對照之下，建立在聖經之上的基督教義視天啟為人類提供了知識的架構，其他的知識來源可以在這個架構中受到檢測。

知識的檢證 [5]

在人類有記錄的歷史中，可以很明顯地看到許多一度被接受為真的信念，旋即又被發現為假。我們怎麼才可以說某些信念為真而其餘為假呢？有什麼判斷標準可用？我們究竟能否斷言已經發現了真理呢？大多數的人都同意訴諸於傳統、本能和激情都不能作為真理的成熟標準，大眾的普遍認同也是值得懷疑的，因為人類可能具有相同的天生缺點。哲學家們主要相信三種真理的標準——符應論（correspondence theory）、貫通

> 建立在聖經之上的基督教義視天啟為人類提供了知識的架構，其他的知識來源可以在這個架構中受到檢測。

論（coherence theory）和實用論（pragmatic theory）。

符應論

符應論是以符合「事實」為判斷基準的一種真理標準。依照這種理論，真理是對客觀實體的忠實反映。譬如，「教室裡有隻獅子」這個陳述可以經由實徵的探查來驗證。倘若一個判斷符應於事實，則為真；若沒有，則為假。這種真理的檢證標準為科學工作者所執持。

符應論的批評者提出了三個主要的反對理由，首先他們問：「我們如何能拿我們的觀念和實體加以比較呢？因為我們所知道的只是個人自己的經驗，無法跨越我們自身的經驗之外，因此我們能以本身的觀念去與實體的『本然狀態』（pure state）作比較嗎？」其次，批評者提出，符應論似乎也普遍地假設了我們的感覺資料是清晰和正確的。第三，批評者指出這個理論是不完全的，因為我們有些觀念在外在世界並沒有具體的存在可供對應、比較，倫理、邏輯和數學的許多心智運作，即為顯例。

貫通論

這種理論將其信任寄託在個人所有判斷的一致與和諧。依照這個標準，當一個判斷與其他早被接受為真的判斷相一致時，則為真。真理貫通論的擁護者指出，一個陳述被斷定為真或假的基礎，經常取決於它是否與那些已斷定為真者和諧一致。這種真理觀的檢證標準通常由那些從事抽象觀念和發揚主智主義（intellectualism）的人所執持，而與上述符應論處理實在物質層面的人相對立。

貫通論的批評者提到，錯誤的思想體系也可以像真的體系一樣有內在的貫通性。因此他們聲稱這種理論缺乏必需的要素，因為它無法區分貫通的真或貫通的假。

實用論

有一大群的現代哲學家聲稱並沒有靜態或絕對的真理這種東西，實用主義者（將在第 4 章加以討論）反對符應論，因為他們相信人們所知

曉的只是自己本身的經驗；他們也駁斥貫通論，因爲它是形式的和純理論的，在貫通論所構築的知識天地中，我們無法得悉任何有關「實體」（substances）、「本質」（essences）和「終極實體」（ultimate realities）。實用論者視眞理的標準爲它的實用性、可用性和滿意的效果。在杜威（John Dewey）和詹姆士（William James）的想法裡，眞理就是行動（works）。

傳統主義者看出了這種眞理標準的危險，因爲它導致了相對主義，在這種意義下，將產生這個對你而言是眞理，而那個對我而言才是眞理的情形。批評者又說，在人類有限的經驗範圍中，一旦對他們視爲構成宇宙本質的外在實體加以檢測，這種「檢測行動」可能是虛妄不實的。

知識論與教育

知識論就如形上學一樣，立基於人類的思想和行動上。由於教育系統處理到知識問題，因此知識論是教育信念和教育實踐的首要決定因素。知識論在許多方面對教育造成直接的衝擊，譬如對各種知識來源的假設必然會反映在課程的強調上。基督學校堅信天啓是所有確切知識的來源，其課程設計與聖經角色無疑將有別於建立在自然預設的世俗學校。

> 基督學校堅信天啓是所有確切知識的來源，其課程設計與聖經角色無疑將有別於建立在自然預設的世俗學校。

關於知識如何由個人或事物而傳遞（communication）到另一人的這種知識論假設，也會影響到教學方法的理論和教師在教育情境中的功能。教育工作者必須先了解自己的知識論假定，才能有效的具體運用在教學上。

形上─知識的兩難

顯然地，人類可以說是懸吊在形上學與知識論的半空中，問題在於

我們不可能作出有關實體的陳述而卻不先有一種獲致真理的理論；反過來說，真理的理論若不先對實體有特定概念，則無法發展。我們落入了循環的困境中。

透過對基本問題的研討，人們被迫認清了自己在宇宙中的微渺和無知。他們必須了解到，沒有任何公開或完全被所有人所接受的終極證明（final and ultimate proof），能保證我們所認知事物的確定性。[6] 每一個人——包括懷疑論者、不可知論者、科學家、商人、印度教徒和基督教徒——都生活在特定的信仰中，接受了形上學和知識論的某種立場，意味著個人自己所作的「信仰抉擇」（faith-choice），它將伴隨著對某種生活方式的承諾。

實體—真理兩難的這種循環性質顯然並非哲學思想上最值得探討的，但由於有這種情況存在，所以我們有責任要認清它。當然這整個問題不會對精思熟慮的科學家構成驚奇，因為這些科學家能夠掌握他們這門技術的限制所在和這門技術的哲學基礎。這個問題也不會對特定宗教信條的信仰者造成恐慌，他們本來就將基本信念視為個人抉擇、信仰和承諾。然而對一般世俗人士而言，這個問題的確會帶來極大的震憾，形成困擾的課題。

形上—知識兩難的結論是所有人都活在自己所選擇的基本信仰中，不同的人在形上—知識的連續體（continuum）* 中都作了不同的信仰抉擇，因此也有了各種的哲學立場。

本書接下來幾章將檢視不同的哲學抉擇在教育上的應用。但在探討該部分的內容之前，我們還必須探索一下哲學內容的第三個主要領域。

---

* 「形上—知識的連續體」是指形上學和知識論兩者關係千絲萬縷，無法截然指出兩者的確切分界點，因為形上信念預設著知識信念，知識信念又預設了形上信念，所以兩者便構成了一個連續而難以分割的領域，在此依照書中原文而譯為「形上—知識的連續體」。

價值論

價值論是哲學的分支，它尋求解答下面的問題：「什麼是價值？」
人們對價值的興趣是基於人類是價值性存有的事實。人類企望會有某些
事物勝過其他事物，他們是有所偏好的。理性個體和社會的生活是立基
於某種價值系統之上。每種價值系統並不是普遍受到認可，對形上學和
知識論持不同的立場，會導致價值系統的差異，因為價值論的系統是建
立在對於實體和真理的觀念上。

> 價值論是哲學的分支，它尋求
> 解答下面的問題：「什麼是價
> 值？」

價值問題是處理個人或社會普遍認為何
者是「善」或較優的這種觀念。當同一個社
會或個人持守著兩種不同的善或價值的觀念
時，那麼問題就來了。例如一個社會可能認
定清潔的空氣和水是好的（善的），但這個社會也可能反過來為了另一
個善——金錢和物質——而製造地球上的汙染。在這個事例中，很明顯
地有著價值的緊張狀態——介於人們嘴裡所講的善和他們日常行為之間
的緊張性。因此人們可以問：「哪一個才是真正的價值？是人們所說的
還是所做的呢？」

墨利斯（Charles Morris）將那種人們講出卻沒做到的善稱為「擬想
的價值」（conceived values）；那些人們在行為上做出來的善，他歸屬
為「行動的價值」（operative values）。[7] 莫里斯（Van Cleve Morris）
進一步超越了擬想價值和行動價值的區分，他認為這種區分只不過是
末流（tactical），更重要的是要去探討「何者應該優先考慮？」（what
we ought to prefer）之問題。[8] 換句話說，他主張對於教育人員，最具決
定性的關鍵是在於決定人們所應優先的是什麼，而不是去界定和辨清究
竟是說出或做出何者具有優先性。

價值論就如同形上學和知識論，穩立於教育歷程的基礎中。教育的

一個主要面向正是涉及優先性的發展問題。教室就像一座價值的劇院，教師置身其中，無法隱藏自己的道德原形。在價值論的領域中，教師不斷地透過自己的行為而教授學生，這些學生是一群極易受影響的年輕人，他們吸收和模仿教師的價值系統而深受影響。價值論有兩個主要支脈——倫理學和美學。

> 每種價值系統並不是普遍受到認可，對形上學和知識論持不同的立場，會導致價值系統的差異，因為價值論的系統是建立在對於實體和真理的觀念上。

倫理學

倫理學是道德價值和道德行為的研究，它尋求回答這樣的問題：「什麼是我應該做的？」「對所有人都好的生活是什麼？」和「什麼是良好的行為？」倫理學關涉到提供正當的價值以便作為正當行為的基礎。

悌塔斯（Harold Titus）和史密斯（Marilyn Smith）聲稱，道德問題是我們這個時代的核心關鍵。[9] 全球社會已經歷史無前例的科技進步，但在倫理和道德觀念上卻全然沒有重大的進展。

1952 年康茲（George S. Counts）提出，西方社會是如此迷狂於科技上的進步，以至於認為人類的進步大部分是由於科技的緣故。進步意味著愈來愈多的機械裝置、更加省力的設備、更快捷的運輸，以及更舒適的物質生活。康茲說：「今天，我們是從痛苦中學習。這種科技的進步若不伴隨著在理解和價值、習俗和制度、態度和忠誠上作同等深遠的重建，那麼將帶來麻煩和災難。」[10] 10 年後，他在撰寫相同的主題時引用火箭權威馮布倫（Wernher Von Braun）的警告說：「倘若世界的倫理水準無法提升至科技革命的標準，那麼我們人類將要滅亡！」[11]

倫理學的研究對於世界文明來說相當重要，因為透過「和平的」工業過程可以產生摧毀自然秩序的力量，或者由於核子戰爭，將會猛烈地

滅絕現有的文化。科學和科技本身是道德中性的，但對於它們的使用則關涉到倫理的考慮。

　　無論是社會還是個人，我們是生存在一個不能免除有意義的倫理抉擇的世界中。基於這個事實，想在學校中避免教導倫理觀念是不可能的。當然，人們對於這些爭議可以選擇保持沉默，但這種沉默並不算是中立的，它只不過是支持倫理現狀的一種表現。

　　倫理的觀念會或此或彼地以各種方式進入教室中。問題是人們的倫理基礎各不相同，他們會強烈地感受到學校「灌輸」（indoctrinated）於其子弟的道德觀，與他們自己的基本信念是有別的。這驅使學校陷入劇烈衝擊社會的不同「文化戰爭」（culture wars）的泥淖中。[12] 當然，公立學校系統比私立或教區學校的爭端更多，因為後者通常是為了將某種特定世界觀教授給同質的信眾群而設立的。

　　以下的問題突顯了倫理上的難題，也各自有其擁護者：

- 倫理標準和道德價值是絕對的或相對的？
- 普遍的道德價值存在嗎？
- 目的可以為手段辯護嗎？
- 道德可以從宗教脫離嗎？
- 是什麼人或何種勢力構成了倫理規範的基礎？

美學

　　美學是有關價值的領域，它探尋那些統括美和藝術創作與欣賞的原理。美學處理最廣義的藝術的理論層面，但我們不應將它混同於實際的藝術作品或對藝術作品的技術批評。美學被認為或許是人類研究中爭議最多的，如果你想知道群眾的激動情形，那麼只要對特定形式的文學、音樂和視覺藝術之價值作出權威的判斷就可以知道了。美學的理論領域密切關聯於想像和創造，因此傾向於高度個人化和主觀性。

　　研究過去文明的歷史學家通常視藝術成就為文化發展的重要指

標。相反地,我們可以看出一些現代社會,例如美國,則視功利的和物質的事物爲最重要。藝術「烘不出麵包來」(bakes no bread),無法讓處於競爭的個人在世上領先群倫;它對於捲入科技和軍事競賽以求存活的文化來說,也不被重視。

結果藝術作品和美學鑑賞在美國的教育制度中便處於極低微的地位。在具有影響力的康南報告(Conant Report)中,優先順序一清二楚,這份報告並沒有建議將藝術列爲授予高中學位的必要項目。1983年發表《國家在危機之中》的全美卓越教育委員會(The National Commission on Excellence in Education)在所建議的課程中,也只給藝術一個邊緣地位的認可而已。[13]

然而,吾人必須體認,美學的價值判斷在日常經驗中是無法避免的,美感經驗經常提升了知覺的意義、對新意義的領悟力、情感的高尚和廣闊的敏銳度。在某種意義上,美感經驗與理性理解的認識天地相關聯;但在另一種意義上,它飛越了認知的領域而進入情感的世界,而將焦點集中在情感和情緒上。美感經驗使得人們得以超脫純理智思考所強加給我們的限制,並超越人類語言的缺陷。一幅畫、一首歌或一則故事可以產生無比深刻的印象,這是邏輯論辯所無法加以衡量的。當基督在聖經寓言中傳道時,祂也仰賴生動的藝術。

人類是美感的動物,所以想避免在學校、家庭、大眾傳播或教堂裡教授美學是不可能的,就如同在上述地方想避免教誨倫理價值也是不可能的。即便教育人員並未意識到他們的美學職責,但他們還是會不自覺且未帶批判性地給予學生一些美學印象。

在學校中,美學的重要部分通常被認爲是藝術、音樂和文學等幾類,這些層面的正式教育經驗對於發展創造力和鑑賞力,以及提升情緒和感情的敏感度,自然是相當重要的,但或許美感經驗比起這些正式的美育經驗要廣泛得多。

有些哲學家和教育人員相信,學校和其他教育組織也有責任幫助學

生在教育環境中去探索美感的天地，這些教育環境包括建築物、學校背景、個人整潔和書寫整潔的紙張等。美學彌漫了整個教育氛圍，「什麼是美？」和「我該喜歡些什麼？」的問題也形成了教育事業中哲學基礎的一部分。

　　由於美學理論和選擇上的根本差異，產生了一些爭議。在評論這些爭議時，個人必須銘記在心，美學信念是直接關係到同一種哲學的其他面向。例如，若接受主觀、隨意的知識論和形上學，那麼它們將反映到美學和倫理學兩者中。美學並不是生活之餘分離出來的領域，人們的審美價值是其全部哲學的反映。以下的爭議形成了不同美學立場的基礎：

・ 藝術是模仿和再製，或者應該是個人創造想像力的產品？
・ 藝術形式的主題應該只是生活中美好的部分，或者也可以囊括醜陋和怪異？
・ 什麼是「好的」藝術？若有任何標準，那麼以什麼標準來標定藝術是「美」或「醜」？
・ 藝術應該具有社會功能和使命，或者它的意義個別永存而獨立於它的創作者？
・ 應該為藝術而藝術，或是必須有實用的意義？
・ 美是從藝術對象本身而來，或是由觀賞者的眼光所提供？

價值論與教育

　　長時間以來，價值論的研究一直就相當重要。不過，對今天的教育工作者而言，價值觀有著特別的關聯。上個世紀，在價值系統方面是史無前例地混亂，我們今日生活的時代，其人類的價值立場可以用「墮落腐化」（deterioration）和「瞬息萬變」（flux）來形容。

　　美國前衛生、教育和福利部部長顧德諾（John Gardner）指出，一個世紀前要反抗和抨擊僵固社會體系的不良功能是需要極大勇氣的，他接著又提到，然而這些反抗者通常是懷有高尚道德的人，他們從現實表

面尋求更高層面的價值。顧德諾的結論是，現實的表面已被摧毀，我們應停止繼續的破壞（pulverizing the fragments），並開始探詢應如何從價值破壞中走出。他作了重要的觀察並提到：「曾經一度是批評現狀的那些懷疑論者，他們出了很大的力量。現今，當時的懷疑論者成了現狀。必須盡極洪荒之力的人，也正是開創新道德秩序的人。」[14]

舒馬赫（E. F. Schumacher）也論及同樣的看法，他觀察到人們「認為具有『道德是空談』(morality is bunk) 觀念的人，才是內心存有道德的。」他又繼續指出許多我們的這一代心裡不再接受道德觀念，取而代之的，他們心中所充滿的是 19 世紀「道德是空談」的觀念。藉著呼籲對我們的思想作重建，舒馬赫總結道，這樣我們才能聚焦於我們這個時代最深切的問題。他主張若非有這樣對價值關懷的反覆強調，那麼教育將證明只會淪為滅亡的代表，而非重生的根源。*[15]

> 舒馬赫總結道，這樣我們才能聚焦於我們這個時代最深切的問題。他主張若非有這樣對價值關懷的反覆強調，那麼教育將證明只會淪為滅亡的代表，而非重生的根源。

哲學課題、教育目標與實務

第 1 章論述教育是個精心計劃的歷程，有其可欲的目標。果真如此，那麼教育人員就必須有一些背景基礎，以便接受目標所蘊含的觀念。與目標有關的是它所預設的世界觀或哲學觀點，這其中包括了一連串的信念，並涉及實體的性質、真理的本質和形成價值的基礎。前面提

---

*　舒馬赫的意思是指在19世紀時，學者喊出「道德是空談」的口號，以打破道德形式主義的窠臼，並不是要推翻道德，他們的目的仍是要重整道德。但是20世紀的今天，卻有許多人高喊「道德是空談」的口號，而放浪形骸，心中根本沒有任何道德重整的觀念。

到，實體、真理與價值的觀念是哲學的「原料」（stuff），因此哲學是教育實踐基礎上的基本「質素」（constituent）。

圖 2-1 闡明了一個事實，即哲學信念和教育實踐之間有確切的關係，譬如一種特定的形上學和知識論觀點會導致一種價值方針，這個價值方針聯繫到對於實體和真理的看法，將決定在教育歷程中被慎重標示的目標。而目標又暗示著優先的方法和課程強調的重心。

第 3 章到第 5 章將指出，不同教育工作者根據所信仰的哲學理念，都會對教育實務產生不同影響。當然，這並非意味著不同的哲學信念一定會導致不同的實踐，因為人們從不同的出發點仍然可能到達相同的目的地。我們要指出的一點是，教育工作者最重要的是去抉擇、選定和發展出與自己信念相調和的實踐。

我們也有必要認清，哲學並不是特定教育實踐的唯一決定因素，圖 2-1 指出日常世界的許多因素都在教育實務的形成上扮演了重要的角色。舉例來說，許多要素──包括政治力量、經濟條件、勞動市場的需求和特定群體的社會觀念──都對教育實務造成衝擊。

哲學可以看成是為社會的每個群體設定了值得優先考量的教育實務。在這些範圍中，必須因應日常世界的特殊情況而作出調節。當廣大文化中的次級群體建立了不同的哲學基礎和教育範圍時，類似的教區或私人教育就可以應運而生。在這類教育組織中，觀察者可望發現到一些與公立學校系統不同的基礎和特別態度，因為它們本來就是為了不同的信念系統而建立的。基督教育工作者的挑戰是要去選擇及發展與其信念一致，又同時能在所屬社會、政治和經濟脈絡下得以運作的教育實踐。

> 當廣大文化中的次級群體建立了不同的哲學基礎和教育範圍時，類似的教區或私人教育就可以應運而生。

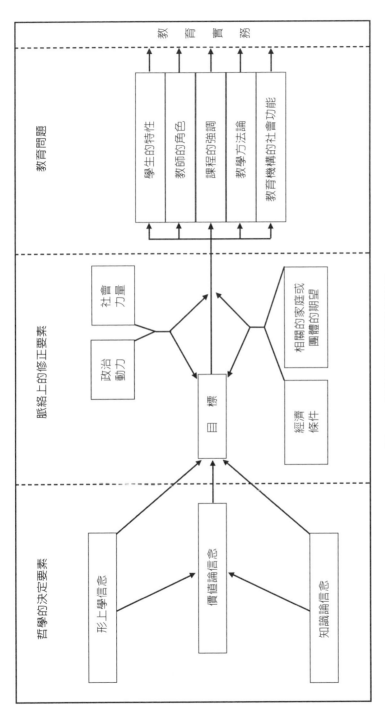

圖 2-1　哲學對教育實務的關係

第一篇結論

　　第 1、2 章指出教育哲學的研究，是為了幫助教育工作者避免因為「心靈貧乏」的謬誤而忽略了將教育實務扎根於他們的基本信念中。教育可以看成是一種目標導向的精心計劃歷程。哲學本身涵蓋了三大層面（活動、態度和內容），因為教育目標關係到哲學的形上學、知識論和價值論的內容，所以哲學能夠指引教育。我們也曾提到過，教育及其相關的學習歷程是發生在複雜的社會環境中，學校只是許多強大力量之一。哲學信念決定了教育的基本目標，但社會動力也會修正教育目標和教育實務。

　　也許第 1、2 章的核心訊息是，教育工作者必須尋求建立與其基本信念相調和的教育環境和教育實務，對一般教育工作者是如此重要；對要在一般自然基礎設定下的世俗社會，建立超自然假定的另類教育制度的基督教育工作者而言，更是重要。[16] 對基督徒而言，遵循世俗社會的教育計畫與教學方法，有時比根據基督教世界觀憚精竭力加以孳化，更為自然與容易。然而，若是取巧，不事變革，將無法導引到基督教育大道。

　　其挑戰在於要去檢視基督教育與基督哲學之關聯，以及選擇或發展適合課程發展、教學方法的哲學起始點。第二篇將檢視傳統、現代、後現代各派哲學和教育的關聯。第三篇也以同樣方式檢視基督觀點的哲學觀與教育關聯。

❷ 討論問題

一、請說明爲什麼形上學對教育很重要？

二、請評估不同的認知來源？當你檢視自己的思考時，是否存在知識的層級性（epistemological hierarchy）？你對知識層級性的看法是否也顯示了你個人的哲學立場？

三、知識論或形上學，哪一個更爲重要？爲什麼？

四、價值論的哪些領域，具體顯現在學校中？當下哪些價值論上的議題也成爲教育前沿的討論議題？

五、請討論維持倫理學上價值中立立場的可能性。

❷ 註釋

1. 有關不同宗教的各式「學派」（isms）的基本介紹可以參考 Norman L. Geisler and William D. Watkins, *Worlds Apart: A Handbook of World Views*, 2d ed. (Grand Rapids, MI: Baker Book House, 1989)。針對這些「學派」更廣泛的討論，見 James W. Sire, *The Universe Next Door: A Basic Worldview Catalog*, 3d ed. (Downers Grove, IL: InterVarsity, 1997)。

2. J. Donald Butler, *Four Philosophies and Their Practice in Education and Religion*, 3d ed. (New York: Harper & Row, 1968), p.21.

3. Paul Nash, Andreas M. Kazamias, and Henry J. Perkinson, *The Educated Man: Studies in the History of Educational Thought* (New York: John Wiley & Sons, 1966); Paul Nash, *Models of Man: Explorations in the Western Educational Tradition* (New York: John Wiley & Sons, 1968); David Elton Trueblood, *Philosophy of Religion* (New York: Harper & Row, 1957), p.xiv.

4. Van Cleve Morris, *Philosophy and the American School*, p.118.

5. Cf. Harold H. Titus and Marilyn S. Smith, *Living Issues in Philosophy*, 6th ed. (New York: D. Van Nostrand Co., 1974), pp.266-273. See also John S. Brubacher, *Modern Philosophies of Education*, 4th ed. (New York: McGraw-Hill Book Co., 1969), pp.227-230.

6. 楚布納德（D. Elton Trueblood）談到這一點說：「目前人們已經普遍了解到絕對的證明是人類所沒有，也不可能有的。之所以如此，是依著這兩個事實：演繹的推論，其前提沒有確定性；而歸納的推論，其結論沒有確定性。在自然科學中，那種認為我們有確定和絕對這兩者兼具的論證，只不過是我們這個時代的迷信罷了。」*A Place to Stand* (New York: Harper & Row, 1969), p.22; for a fuller discussion on the limits or proof, see Trueblood, *General Philosophy*, pp.92-111.

7. Charles Morris, *Varieties of Human Value* (Chicago: The University of Chicago Press, 1956), pp.10-11.

8. Van Cleve Morris, *Philosophy and the American School*, p.221.

9. Titus and Smith, *Living Issues in Philosophy*, p.115.

10. George S. Counts, *Education and American Civilization* (New York: Teachers College, Columbia University. Bureau of Publications, 1952), p.130.

11. George S. Counts, *Education and the Foundations of Human Freedom* (Pittsburgh: University of Pittsburgh Press, 1962), pp.27-28.

12. 見 James Davison Hunter, *Culture Wars: The Struggle to Define America* (New York: Basic Books, 1991); Jonathan Zimmerman, *Whose America? Culture Wars in the Public Schools* (Cambridge, MA: Harvard University Press, 2002).

13. John Martin Rich, *Education and Human Values* (Reading, MA: Addison-Wesley Publishing Co., 1968), pp.125, 146. See also James B. Conant, *The American High School Today* (New York: McGraw-Hill Book Co., 1959); National Commission on Excellence in Educatin, *A Nation at Risk: The Imperative for Educational Reform* (Washington, DC: U.S. Government Printing Office, 1983), p.26.

14. John W. Gardner, *Self-Renewal: The Individual in the Innovative Society* (New York: Harper & Row, 1964), pp.120-122.

15. E. F. Schumacher, *Small is Beautiful: Economics as if People Mattered* (New York: Harper & Row, 1973), pp.93-94.

16. 循此思考的有趣討論，可以參考 E. F. Schumacher, *A Guide for the Perplexed* (New York: Harper & Row, 1977), pp.1-15。舒馬赫發現若從建立在「科學至上論者」（scientific imperialists）對自然假定的各派哲學地圖來看，幾乎沒有超自然主義的立足空間。易言之，很多其他主張的世界觀根本無視於基督教的實體觀，這會引起困擾。

第二篇
教育哲學和教育理論派別

Chapter **3**

傳統哲學與教育

　　在第 2 章，我們已經針對哲學的三個主要問題——形上學、知識論、價值論作了初步的探討。針對這些問題，有許多不同的解答，乃產生了不同的哲學派別（schools），像「觀念論」（idealism）、「實在論」（realism）、「新士林哲學」（neo-scholasticism）、「實用主義」（pragmatism）及存在主義（existentialism）等。這些不同的哲學信念不僅將導致不同的教育理論，也會對教育實務產生不同的影響。因為，人們的基本信念，與他對教育的各種觀點，包括學生的特性、教師的角色、完美的課程、有效的教學方法、學校的社會功能，必然有直接的關聯。

　　在以下各章中，我們主要要來探討哲學與教育的關聯。本章我們將討論傳統哲學派別下的教育哲學取向，第 4、5 章則著重在當代哲學與後現代思潮對教育哲學的啓示。第 6 章列出當代的教育理論，表面上，這些教育理論的原理原則與哲學無關；不過，如果再次加以審視，這些理論都植基於第 3-5 章的各派哲學立場，可視為這些哲學基本原則的具體應用；第 7 章則探討分析哲學對教育哲學發展的衝擊。第三篇利用相同的模式探討基督教哲學與教育之關聯。第四篇則檢視運用基督哲學於公立學校之啓示。

教育哲學學派的功能與限制

　　本書下兩章介紹教育哲學，是以各種學派的主要哲學課題為依歸。例如，有些哲學家會被列入實用主義論者，有些則是觀念論者。我們將教育哲學作這種分類，讀者必須留意它們的限制。

　　第一，任何哲學學派體系的分類，都無法完全精確。我們將哲學派別分成好幾類，並不是說它們就是涇渭分明。哲學學派可以視為幾個不同的連續體，它們之間可能有共通的看法而交互重疊。所以，沒有任何一種分類是可以完全令人滿意的。

　　第二，學派的分立，可能使人忽略其內涵。同時，也容易忽略相同學派內的歧異點。我們可以這樣說，掌握各學派的基本概念，只是了解教育哲學本質的開端，而非終結。

　　第三，學派，充其量只能視為提供初學者的捷徑，讓他們能很快的理解基本概念，它是複雜哲學內容的簡化形式（simplification）。

　　雖然，界定哲學派別有這些限制和缺失，但是它也有基本的功能。在人們的心智中，會自然有一種分類系統（classification systems）。當人們面對紛至沓來的各種資訊時，心靈會根據同異而歸類，希望能對事物更了解，然後對所分類的事物命名。所以，各種學派分類的第一項功能，能使我們捕捉重要的地方，並區分主題，從而掌握某一思想之領域，釐清原先的混亂。

　　此外，學派分類的第二項功能是能夠幫助我們從已知的架構中，去評估新的資料。以此觀點，學派所扮演的角色，不僅在於建立一個知識體系，它也能幫助我們去拓展並豐富此一體系。綜合言之，學派從利的觀點來看，有助於引導我們正視複雜的世界；從弊的觀點，它可能阻礙了我們對複雜事物的思考，並使我們以此為滿足，而無法將此一好方法導入教育哲學的探索之途。

在本書中，我們將介紹各種學派，使教育哲學的初學者能理解到，對實體、眞理、價值觀點不同的哲學立場，會產生不同的教育實務。了解這一點是很重要的，因爲教育實務應該與我們的基本信念配合。但是，很

> 教育工作者必須深刻體認，所有的教育實務都植基於哲學的假定，不同的教育哲學起點，將會導致不同的教育實務。

令人遺憾的，我們的許多教育工作者並沒有這種體認，所以教育事業都無法達成其目標。教育人員普遍有著「趨附時尚的心態」（bandwagon mentality），無條件的視各種改革爲萬靈丹，而不去深思這些教育改革的基本信念是否正確？目標是否可欲？這種即興式的活動正是「心靈貧乏」的寫照，實無助於教育活動的進行。教育工作者必須深刻體認，所有的教育實務都植基於哲學的假定，不同的教育哲學起點，將會導致不同的教育實務。

觀念論

背景

長時間以來，教育深深受到觀念論哲學立場的影響。作爲一種教育哲學，觀念論在 20 世紀對教育的影響已不若昔時。不過，它仍深深浸染西方教育思想。

霍肯因（William E. Hocking）是一位當代的觀念論者，他認爲「理想主義」（idealism）應正名爲「觀念論」「idea-ism」，而不應叫做「理想主義」。[1] 因爲，觀念論著重的是永恆概念的探討，像眞、善、美、榮譽等，而不是像我們平常稱某人「她好理想化（idealistic）」，那種追求卓越的高級心智。*

---

* ideal此一字有完美、美好、理想的意思，所以idealism，也有人譯爲理想主義。不過，哲學上的idealism，是重視永恆觀念的探討，所以，譯者將idealism譯爲觀念論，而不譯爲理想主義，如此就不至於產生英文「idealism」名稱與意義混淆的問題。

觀念論，其核心是重視各種觀念、思想、心靈、自我之實體，而不強調物質的力量。觀念論認爲心靈是基礎，先於物質；心靈的內容是眞實的，物質是心靈的產物，[2] 這與唯物論（materialism）剛好相反，唯物論認爲物質才是眞實的，心靈只是一種附帶的現象。

> 觀念論，其核心是重視各種觀念、思想、心靈、自我之實體，而不強調物質的力量。觀念論認為心靈是基礎，先於物質。

從歷史發展的觀點來看，觀念論源於柏拉圖（Plato, 427-347 B.C.）。在柏拉圖的時代裡，希臘的雅典正面臨一種轉型。波希戰爭，把雅典帶入一新紀元。由於戰爭的勝利，使得海外貿易激增，爲雅典帶來巨大的財富，也帶來文化的交流，使雅典文化融入了許多新的色彩。這些新觀念，導引人們去質疑傳統的知識與價值。當此之時，辯者（the Sophists）興起了。辯者的教學，將許多衝突的觀念帶入政治學與倫理學的領域中。辯者教育人們爲商業社會而準備時，是極端「個人主義」（individualism）的。這種個人主義，導致了價值與信念的「相對主義」（relativism）。

當傳統雅典文化受到辯者質疑時，柏拉圖起來捍衛。[3] 柏拉圖重視眞理的探求，他認爲眞理是完美而永恆的。日常生活的世界是變異的，眞理超越於物質世界之外。柏拉圖認爲人們將會同意有永恆的眞理存在，像數學就是一個明顯的例證。5 + 7 = 12，這是一個先驗的眞理，過去是如此，未來也不會改變。柏拉圖認爲眞理普遍存在於每一個領域，像政治、宗教、倫理、教育等。柏拉圖認爲要獲得普遍的眞理，必須超越感官變異的世界，而進入觀念世界中。

觀念論所提出永恆不變的眞理，對哲學思想影響深遠。基督教堂即一直浸淫在新柏拉圖主義的籠罩下，而將觀念論與神學結合在一起，5世紀的奧古斯汀（Augustine, 354-430）可爲代表。之後，笛卡兒（René Descartes, 1596-1650）、柏克萊（George Berkeley, 1685-1753）、康德（Immanuel Kant, 1724-1804）與黑格爾（Georg Wilhelm Friedrick Hegel,

1770-1831）將觀念論發揮至極。

美國教育學者哈利斯（William T. Harris, 1835-1909），可算是影響力最大的觀念論代表，他創建《思辨哲學期刊》（*Journal of Speculative Philosophy*），在 1870 年代為聖路易學區督學長，隨後並成為全美教育行政長官。巴特（J. Donald Butler）與霍恩（Herman H. Horne）則是本世紀美國教育哲學上重要的觀念論者。[4] 從觀念論的發展史來看，它與宗教緊密相連，因為兩者都重視精神與超世俗的實體本質。

觀念論的哲學立場

形上學：心靈的實體

或許要了解觀念論形上學的最好方式是從始祖柏拉圖開始，柏拉圖在「洞穴的寓言」中給了我們一個觀念論的實體概念。[5] 柏拉圖假想有群囚犯生活在暗無天日的洞穴裡，他們被鐵鍊扣住，頭部無法左右轉動，所以他們只能看到前面的東西。在這群囚犯的後上方有火光閃爍，在他們與火光之間還有一高起的道路。沿路上的所有東西，在火光的照耀下，其影子都投射到囚犯面前的牆上。這群被鐵鍊扣著的囚犯們，無法看到火及真正的物體，他們只能看到影子。柏拉圖質疑著，如果這群囚犯終其一生都在洞穴裡，難道他們不會認為真實的世界就是這些影子嗎？

柏拉圖假設，如果這群囚犯的枷鎖被解開了，他們能自由活動，看到火光和道路兩旁的物體，他們勢將調整自己對實體的概念。有朝一日，他們更被帶出了洞穴，看到了陽光下五彩繽紛的世界，他們一定被嶄新的實體觀所迷惑，而寧願重回其熟悉的洞穴中。

柏拉圖的這則寓言已經暗示了，人類在世界上生活的各種感官，就像洞穴一樣，這並不是終極實體的世界，它只不過是「真實世界」的一個影像罷了。真實世界是純粹觀念的世界，超越了感官世界之外。人們必須透過智性，才能接觸到終極的真實世界，而只有少數的精英分子

——思想家和哲學家，才能參透此一終極實體。所以，他們必須建立各種社會秩序。對於大部分的人而言，仍無法了解此一實體，這些人是以較低等的方式生活。

總之，觀念論的實體觀是二元的：一個是表層的世界，可以透過我們的感官而知覺；另一個是終極實體的世界，必須透過我們的心靈來領會。心靈的世界著重觀念的探索，這些永恆的觀念較感官的物質世界更爲重要。而觀念也先於實物而生。觀念論者以椅子爲例，有些人在見到椅子時，就已經先有了椅子的觀念。一言以蔽之，觀念論的形上學也就是心靈的世界。

知識論：眞理即觀念

觀念論的知識論深深植基於其形上學之上。觀念論強調心靈與觀念的實體，所以求知之途仍在於以心智去捕捉觀念與概念。要了解實體，不是靠視覺、聽覺與觸覺，而是要掌握觀念，並永存於心靈之中。

觀念論者認爲眞理在於觀念的範圍內。一些觀念論者提出了「絕對心靈」（Absolute Mind），與「絕對自我」（Absolute Self）。柏克來是一位基督教的觀念論者，他將絕對自我與神聯繫在一起，許多宗教的思想家們都有類似的看法。

觀念論的知識論可以用「一致」（consistence）與「貫通」（coherence）來說明。觀念論者所發展的知識體系很重視內在與邏輯的一致性。當我們說，某東西是眞實的，這意味著它與終極實體之本質相一致，如果不一致，我們斥之爲虛妄。納夫（Frederick Neff）說得好：

> 觀念論在本質上是形上學的範圍，即使是它的知識論也流露著形上學的色彩。觀念論的知識論，主要是想爲眞理奠定形上學的合理化基礎，而不企求以各種經驗與知識方法去探求眞理。[6]

　　眞理，對觀念論而言，是與宇宙本質相契合，它不僅先於，而且獨立於各種經驗之上。所以終極知識的獲得不是靠經驗的，它仰賴「直觀」（intuition）、「天啓」（revelation）與獲得和拓展知識的「理性作用」（rationalism）。這些方法最能處理觀念論其知識論的基本立場——眞理即觀念。

價值論：價值來自觀念世界

　　觀念論的價值論，也植基於其形上的觀點。如果終極實體是超越於這個世界之外，而絕對自我又是心靈的模板，那麼宇宙就可分成「大宇宙」（macrocosm）與「小宇宙」（microcosm）。根據這種觀點，絕對心靈的世界可以視爲一種大宇宙，而我們地球，各種感官經驗所構成，可視爲終極實體的影像，即爲小宇宙。所以，倫理學與美學上各種善美的標準是外在於人之上，與終極實體的本質相契合，建立在固定與永恆的原理之上。

　　觀念論認爲，倫理的生活就是一種與宇宙和諧的生活方式。如果將絕對的自我視爲一個大宇宙，那麼每個人心都可視爲一種小宇宙的自我。小宇宙的自我必須盡可能的與絕對自我看齊。如果絕對是終極的善，或是有些觀念論者所信仰的神，被認爲是完美的化身，那我們平常倫理上的各種行誼就該以這些絕對的自我爲模範。「普遍的道德律」（Universal Moral Law）是代表著「絕對存有」（Absolute Being）的特性，人類必須與之契合，才算道德。那我們要如何發現道德律呢？對於宗教的觀念論者，這不是問題，因爲他們可以從權威的天啓而得到。世俗的觀念論者則會遭遇到問題。康德的無上命令（categorical imperative），[7] 有別於天啓的方法，也是獲致道德律的重要方法之一。*

---

* 康德是18世紀集西方哲學大成的思想家。他的道德哲學最明顯的地方是賦予道德本身自主性。康德認爲一般道德哲學家在界定道德時，都把道德視爲一外在之目的，譬如，爲了求得心安而行善，爲了永生而行善。爲了多數人之利益而行善……出於目的而行善，基本上與道德無關（並非不道德），這些都是屬

　　觀念論的美學觀仍可透過大小宇宙的概念來說明。觀念論者認為完美的反映就是美，藝術企圖去表現「絕對」，正可視之為美的愉悅。藝術家應以捕捉終極實體為己任，藝術的功能不在於描繪世界以滿足我們的感官，而是以終極絕對自我之觀點去描繪世界，也就是藝術是要以完美的形式去捕捉實體。攝影，在觀念論者看來，並不是一種真的藝術形式，因為它只描繪了我們經驗世界。簡單說來，觀念論者的藝術觀，可視之為感官知覺的完美化。

觀念論與教育

　　從觀念論的隱喻中，我們可以得知，學習者被看成是小宇宙的自我，他不斷的往絕對自我的歷程邁進。就某一方面來看，個別的自我是絕對自我的延伸，在他們待發展的形式中，有著與絕對自我相同的屬性。觀念論的學者認為學習仰賴學生的自覺，「學生的特性，……在於他邁向完美的意願，只要他願意，他就能做到。他會致力於完美，因為理想的人正是完美的。」[8]

　　宇宙的實體是以觀念和心靈為核心，學習者最重要的部分是他們的心智，他們每一個人都是小宇宙的心靈。因為真知必須經由心靈來獲知，所以教育工作的目標應鎖定此一心靈層次。柏拉圖認為，世界最好由哲學家來統治，因為只有他們才能超越感官世界之外，接觸到終極實體的世界。由於這種哲學觀，觀念論特別重視學習者之心靈發展。

於他律。真正的道德是自律的，本身是一種無上命令，人們的行為自願遵此道德格律而行，這種自我立法、自我監督、自我實踐之歷程，正是道德自律的涵義。至於，哪些具體事情合乎道德？康德提出普遍化之法則，譬如偷竊會使個人蒙利，但是如果每個人都偷，則個人並不會蒙利，所以偷竊是無法普遍化的（康德的意思並非偷竊會使大家蒙受其害，這是功利主義式的道德論證，康德之意是偷竊行為會造成普遍化法則之矛盾）。有關康德道德哲學之專著極多，讀者可參考李雄揮編譯之《倫理學》，五南圖書出版，有基本的介紹。在此作者認為康德之無上命令並不訴諸於天啟的權威，但吾人也不宜忽略康德在論證道德律時，仍然提出了三項設定：意志自由、靈魂不滅與上帝存在。

在觀念論取向的學校裡，老師占著關鍵性的地位。老師是學生通向完美的模範；老師有著更多有關心靈終極世界的知識，所以比學生更接近絕對；老師可以作為學生小宇宙自我與大宇宙絕對自我的橋梁。老師的角色一方面是引導學生獲得實體的知識，另一方面，他也是學生倫理的模範。老師在智性與社會生活的言教、身教，正是學生取法的典型。

觀念論心目中的教育內容與其知識論立場相呼應。假如真理是觀念，就應該特別重視那些能夠促使學生與永恆觀念相接觸的科目。因此，觀念論的課程強調人文學科的研讀。許多觀念論者將歷史與文學作為課程架構的核心，因為這些學科最有益於學生探尋完美的人格與理想的社會。純數學也是重要的領域，因為數學是普遍先驗原則的基礎，也能提供探討抽象的方法。

文字，不管是書面的或是口語的，構成了觀念論教學方法的基礎，因為觀念要從一個人進入到另一個人的心靈中，必須透過文字。教學方法的目的在於協助學生對觀念的吸收。在觀念論取向的學校裡，圖書館是教學活動的中心，學生在圖書館中，可以與人類亙古重要的觀念相契合。教室，一方面可視為是圖書館——書香與觀念匯聚的中心——的延伸。教師在教室的教學，也可看成是將知識脈絡透過講述的口語，從教師傳承到學生上。教師們帶領學生閱讀各種觀念作品時，也善於引領學生對尖銳之觀念加以討論。

觀念論的老師對於參觀、旅行教學不會有很大的興趣，也不熱衷各種自動教學機之使用，因為這些活動只是探尋真理意義的周邊而已，它們只是感官世界的影像，而不是終極實體，所以也不是良善的教育活動。[9]

觀念論的反對者認為這種教育只不過是象牙塔的經驗罷了。不過，這種批評並沒有動搖觀念論者，因為觀念論的教育學者認為學校和大學教育的真正目的，正是要提供一個「思考」與「認知」的地方，以避免日常生活各種雜亂經驗的干擾。[10]

> 無疑地，觀念論者重視過去觀念（尤其是對絕對觀念的探討），將會對社會產生保守的影響。對觀念論而言，永恆終極實體世界較之感官的變異世界有更高的秩序。

無疑地，觀念論者重視過去觀念（尤其是對絕對觀念的探討），將會對社會產生保守的影響。對觀念論而言，永恆終極實體世界較之感官的變異世界有更高的秩序。人們只要與此一終極實體接觸，必然會調整其自身而進入實體之中。學校的社會功能，在觀念論者看來，正是要傳遞過去的遺產與知識。畢竟，學校不是變遷的代理商，而是完美現狀（status quo）的維繫者。

實在論

背景

實在論，在許多方面，都是針對觀念論及抽象的一種反動。實在論者的最原初立場是認為我們感官中的物體是具體存在而獨立於我們心靈之外。例如，以在荒島上的一株樹為例，觀念論者認為，這株樹存在於心靈（包括超越存有的心靈）之中，或是建立在我們的「認知」之上；實在論者則認為，不論我們是否用心靈去探索這棵樹，樹都是存在的。物質獨立於心靈之外。

一般公認，實在論的始祖是柏拉圖的學生亞里斯多德（Aristotle, 384-322 B.C.）。亞里斯多德固然深受柏拉圖的影響很大，但他也針對柏拉圖的觀念論作了修正。亞里斯多德認為每一個物體的基本構成是「形式」（form）與「質料」（matter）。「形式」就相當於柏拉圖的「觀念」，而「質料」可視為各種感官物體的組成成分。根據亞里斯多德的看法，形式可以獨立質料而存在（如神或者是狗的觀念），但質料無法脫離形式而存在。亞里斯多德並沒有特別看輕形式或質料，他與柏拉圖的最大分野是認為從特殊事物或質料的研究中，會有助於永恆觀念

的了解，柏拉圖則認爲感官世界都是虛幻次級的。

由於亞里斯多德認爲從物質物體中的研究，有助於更了解普遍形式與觀念，所以他也爲當代自然科學、生物學及社會科學奠下了深厚的基礎。亞里斯多德也以組織與分類聞名於世。即使是現在，在許多大學的科系裡，如物理、植物學、動物學、社會學、心理學、邏輯與哲學的各領域中，都還可以讀到亞里斯多德對這些學門的貢獻。後人是根據亞里斯多德所發現的原則，而逐步發展成當今的科學。

實在論能夠進到當代世界中，不能不感謝培根（Francis Bacon, 1561-1626）所提出的科學方法──歸納的方法論（inductive methodology）。而英儒洛克（John Locke, 1632-1704）的貢獻也不容忽視，他認爲人的心靈是一片白板（blank sheet, *tabula rasa*），可以吸收來自環境的各種刺激。在美國當代教育哲學界裡，實在論的代表則首推布勞岱（Harry S. Broudy）。[11]

實在論的哲學立場

形上學：事物的實體

對實在論而言，終極實體不在心靈的範圍內，宇宙是由組成的物質在運動中構成，所以人所生存的物質世界構成了實體，而物質世界遵照著一定的律則，這些律則也指引著宇宙的每個部分。宇宙以此律則運行，人類及其知識都在宇宙的律則之下。

宇宙就像一個龐大的機器，人類既是旁觀者，也是參與者，宇宙律則不僅主宰了物質世界，也同樣支配著道德、心理、社會、政治、經濟等領域。換句話說，實在論者認爲實體就是遵行自然律則的一群事物。而實在論也成爲當代科學的重要哲學基礎。

知識論：眞理經由觀察

實在論的知識論是一種對世界的常識觀（common sense approach），它建立在感官知覺的方法之上。霍肯因（W. E. Hocking）曾經

指出：「如果以心靈特性的觀點看實在論，那實在論是要我們從對事物的判斷中，將個人好惡排除，讓事物自己呈現它本來的面目。」[12]

> 對實在論而言，終極實體不在心靈的範圍內，宇宙是由組成的物質在運動中構成，所以人所生存的物質世界構成了實體，而物質世界遵照著一定的律則，這些律則也指引著宇宙的每個部分。

眞理對實在論來說，被視爲一種可觀察的事實，感官知覺是獲得知識的橋梁。[13] 實在論者運用歸納法探尋自然世界，從觀察中建立普遍通則。實在論者希望透過其探究，能夠發現世界是如何地運作。自然律被視爲是實體的本質所在，所以它也是絕對的，先於人的經驗，是不可變動的。從這個觀點來看，實在論眼中的「自然律」（Natural Law），與觀念論中的「絕對心靈」（Absolute Mind）同等重要，兩者的共同立場是都肯定終極實體的存在。眞理和實體的本質是客觀存在的（out-there），實在論者乃發展成「眞理符應理論」（correspondence theory），作爲檢證眞理之標準。在實在論看來，眞理就是觀察者所知覺的與眞實狀況相符合。

價值論：價值來自自然

實在論者認爲價值也是透過對自然的觀察。經由對自然秩序的研究，人們也能發現一些律則以指引倫理和美學判斷。價值是永恆的，因爲它們是來自於穩定的宇宙——即使從人類的觀點來看，永恆的宇宙也更常被人們理解。

實在論的倫理基礎也是自然律。實在論者聲稱，自然也存在著道德律。所有人都擁有道德律，或至少有能力發現道德律，就好像在自然界中存在著萬有引力，在經濟世界中亦如是。傑弗遜（Thomas Jefferson）強調人有「不可剝奪的權利」（inalienable rights），人們應該對這些權利之本質作更清楚的界定。

自然也同樣爲美提供了標準。從實在論者的觀點來看，美的藝術形式正反映著宇宙的邏輯與秩序，也就是對實體的一種「再現」（representing）或「原貌更新」（presenting anew）。自然的合理性是表現在其型態、平衡、線條、構造、形式之中。藝術工作者，以繪畫來說，應該把客體表現得維妙維肖，盡可能逼近事物。以此觀點，攝影，實在論認為是藝術的一種形式。

實在論與教育 [14]

實在論者認為學生是一個多功能的個體，透過他們的感官經驗，可以知覺到世界的自然秩序，而與「實體」接觸。世界就存在那兒，學生可以透過其感官，去看看、去體會、去品味這個世界。

許多實在論者認為，學生臣屬於自然律之下，所以也沒有選擇的自由。這些實在論者聲稱，學生受制於環境的刺激而反應。當然，他們擁護行為學派的心理學也就可以理解了。這些實在論的極端形式，視學生為整個宇宙機器的一部分，學生可被「編配」（programmed），就好像我們設計電腦一樣。當然，我們在操弄學生時，不會一下子

> 實在論者認為學生是一個多功能的個體，透過他們的感官經驗，可以知覺到世界的自然秩序，而與「實體」接觸。世界就存在那兒，學生可以透過其感官，去看看、去體會、去品味這個世界。

就成功，學生在習得合宜的反應之前，必須經過增強、紀律、行為塑造等歷程。

我們也可以把學生視為宇宙機器的旁觀者，那老師就是更有經驗的旁觀者，因為他比學生知道更多宇宙的知識與律則。老師的角色，在實在論者看來，就是快速而有效的提供精確的實體知識給學生。在教學過程中，教師的偏見與人格應盡可能的排除。教學的功能就是把一些驗證過的自然律傳遞給學生。

實在論的課程設計與其形上學、知識論相呼應，特別強調物理世界的學科內容。科學占著課程的核心地位，因為科學正反映著自然律。數學也非常重要，因為數學是以一種精確、抽象的符號系統去描繪宇宙

律，它代表著一種次序的最高形式。

實在論者對宇宙的概念，與它對統計、量化研究的強調，深深影響了社會科學的知識。實在論者認為課程應該是提供可以測量的知識，許多實在論者非常認同桑代克（Edward L. Thorndike）的名言：「凡存在的事物，都以某種量的方式存在，要完全了解此一事物，必須質量並重。」[15]

所以，實在論的課程取向，特別重視可被證明的事實，以及各學門的基本架構（structural frameworks），以賦予那些事實意義。[16] 以此觀點，有關「資訊的符號」（symbolics of information）（如語言與數學），也是重要的課程內容，它們不僅可以引領學生進入學門領域之殿堂，更是傳遞既定知識的重要工具（encoded system）。[17]

實在論的教學方法與其知識論息息相關。如果真理是經由感官知覺而獲致，那學習經驗，更進一步地，應由這些感官來組織。17世紀捷克摩拉維亞地方的主教康門紐斯（John Amos Comenius），是一位偉大的教育家，在其教育名著《大教授學》（*Orbis Pictus*），點明了教育的過程必須經由視覺的幫助，他運用圖書教導學生學習拉丁字彙。18世紀末 19 世紀初，另一位偉大的教育家裴斯塔若齊（Johann Heinrich Pestalozzi），將實在論的教學方法更向前推進了一步，他在教室裡運用實物教學。學生親自去感覺、去聞聞、去看、去聽實物，他們就可以學得很好。

當代實在論的教育學者很重視在課堂中證明事實，戶外旅行的教學，如果受制於時間無法常常實行，至少也必須運用視聽器材。這並不是說實在論者反對書本上的符號知識，只不過是符號本身沒有存在的狀態，符號只不過是反映實體，或是與真實世界溝通的工具而已。

實在論的教學方法重視對事實的精熟，使學生更易於領會自然律則，所以非常重視歸納的邏輯，希望學生能從特別的感覺經驗中推論，而歸納出一般法則。

實在論的機械式世界觀，使得他們很讚賞教學機（teaching machines）及編序式的學習活動（programmed learning）。透過機器，一系列精確的知識可以快速而有效率的傳遞給學生。教學機的全盤理念與實在論把人視爲機器的理念是可以相容的。以此觀點，教學要盡可能客觀化，不要太人爲（dehumanized），因爲「人」是造成錯誤的來源。

學校應對社會扮演何種角色？實在論對此問題的看法與觀念論接近。學校的目的是傳遞已被實徵科學驗證過的客觀知識和自然律則，以發揮在宇宙的功能，所以實在論的學校很重視這些遺產的保存。也就是說學校應傳遞已被證實的知識，並爲這些事實提供有意義的基本架構，以便學生迅速的掌握，而整個社會就根據自然律則而長存。

新士林哲學

背景

士林哲學（Scholasticism，或譯爲經院哲學、教父哲學），是西歐在西元 1050-1350 年間的學術思潮，最先只見諸於經院內之研討，13 世紀大學興起後，它成爲大學內研討的核心。士林哲學家們並不企求尋找新的眞理，他們希望透過理性或信仰的過程，來證明一些在哲學或宗教上已被提出過的眞理觀。

士林哲學的興起與亞里斯多德著作在基督教歐洲的復甦有很大的關係。我們知道，在中世紀的黑暗時代，許多亞里斯多德的著作散佚了，反而是伊斯蘭回教世界保存了下來，所以亞里斯多德的著作一直受到基督教世界的忽略。中世紀的神學與哲學是以奧古斯汀爲基礎，他將柏拉圖與早期基督教思想作了統合。

然而，在 12 世紀左右，亞里斯多德的著作譯本，以及阿拉伯、猶太人對亞里斯多德的譯註紛紛傳到西歐。這些新觀念與原有的基督教思想不完全符合，此時亞里斯多德哲學對基督教的挑戰，就好像 19 世紀達爾文質疑基督教一樣。不過，很快地，中世紀基督教與亞里斯多德主

義兩股知識體系融在一起了。士林哲學家們企圖用亞氏演繹邏輯及其哲學去整合天啓的知識。本質上，士林哲學運用理性產生信仰，其目的在合理化神學。

多瑪士（Thomas Aquinas, 1225-1274）是士林哲學的翹楚，他的思想見於《神學大全》（*Summa Theologica*）一書。多瑪士的基本觀點是人應該盡可能的運用理性來獲得足夠的知識，而超越人類理解程度則必須仰賴信仰。多瑪士哲學（Thomism）很快的就成為羅馬天主教的正統哲學立場。

士林哲學在本質上是一種理性主義（rationalism）。新士林哲學是士林哲學的新形式，特別強調人的理性。所以新士林哲學是對傳統哲學的現代詮釋，我們在此也將之列入傳統哲學。

在 20 世紀的教育思想裡，新士林哲學有兩個派別。其一是羅馬天主教教育哲學取向，文獻上常界定成「宗教實在論」（scholastic realism, religious realism）或「宗教新多瑪士主義」（ecclesiastical neo-Thomism），馬瑞坦（Jacques Maritain）是代表人物。[18]

另一個是比較世俗非宗教取向的，以阿德勒（Mortimer J. Adler）與赫欽思（Robert M. Hutchins）為代表。[19] 他們常被歸為「理性人文主義」（rational humanism）、「古典實在論」（classical realism），或「世俗新多瑪士主義」（secular neo-Thomism）。以上思想具體產生的教育啓示，就是有名的「永恆主義」（perennialism）。有關永恆主義，我們將在第 6 章中詳細討論。

新士林哲學的哲學立場

形上學：理性（或神）的實體

新士林哲學家們對於實體有不同的看法。部分的原因是士林哲學本來就是重疊了許多不同的哲學立場；另一個原因是士林哲學植基於兩個淵源，其對實體的看法並不一致。其一是亞里斯多德，實在論的奠基

者；其二是多瑪士，統合了亞里斯多德哲學與基督教。*

亞里斯多德的兩個理念——人是理性的動物與演繹邏輯的發展，爲新士林哲學奠定了基礎。對亞里斯多德而言，人們詢問事物時，最重要的問題是其目的。因爲人是唯一能思考的動物，所以人的最高目的就是在運用此種能力。亞里斯多德也認爲宇宙是被規劃好的，有其秩序，每一個結果都有其成因。各種秩序、因果，到最後可歸結爲不動的實體（Unmoved Mover），也就是「第一因」（First Cause）。多瑪士將亞里斯多德所謂「不動的實體」、「第一因」視爲神。所以，神，在多瑪士看來，是純粹推理的結果。人類是一種理性的動物，他生活在理性的世界中，所以能夠理解事物。

新士林哲學的形上學有兩個層面。其一是自然世界的大門向理性敞開，其二是超自然的領域，可經由直觀、啓示或信仰而得到了解。科學，能觸及自然領域，但無法進到精神層面中。新士林哲學也認爲宇宙的本質是永恆與不變的。

> 對亞里斯多德而言，人們詢問事物時，最重要的問題是其目的。因為人是唯一能思考的動物，所以人的最高目的就是在運用此種能力。

知識論：眞理經由理性（與信仰渴望）

新士林哲學聲稱，人的理性心靈可以自然地導入宇宙的理性之中。根據這種說法，心靈不僅可以掌握相當的眞理，而且可以直覺到眞理。新士林哲學認爲藉著「分析的陳述」（analytic statements），可以得到直觀的，或不證自明（self-evident）的眞理。所謂分析的陳述，是指在一個陳述中，主部包含了述部。例如，「神是善的」；或是述部可由主部分析出，例如，「如果兩件事情相同於第三件事情，那這兩件事

---

* 士林哲學是基督神父們在保存了希臘哲學後與基督教統合集大成之哲學思想體系。一般來說，它有兩大支脈：一派以奧古斯汀爲代表，主要承襲柏拉圖之思想，特別強調信仰光照的重要；另一派則以多瑪士爲代表，主要接續亞里斯多德的形質論，強調以理性來掌握教義。本書作者奈特並未用上述傳統之分類。

情也是相同的。」分析的陳述並不需要透過經驗的檢證。以上例，我們不需要去畫兩條線，同時相同於第三條線，然後再量這兩條線是否相同。我們可以直接認為該分析陳述是不證自明的，可透過直覺而證實。

第二種真理的形式是從「綜合陳述」（synthetic statements）而來。綜合陳述的真理必須透過經驗的檢證。例如，「三藩市離紐約 3,224 公里」。綜合陳述是屬於科學和實徵經驗的領域，它們必須被驗證，因為其述部並未包含在主部之中。然而，分析的陳述卻可透過邏輯與內在真實性而掌握。

新士林哲學不同於經驗論者，他們認為分析的陳述形成了第一原則，所以比綜合陳述有更高的秩序，這些不證自明的分析陳述，不是科學能夠獲致的。世俗的士林哲學家認為真理可經由理性和直觀獲得；宗教取向的士林哲學則認為除了真理、直觀外，超自然的啟示也是獲得知識的來源，而且這種知識可以將有限的人帶到神的心靈中而與神接觸。

不管是世俗取向或是宗教取向的士林哲學都很重視理性以及亞里斯多德的演繹邏輯。雖然也不反對歸納，但由於訊息的獲得是經由感官形成的原始資料，在演繹思考中運作的結果，所以，演繹的層次較高。

總之，新士林哲學認為知識有層級性。初級層次的知識，人們可以透過理性，這是自然和科學的領域，有其限制所在；高層次的知識涉及第一因與信仰，這兩個層次有其重疊的地方，所以有些真理可以循兩種途徑來獲得。例如，神的存在固可以透過信仰，但多瑪士在《神學大全》一書中有名的「五路證神法」，* 則是運用邏輯推論而明證。新士

---

* 多瑪士的五路證神法在哲學史上有一定之地位，茲簡單加以介紹：(1)不動者之論證，從感官世界中，我們得知事物變動之事實，但是事物為什麼會動呢？一物之動是受到另一物動之影響，如此再可歸因，直至無窮的後退。但是如果真是無窮的後退，則不可能有爾後一系列的動。我們現在各種運動是事實，故無窮的後退不成立。因此，必有一終極之不動者，以帶動爾後一系列之動。此即為上帝。(2)第一因之論證，任何一物之存在皆有其因，因又有因，將形成無窮後退，故必須有第一因，此因不假他因，為一切因之因，此即為上帝。(3)必然存有之論證，我們平日所見的各種事物均為偶然的存在，並非永恆不變，是故

林哲學對於邏輯的、永恆的，以及不變的眞理，評價最高。

價值論：價值涉及理性作用

　　新士林哲學的形上學與知識論都以理性爲核心，價值論也不例外。以倫理學來說，道德的生活就是與理性和諧的生活。人類是理性的動物，所以好的行爲也應該受理性的節制。人們有時也會受制於慾望、情緒而導致沉淪，然而，只要是好人，其慾望與情緒應當受制於理性；理性判斷是好的，就應該去做。我們可以說，新士林哲學的倫理觀正是理性化行動（acting rationally）。

　　與其他哲學比起來，新士林哲學的美學觀比較不明確，或許是他們太重視人類理性的本質，而這正與藝術形成有關之意志情緒之感官背道而馳。莫里斯注意到人

> 新士林哲學對於邏輯的、永恆的，以及不變的真理，評價最高。

類對創造力的天賦特性之後，曾歸結了新士林哲學的藝術立場是「創造的直觀」（creative intuition），帶有點神祕色彩，是理性企圖超越它自身的傾向，就像當代的詩與藝術一樣，想要從理性中逃出。[20]人們的喜好賦予了藝術意義，用亞里斯多德的話來說，藝術已經有了潛在的意義。所以，藝術，對藝術家而言，是不證自明的，藝術家直觀藝術的意義，而不運用邏輯的方式，即使藝術家讚賞藝術作品是由於它帶來智性的快樂亦然。

在其背後理應有一必然存在，以爲各種偶然存在之基礎，此即爲上帝。(4)最完全的論證，世上之事物無論眞、善、美等都是相對，而無法止於至善，達到最完全之境界。但是，在我們心中確實存在一最完全、最完美的標準（雖然不一定說得出），以來判斷某事物之眞、善、美，否則各種知識、道德、藝術的發展，殆不可能，此一最完全之理型，即爲上帝。(5)目的論證，我們尋常所見的各種事物，均朝向一目的而動，即便是無機物，亦會形成一整體的和諧，但無機物本身不具有意向，故整個自然必受一有智慧、有意向之存有引導，此即爲上帝。

五路證神均是從一經驗事物出發，而反推到超驗世界，進而論證上帝是經驗事物之因。

新士林哲學與教育

新士林哲學的兩個派別——宗教論與世俗論，對教育的看法是一致的。學生是理性的，他有天然的潛力去獲得眞理與知識。宗教論者更重視學習者的精神面，以與神聯繫，學校的責任正是要幫助學生發展這些能力。新士林哲學對學習者理性能力是採官能心理學的立場。根據官能心理學（faculty psychology）的看法，心靈擁有許多不同的潛力與官能，值得仔細加以發展。因此，理性的官能可以透過邏輯組織的學科來加以形式訓練（formal discipline）。要學生去記憶可以發展的記憶官能，要學生去做高程度耐力的工作可以培養學生的意志。經由這種形式訓練的過程，官能可以得到充足的發展，而意志也將臣屬於理性之下。

新士林哲學的老師被看成是有能力且有權力發展學生理性、記憶、意志等能力的「心智訓練員」（mental disciplinarians）。在引領學生的教育過程中，新士林哲學（觀念論與實在論者亦同意）認爲責任在教師身上。教師必須與其他的教育當局配合，決定學生應該學習的知識。如果能配合到學生的興趣與好奇心更好。不過，教育活動應該是以學科教材，而非學生的喜好爲中心。教育就是培養學生的心智，去了解永恆不變的實體所在。

宗教的新士林哲學除了重視心智的訓練外，也將教師視爲精神的引導者。教師不僅引導學生理性的一面，也要兼顧信仰的一面。

世俗的新士林哲學堅信人是理性的動物，課程應優先提供人的理性層面，心靈要被訓練成懂得思考。教育應強化智性，使人類了解宇宙的絕對眞理。

根據這個觀點，新士林哲學的學者們認爲有內在邏輯性的學科內容最能達成教育目標，應該成爲課程的核心。許多世俗的新士林哲學家都同意數學最接近人的純粹理性。由於數學未受到人類紛沓事物的干擾，所以它最接近宇宙的理性本質。

　　略遜於數學的精確，但對於強化心靈也特別重要的是外語，特別是那些有嚴格體系的語文。拉丁文和希臘文最被推崇。現代語言規則較不嚴格，所以比較不重要。邏輯以及過去偉大心靈的遺產也是重要的。宗教的新士林哲學家除了同意上述世俗論的觀點外，認為系統的教義也應該成為課程的一部分。

　　新士林哲學對於教材內容的功能持著下列兩種看法：(1) 對學生解釋世界；(2) 訓練學生的心智去了解世界。所以課程應該強調智性與文化的精神面。

　　新士林哲學的教學方法論重視學生心智能力的訓練。這種立場是奠基在他們對心智訓練的概念之上。他們認為透過與理性、記憶有內在關聯之教材的訓練，可以強化智性。智性的訓練可以比喻為心智的體操（mental calisthenics），就如同肉體的鍛練。經由嚴格的運動，可以發展肌肉，同樣的，藉著心智的磨練，也可以強化心靈。除此之外，學生的意志，他願意接受這些艱辛的訓練，並視之為自然，也是新士林哲學的重要教學成果。*

　　如同其他的傳統哲學取向，新士林哲學對學校的社會功能仍是持保守的態度。許多人認為這是一種退化的社會哲學，因為它運用 13 世紀的思想型態來看待我們當今的社會問題。

> 新士林哲學的教學方法論重視學生心智能力的訓練。這種立場是奠基在他們對心智訓練的概念之上。他們認為透過與理性、記憶有內在關聯之教材的訓練，可以強化智性。

---

* 嚴格的形式訓練，以今日的眼光來看，已不可取，而官能心理學，認為人具有種種心能，必須經由磨練來發展的看法，也早已淘汰。不過，學生基礎能力的培養，仍然成為當今教育亟待解決的問題。美國在1960年代以後「回到基本」（back to the basics）運動以及有名的「精熟教學法」，也都是強調基本能力之獲致。這也可看出，新士林哲學所欲獲致之教學目標——心智能力，對現在的教學而言，還是一個困難的挑戰。

評論與前瞻

觀念論、實在論與新士林哲學，雖然有許多不同的觀點，但在哲學立場上卻有許多共通性。他們都重視形上學的探究；都認爲宇宙有著先驗、客觀的眞理，有待人類去發現；他們也都同意眞理和價值是永恆不變的。

在對教育的啓示上，三者也有其共通性。例如，他們都視教師爲權威的化身，教師知道學生需要學什麼；三者都把課程視爲一種「固定」（solid）的教材，並且都偏重在智性的「厚實」（heavy）內容；他們對學校的社會功能更持保守的立場，學校就是要傳遞過去的文化遺產。

以上三大哲學立場都影響了 20 世紀的教育。許多當代西方的教育著作都深受觀念論與新士林哲學預設的影響。有趣且值得我們注意的是在教育史中，實在論一直與觀念論和新士林哲學相對抗，實在論的哲學家與教育學者，也一直很希望爲感官經驗與科學取向的教學尋一席之地，這種努力從 18 世紀啓蒙時代開始，一直到 20 世紀才取得最後的勝利。其中，達爾文主義對實在論的推波助瀾有不可抹滅的貢獻。至於傳統哲學影響的 20 世紀教育理論，像永恆主義（perennialism）、精粹主義（essentialism），以及心理學的行爲主義（behaviorism），我們將在第 6 章中仔細介紹。

從基督教的觀點看，傳統諸哲學派別各有所取。基督教對形上、知識、價值之觀點也常與觀念論、新士林哲學或實在論結盟，不少基督哲學家與學者們將觀念論的終極存有、實在論的不動的實體，或新士林哲學的純粹理性存有等同於神。傳統哲學利用「先驗」的概念，確立知識、價值確定性與永恆性存在的探索之途，基督徒們長時間來也一直能心神領會。

不過，很多基督徒們對於觀念論精神物質的二元論，深感不安，

他們也認爲觀念論和新士林哲學對於心靈與智性的教育強調，會損及人類的情感、身體與職業諸層面。基督徒們視聖經揭示的人性爲心智、身體、精神爲一體，教育必須均衡發展，故對觀念論等過於主智的看法特別不能接受。基督徒們認爲觀念論與新士林哲學對於人類本質中心智與理性面向的強調，並沒有在教育實踐及體育上提供堅實基礎。此外，某些基督學者認爲觀念論也沒有對世間存在的惡提供精確的說明；他們也認爲新士林哲學與觀念論有淪爲只爲少數提供精英教育，多數人則行職業教育之嫌。基督社群爲每一位信徒提供無私的宣教。

有些基督徒們會質疑實在論對自然的預設更傾向於自然神論（deism）、不可知論或無神論，而非基督個人信仰。而實在論在追求客觀、科學的同時，更會邁入決定論及淡化人性的重要，基督徒們對此尤感不安。基督徒們認爲，缺乏自由意志與人性尊嚴，正意味著實在論的主張是去人性化的，無法與基督的天啓觀一致。

總之，基督徒們會從傳統哲學中吸納其認爲有幫助的眞善觀點，也當然對不符聖經圖像之處，直言不諱。

重點不在於接受一家（或數家）之言，而是要在生活的基本課題及其回應之道中獲致洞見。基督徒們吸收傳統哲學優點之餘，更堅信自身的信仰可以提供另一可能替代，基督教育工作者建立個人哲學的任務除了引導其教育實踐外，還能爲其日常生活的各個層面提供抉擇基礎。下一章，我們暫時將傳統哲學轉到當代哲學上去。當代哲學在許多生活議題立場上與傳統哲學迥異，而當代哲學也提供了更寬廣基礎的解答，個別基督徒們也可從中開始發展其個人哲學。

◎ 討論問題

一、請說出你對觀念論哲學立場的最初印象。哪些對你最有幫助？哪些
看法最有問題？

二、請說明爲何觀念論教育者對於遠足、參觀農場等活動沒有太大興
趣，其所持立場爲何？

三、與觀念論相較，你比較欣賞實在論嗎？實在論的哪些觀點最有幫
助？哪些看法最有問題？

四、實在論的教育工作者對遠足、參觀農場的看法如何？爲什麼？

五、請畫龍點睛的討論新士林哲學的哲學核心概念。

六、從新士林哲學的觀點，爲什麼在課程設計中看重幾何學、拉丁文？

◎ 註釋

1. William Ernest Hocking, *Types of Philosophy*, 3d ed. (New York: Charles
Scribner's Sons, 1959), p.152.

2. 我們討論觀念論時，讀者必須留意，觀念論雖然有許多派別，但他們對於觀
念、心靈，都有共通性的強調，本書即以這些共通的立場爲核心。至於觀念
論各學派中對哲學與教育的深入闡述，則不在探討之內，因爲本書的目的只
是導論的性質。讀者若想進一步了解觀念論各派別之具體內容，應該閱讀其
他更深入的哲學著作。

3. 有關於這些不同哲學家的簡易介紹，見 Jostein Gaarder, *Sophie's World: A
Novel About the History of Philosophy* (London: Phoenix House, 1995).（按：
本書已譯成中文，見《蘇菲的世界》，智庫出版）。

4. J. Donald Butler, *Idealism in Education* (New York: Harper & Row, 1966);
Herman Harrell Horne, *The Democratic Philosophy of Education* (New York:
The Macmillan Co., 1932).

5. Plato *Republic* 7, pp.514-517.

6. Frederick C. Neff, *Philosophy and American Education* (New York: The Cen-
ter for Applied Research in Education, 1966), p.36.

7. 行爲必須依照格律而行，這將使你同時自然希冀這些格律是一種普遍律。

8. Herman Harrell Horne,"An Idealistic Philosophy of Education," in *Philosophies of Education*, National Society for the Study of Education, Forty-First Yearbook, Part I (Chicago: University of Chicago Press, 1942), pp.156-157.

9. 根據柏拉圖對社會、教育的貴族式看法，觀念論顯然認爲正式教育是爲少數精英，而非爲一般大眾。柏拉圖將人依其屬性分成三類，分別是嗜慾型（appetites）、情感型（passions）、與理智型（intellects）。觀念論特別重視理智型精英分子的教育。至於另兩類人則應受職業、技術的陶冶，對這些人而言，無論是利用見習式或職業學校教育，只要讓他們了解生活世界中的事物即可。因爲這才符合他們的需求與心智特性，畢竟，他們的心靈無法超越世界的影像之外。

10. Van Cleve Morris, *Philosophy and the American School*, p.183.

11. Harry S. Broudy, *Building a Philosophy of Education*, 2d ed. (Englewood Cliffs, NJ: Prentice Hall, 1961).

12. Hocking, *Types of Philosophy*, p.225. Cf, Titus and Smith, Living Issues in Philosophy, p.451.

13. 同前註，449 頁。新實在論者（New Realists）或批判的實在論者（Critical Realists）對於心靈是否知覺物體本身，或是否代表了物體的論證有不同的看法，本節所述的內容並未包括這些論證。

14. 系統探討實在論對教育的論述，可參閱 Oliver Martin, *Realism in Education* (New York: Harper & Row, 1969).

15. Edward L. Thorndike, "The Nature, Purposes, and General Methods of Measurements of Educational Products," in *The Measurement of Educational Products*, National Society for the Study of Education, Seventeenth Yearbook, Part II (Bloomington, IL: Public School Publishing Co., 1918), pp.16-17.

16. Gerald L. Gutek, *Philosophical and Ideological Perspectives on Education* (Englewood Cliffs, NJ: Prentice Hall, 1988), pp.46-49.

17. Harry S. Broudy, *The Uses of Schooling* (New York: Routledge, 1988), p.81; Harry S. Broudy, " What Schools Should and Should Not Teach," *Peabody Journal of Education* 54 (October, 1976), p.36.

18. Jacques Maritain, *Education at the Crossroads* (New Haven, CT: Yale University Press, 1943).（本書已由筆者譯爲中文《十字路口的教育》，五南圖書出

版）

19. Mortimer J, Adler, "In Defense of the Philosophy of Education" in *Philosophies of Education*, National Society for the Study of Education, Forty-first Yearbook, Part I (Chicago: University of Chicago Press, 1942), pp.197-249; Robert M. Hutchins, *The Higher Learning in America* (New Haven, CT: Yale University Press, 1936).

20. Van Cleve Morris, *Philosophy and the American School*, pp.266-267.

chapter **4**

現代哲學與教育

　　第 3 章已經探討了傳統哲學，像觀念論、實在論、新士林哲學與教育的關聯。我們也一再強調，不同的哲學立場會導致不同的教育關注與實務。本章將繼續討論現代的兩種哲學立場，「實用主義」（pragmatism）與「存在主義」（existentialism）對教育的啓示。

　　我們都知道，傳統哲學有一個共同點，那就是它們都重視形上學，也就是終極實體的探討。現代哲學所關注的重點，卻由於科學發展的刺激，在哲學形上、知識、價值三個基本範疇的重點層級上，有了很大的改變。

　　長時間以來，雖然知識不斷的在累進，哲學上對人性之觀點雖然也迭有變革，但是這些改變都是緩慢而穩定的，而不致對於人們的世界觀及日常生活發生不適應的影響。然而，在 17、18 世紀，由於一些新的科學發現及理論突破性發展，繼之帶動的技術突破導致了工業革命，使傳統社會爲之一變，也使得西方世界的哲學立場發生斷層。

　　歷經 19、20 世紀，科學知識繼續爆增，對社會產生更大的影響。人們開始反對一種終極實體的概念，他們不認爲實體是靜止不動的，甚至不想去探究實體的存在。人們逐漸認爲人所能掌握的眞理知識是相對的，沒有永恆的必然性。

　　所以，現代哲學都儘量不處理終極實體的問題，對眞理價值大多

採取相對的看法。實用主義是以社會群體之觀點出發，存在主義則是以個人主義為核心。實用主義從形上學的關注中走出，以知識論作為哲學的中心問題，存在主義則轉到價值論上去。現代哲學所關注興趣的轉變，深深影響到了教育，諸如學生的特性、教師的角色、課程內容、教學方法及學校和教育的社會功能，也都有了嶄新的意義。

實用主義

背景

實用主義是典型的美國哲學思想，它的發展是近一百年來的事。皮耳士（Charles S. Peirce, 1839-1914）、詹姆士（William James, 1842-1910）與杜威（John Dewey, 1859-1952）是三大代表人物。

傳統哲學企圖以靜止的觀點去解釋事物，在社會變遷輕微時，這或許適用。但是在 19 世紀末，受到工業革命的影響，史無前例的社會變革業已來臨。工業化、都市化、人口大量遷移，是美國社會的景觀。而在西部開拓的過程中，美國人必須與艱困的環境搏鬥。在美國人的生活經驗裡，變遷才是常態。所以，美國的思想家從生物學理論及社會達爾文主義（social Darwinism）中去探討「流變」（change）的概念。實用主義，也可稱之為「實驗主義」（experimentalism）或「工具主義」（instrumentalism），正是對流變世界關注的一種哲學立場。

詹姆士曾經以下面的方式界定實用主義，他說：「實用主義的態度是從『過去的事件』（first things）、『原則』（principles）、『範疇』（categories）及『必然性』（supposed necessities）中走出，取而代之的是『接近現在的事件』（last things）、『成果』（fruits）、『結果』（consequences）與『事實』（facts）。」[1] 實用主義否定了傳統哲學體

系對終極、絕對與永恆本質的看法，他們特別重視實徵的科學、流變的世界以及現今存在的問題。任何超越科學之外有關實體本質的探討，都不為實用主義所取法。

　　實用主義早在希臘時代就可尋得蛛絲馬跡，如赫拉克利圖斯（Heraclitus），約在西元前 5 世紀左右，就堅信世界是流變的；17、18 世紀英國的經驗論者，重視由感官經驗以獲知，對實用主義也有一定的影響。當然，實用主義在教育影響最大者，仍首推杜威，[2] 他的觀念深深影響了 20 世紀的教育理論與實務。

> 實用主義否定了傳統哲學體系對終極、絕對與永恆本質的看法，他們特別重視實徵的科學、流變的世界以及現今存在的問題。任何超越科學之外有關實體本質的探討，都不為實用主義所取法。

　　實用主義對教育的影響，也可從它帶動了進步主義（progressivism）而看出。此外，實用主義也直接或間接的影響了重建主義（reconstructionism）、未來主義（futurism），與教育人本主義（educational humanism）的發展。有關這些教育理論，我們將在第 6 章中探討。

實用主義的哲學立場

形上學：經驗的實體

　　一些實用主義學者不認為實用主義有形上學。這是很容易理解的，因為實用主義對於傳統形上學諸如終極、絕對等超越於人經驗之外的主張深惡痛絕。即使有所謂的實體秩序，那也不是我們所能知道的。物質與心靈，在實用主義學者看來，不是相互分離而獨立的。人們經由經驗去認識物質，經由心靈反映這些經驗。因此，實體，根本無法脫離人類的認知。

　　以柏拉圖的比喻為例，實用主義學者正是認為人們生活在感官知覺的「洞穴」裡。這並不是說洞穴就是實體的全部，只能說，洞穴是我們所擁有的全部。在實用主義看來，我們生活在經驗的世界裡，無從知悉

超越我們經驗之外是否另有眞理或實體存在。

　　在時光的飛逝中，人們的經驗會改變，所以實用主義的實體觀也是流變的。在他們的形上學觀念裡，沒有任何絕對的、先驗的原理，或是不變的自然律則。實體不是一個絕對的「事物」，它是一個不斷歷經交互作用變遷的經驗。詹姆士認爲我們是生活在瞬息萬變的世界裡（a universe with the lid off）。杜威也像詹姆士一樣，從舊式固定限制的封閉世界觀中走出。

　　實用主義認爲宇宙實體會隨著時間而改變。例如，從前人們相信地球是宇宙的中心，歷經哥白尼的革命，才轉向以太陽爲中心，而 20 世紀普遍相對論又對宇宙實體有嶄新的看法。

　　所以，實用主義認爲實體會隨著人類擴增的經驗而改變。今天正確的，明天不一定正確。實體不能離開經驗而存在，就好像物質不能離開心靈一樣。我們既生活在變異的世界中，以此有限的經驗所建構的科學律，自然只是一種較接近的「或然率」（probability）而已，而不可能是所謂的「絕對」。

知識論：眞理即行動（works）

　　實用主義基本上是知識論取向的。知識，在實用主義看來，是根源於經驗。人們所擁有的心靈是主動探索的，而非被動接受。所以，人們不僅獲得知識，更與環境交互作用，知識的獲得，是一種交互作用（transaction）的歷程。人們在環境中的所作所爲，必然會發生結果。人們從他與外在世界交互作用的經驗中來學習。

　　實用主義的知識論方法，主要是探討如何將交互作用的經驗轉化成知識，杜威在《思維術》（*How We Think*, 1910）一書中有很清楚的說明，他把人類的思考分成五個步驟。[3] 第一是面臨問題，人們在日常生活中會面臨許多困境以阻礙其進步，這些情境會讓當事人暫時受挫，而當心靈正視問題情境時，思考就開始運作。第二是找出問題的關鍵所在，排除最先情緒之反應；在此步驟中，個體必須診斷問題的情境，

精確的掌握問題的本質所在。第三是找出可能的解決方法，在此階段中，人們盡可能的去聯想，找出可能的解決方案，這些解決方案是一種「引導觀念」（guiding ideas）的形式或假設。第四是評估各種可能的解決方案，去想像各方案如果付諸實行，可能會有何種後果，而逐漸縮小範圍，找出確實可行之途。第五，檢測假設，將我們所思索的最好方法付諸行動，如果問題解決，那麼就得到了眞理，此眞理必須在實際中運作；如果不能解決問題，那它就不符合實用主義所界定的眞理。假如我們所提的假設被證明是假的，那至少應該回到第四步驟（或更前），重新在可能的假設中去印證眞理。

實用主義的眞理知識必須透過行動的驗證，所以實用主義學者特別要我們釐清知識與信念（belief）。某人聲稱他相信某些事物，只是他個人的關注而已，如果要確定某事爲眞，還必須透過客觀的觀察。也就是，信念是私人的，而知識卻是公共的。雖然實用主義也發現一些信念可構成知識，但是大部分信念仍有待檢證。實用主義的學者認爲任何陳述如果是眞的話，都可以用「若……則」（if...then）的語言表達，也可經得起他人實證經驗的考驗。

實用主義的知識論立場並沒有訴諸於任何先驗的概念或絕對的眞理。人們生活在不斷擴展變遷的經驗世界裡，適合今天的，不見得就能滿足明天的需求，所以實用主義的眞理觀是採相對的立場。

價值論：價值來自社會

實用主義的價值論也與其知識論息息相關。價值是相對的，所以沒有任何絕對的原則供我們取法。當文化變遷時，價值也跟著改變。這並不是說價值可以每天改變，實用主義的重點在於說明沒有任何永恆不變的價值。

在倫理學的領域裡，實用主義將所謂合宜行誼的標準訴諸於社會的考驗（social test）。倫理學上的善，在於它能「運作」（works），也像知識論一樣，倫理學的標準必須符合社會的公共考驗（public test），

而不是只針對個人的利益。例如，我很想致富，偷竊有助於我達成此一目標，結果會令我滿意，因為偷竊對我有好處，所以是道德的。然而，實用主義學者卻認為，這只是針對他個人，而無法在整個社會制度下運作。因為，如果每個人都偷竊，我們就無法靠偷竊而致富，偷竊只能使私人致富，而無法讓所有人都致富，因為它經不起公共的考驗，無法在社會運作，無助於公民生活，所以偷竊不能算是「善」或「道德」。

早期實用主義學者也曾經去檢視猶太─基督的摩西十誡（commandments），他們比較重視後六誡（如不可殺人；不可姦淫；不可偷盜；不可作假證而害別人；不可貪圖別人的房舍；不可貪戀你朋友的妻子、僕人、牛驢和財物），這涉及到人與人之間的相處，而比較忽略前四誡所討論的人與神之間的關係，因為這無法經由經驗的方法加以檢測。實用主義重視十誡的倫理學涵義有下面的理由：(1) 整個西方文明的倫理價值系統是建立在這些誡律的道德觀念上；(2) 希伯來─基督教的教育立場正是道德教育；(3) 用宗教教義行道德教學的傳統，被達爾文主義及聖經教學的批評者所詆毀；(4) 如果文明是一個連續體，道德也需要重覓一個基礎──從公立學校中來進行。所以，實用主義希望透過其對傳統教義的價值檢證，將西方傳統宗教取向的價值觀賦予新義，而解決當前的社會問題。

我們討論摩西十誡，並不是說實用主義擁護這些被視為永恆的誡律。相反的，實用主義學者鼓勵我們在面臨到道德困境時，不要從既定的規範中去找答案，而是要去探索到底要怎麼做，才能有益於大眾。西方的許多傳統價值，運用實用主義公共經驗的考驗，排除許多非科學的「宗教」成分後，仍然能證明其效力。如此一來，實用主義就可以發展出一套建立在傳統倫理之上的教學原則，而適應世俗社會的需求。

實用主義對於美學的標準也訴諸於人類經驗，這也與傳統哲學有別，後者認為美學判斷超越人經驗之上。杜威在《藝術即經驗》（*Art As Experience*）一書中，為實用主義的美學立場提供了許多線索，美學

的鑑定標準，可以透過「社會品味」（social taste）。美的概念植基於人們在審美經驗中感受。例如，呈現一件作品，人們在生活中有新的體驗，也就會有新的感觸，對作品就會有更好的情緒感染，他們也就經驗到了一個藝術作品。以此觀點，實用主義反對傳統將藝術分精緻與實際的分類。實用主義認為以上兩類都可以進入人的經驗之中，人們能從中進行藝術鑑賞。

實用主義與教育

實用主義知識論的觀點，對教育工作者的最大啟示是重視學生的經驗。學生是經驗的個體，能夠運用其智慧以解決問題情境。學生因應環境的行動，構成了他們的學習，而行動的結果又指引了另一行動。

對實用主義而言，學校經驗是生活的一部分，而不是為未來生活而預備。所以學生在學校所學的，與在其他生活周遭所學的，不應該有質的差異存在。隨著學習經驗的增加，學生不斷的嘗試解決問題，益發地使他們的行動受到「反省思考」的支配。運用智慧的結果促成了學生的成長，更增加了學生與環境的交互作用，並能適應變遷的社會。

> 實用主義知識論的觀點，對教育工作者的最大啟示是重視學生的經驗。學生是經驗的個體，能夠運用其智慧以解決問題情境。學生因應環境的行動，構成了他們的學習，而行動的結果又指引了另一行動。

學生逐步成形的觀念，不斷成為生活成就上的工具。

在實用主義教育的脈絡下，老師的角色與傳統截然不同。老師不能「預知」學生未來需要些什麼，所以也無法提供所謂「本質性的知識體系」給學生。因為我們的世界是變動不居的，老師無法提供先驗的，或絕對的知識，這修正了傳統哲學對教師角色之看法。

實用主義把教師視為學生在教育經驗中的同伴，每天的教室狀況應反映變遷的世界。不過，老師比學生更有經驗，所以應負導引與設計之責。他要從學生自覺的要求中，建議及引導學生活動。老師在此廣大的

經驗脈絡之中，扮演好其導引之角色，並蒙受其益。不過，要特別注意的是，他們不能根據自己的想法去揣測學生的需求，從而去設計教室活動。

傳統教育哲學以學科內容為教育的核心，學生必須符合這些學科領域之標準。實用主義反對這種立場，他們把學生及其需求興趣視為教育的核心，學科內容應該要能滿足學生的需求。

課程，根據杜威及其他實用主義的觀點，不應該被限制在分離的、違反自然的學科之上。它應該以學生所面臨的問題與經驗為基礎，設計出較為自然的單元。隨著年級的不同，學生所研討的單元也不同。傳統學科（如藝術、歷史、數學、閱讀）最好以一種問題解決的技術呈現，以鼓舞學生的內在好奇心，去學習這些較枯燥的學科。就好像他們每天的生活經驗中，也必須要有興趣去解決所面臨的問題一樣。

實用主義的教學方法論，是給予學生極大的自由，讓他們在其學習經驗中，尋找對他們最有意義者。教室（不能只侷限在學校），或是任何可以提供經驗的地方，都應該被視為一種科學的實驗室；任何觀念，都必須通過檢證的考驗。

戶外旅行，在實用主義看來，比閱讀或是視聽媒體提供更有幫助。因為學生能夠獲得第一手與環境交互作用的機會。雖然，戶外教學或其他與環境主動經驗的教學是費時的，但是，從另外一個觀點來看，它卻更能引起學生的內在動機與興趣。同時，由於所提供的經驗是直接而非間接的，所以也更具意義。例如，要教授酪農的知識，與其讓學生讀文章、看影片，不如帶學生到農場去，讓學生去聽聞、去擠牛奶。由此看來，實用主義的教學方法論與其經驗取向的知識論（experiential epistemology）實無二致。實用主義叫座的方法之一是設計教學法（project method），我們將在進步主義中詳細介紹。

我們必須留意，不是所有的實用主義學者都反對書本、圖書館、博物館，以及系統的知識來源。杜威就曾經指出，所有「最初」的學習都

應該建立在「日常的生活經驗」之上。當學生逐漸成熟,並累積了許多生活經驗,他們就可以開始學習一些較非直接的、邏輯取向的系統學科知識。換句話說,杜威認為學習可以以學生的直接經驗為基礎,再提升到各種替代性的學習方法上。這些學習方法都是有意義的,因為它們仍是以重要的日常生活經驗為基礎。[4]

關於學校功能的社會政策方面,實用主義是採取自由主義(liberalism)的看法,因為實用主義不僅無懼於社會的變遷,甚而認為社會變遷是無可避免的。學校的功能正是要教育年輕的一代以一種較健康的方式來處理社會變遷。所以,學校的目的不是要學生去記憶系統的知識內容,而是要他們學習如何學,使學生能在現在與未來不斷的變遷世界中適應。根據這種觀點,實用主義學校所心儀的課程,將比較重視歷程,而非內容。

實用主義的政治立場是民主主義。學校,在實用主義學者看來,是一個民主的生活與學習的環境。每一個人都參與決策的歷程,很快地,學生會步入社會中,參與更大的決策。無論學校或社會的參與決策,都必須以社會成果作為評估標準,而不必訴諸傳統權威。只要社會、經濟、政治變遷有助於社會更美好,他們就符合善的標準。

> 所以,學校的目的不是要學生去記憶系統的知識內容,而是要他們學習如何學,使學生能在現在與未來不斷的變遷世界中適應。根據這種觀點,實用主義學校所心儀的課程,將比較重視歷程,而非內容。

新實用主義

古典實用主義在 20 世紀前半葉的哲學圈中(特別是美國)有相當的勢力,不過,在 1950 年代左右,則被分析哲學邊緣化了。分析哲學盛行了 25 年到 30 年左右,在 20 世紀的最後 20 年,分析哲學也日薄西山,反倒是實用主義有復甦的跡象。

新實用主義的代表人羅逖(Richard Rorty)在 1979 年美國哲學

會上所作的演講，語出驚人的說「哲學的終結」（the end of philoso-phy）。羅逖認為，傳統哲學和分析哲學都是走不通的路。對羅逖而言，哲學家並不具備特別的知識、特別的路徑探求知識，或特別的方法以確定知識。知識，在羅逖看來，是無法建立在觀念（ideas）對實體（real-ity）的符應之上。傳統哲學或分析哲學都認為知識是對實體的真實再現，這種看法是虛幻的。新實用主義所彰顯的威廉·詹姆士精神，即在於哲學對話是建立在相互滿意的社會信念，而不是「把真理視為不受時空影響、必然及非偶然（unconditional）的基礎上。」[5] 羅逖認為哲學應是對重要問題的持續「對話」（conversation），而不在於探討形上學、知識論的確定性。除了羅逖外，其他重要的新實用主義學者還包括美國的普南（Hilary Putnam）及德國的哈伯馬斯（Jügen Habermas）。

　　新實用主義學者們對哲學的看法不盡相同，不過，其共通性則頗契合傳統實用主義，這些哲學共通性包含下列幾點：(1) 對各種訴諸於「絕對」的批判；(2) 強力支持人類經驗、信念及探究的多樣性；(3) 持續的重視倫理、政治及社會責任；(4) 堅定的認為人類經驗的變異性；(5) 對民主方式的承諾；(6) 提倡社會各階層能共同理解及參與溝通的語言；(7) 人類行動建立在「重構」（reconstruction）傳統哲學的積極態度。[6]

　　新實用主義的理念透過後現代主義對教育的啟示（參考本書第 5 章）直接反映在教育生態中，特別是在批判教育學旗幟下的各種民主改革方案（參考本書第 6 章）。

存在主義

背景

　　存在主義的發展帶給哲學一個新氣象。它幾乎是 20 世紀的產物。在許多方面，存在主義反而更接近文學與藝術，而遠離了哲學體系。無

疑地，它更關注在個體的情緒，而非智性的發展。

存在主義，由於學者們的看法歧異，所以也很難去界定。美國的存在主義學者考夫曼（Walter Kaufmann），在他的著作《存在主義：從杜斯妥也夫斯基到沙特》一書中，曾經有下面的說明：

> 存在主義，不是一個哲學，而是一群不滿傳統哲學的改革者所樹立起的旗幟。許多被歸類為存在主義的學者，根本反對這個稱呼。存在主義以外的學者發現這些存在主義者的共通點就是彼此不相容。[7]

與我們曾經介紹過的觀念論、實在論、新士林哲學與實用主義相比較，存在主義的確不適合被歸類為一種哲學學派。考夫曼曾經界定了存在主義之核心：(1) 拒絕歸屬任何哲學思想派別；(2) 反對任何哲學體系與信念體；(3) 反對傳統哲學那種膚淺、專門而遠離人生的立場。[8]

個性化（individualism）是存在主義的中心支柱。存在主義並不企求去找尋所謂宇宙的目的，每個活生生的個體，就是其目的。

存在主義植基於祁克果（Søren Kierkeg-aard, 1813-1855）與尼采（Friedrich Nietzsche, 1844-1900）。他們兩者對於基督教拘泥者的形式主義、非人性化以及黑格爾氏的思辨哲學，都有很大的反感。祁克果藉著提升人的地位、重視個人選擇與責任的角色，重振基

> 個性化（individualism）是存在主義的中心支柱。存在主義並不企求去找尋所謂宇宙的目的，每個活生生的個體，就是其目的。

督教精神；尼采則反是，他極力抨擊基督教，聲稱上帝已死，高舉他的超人說。

存在主義在二次大戰後，對世界有獨特的影響，主要有兩個因素。第一，由於受戰火的蹂躪，東西方兩大陣營史無前例的武裝對峙，愈發地使人們重視生命意義的尋求；第二，工業化泯沒了人性，刺

激了存在主義學者尋求生命的新義。存在主義學者大力疾呼社會不應抑制人的個性。當代存在主義大師有雅斯培（Karl Jaspers）、馬色爾（Gabriel Marcel）、海德格（Martin Heidegger）、沙特（Jean-Paul Sartre）及卡繆（Albert Camus）等。

　　存在主義焦點置於其特定的哲學問題關注上，而沒有涉獵到教育實務的探討上。存在主義之所以沒有注意到教育問題，可能與它關注個體，而忽略社會團體有關。教育一向被視為一種群性的活動。不過，正因為存在主義重視個體，所以一些教育學者乃集中此點引申到對教育的啟示上，如巴布（Martin Buber）、葛琳（Maxine Greene）、喬治‧奈勒（George Kneller），與莫里斯（Van Cleve Morris）等。[9] 喬治‧奈勒的《存在主義和教育》，以及莫里斯的《教育中的存在主義是何意義？》尤為存在主義影響教育的代表作。

　　存在主義學者認為哲學不應逃避死亡、生命、自由等的基本問題。智性，不應成為哲學主要的探討對象，哲學應由情感形成（informed by passion），對情感深處的描繪才是終極本質所在。西班牙的天主教哲學家烏納穆諾（Miguel de Unamuno, 1864-1936）曾批評那些只用腦去從事哲學的思想家為「理論販子」（definition-mongers）或「職業思想家」（professionals of thought）。[10]

　　由上面的說明，我們可以了解存在主義並不是一個系統的哲學。所以，存在主義並沒有為教育規劃一個具體可行的方案。不過，它提供了一個嶄新的精神與態度，使教育工作者得到許多啟示。我們也必須以此觀點來看待存在主義。

　　當閱讀存在主義文獻時，存在主義的學者並不會把他們的思想區分成形上學、知識論與價值論。在此為了讓初學者對存在主義有一個明確的概念，使初學者能獲得基礎知識、發展洞見、進一步評估與比較，仍以傳統的架構加以分析行文，想必為存在主義學者所反對。這是讀者要特別留意的。

存在主義的哲學立場

形上學：存在即實體

存在主義的實體觀是個體的存在。在我們了解存在主義形上學時，可從它對立的新士林哲學說起，新士林哲學認為在時間先後上，「本質先於存在」（essence precedes existence）。例如，神創造了萬物（包括人），當神創造人的時候，在神的心中先有人的概念（本質），然後才創造了活生生的人。

存在主義則反是，他們認為，「存在先於本質。」人必須先是存在的，他才能去界定到底他是什麼（也就是本質）。人常常會詢問：「我是誰？」「存在的意義是什麼？」世界不會給我任何答案。每個人都從其日常生活經驗行動的歷程中去界定自身的本質。在生命的過程中，個人不斷的在抉擇，發展其好惡。人從其行動中，會體認到他本身是一個獨立的個體，也會了解他的一切正是其選擇的結果。個人沒有辦法不接受自己的存在，也必須面對那絕對的、無法逃避的抉擇責任。

存在主義將實體的焦點置於每個人的自我（self）之上。存在，正是存在主義哲學的焦點所在。當人們面對生命、死亡、意義等死板板的實體時，他卻有十足的自由，可以為自己的本質負責。傳統哲學把人的「誠眞性」（authenticity）向邏輯體系繳械；基督

> 在生命的過程中，個人不斷的在抉擇，發展其好惡。人從其行動中，會體認到他本身是一個獨立的個體，也會了解他的一切正是其選擇的結果。

教向神臣服；實在論向自然尋求意義；實用主義則依附環境。所有這些企圖掌握實體的方式似乎都忘了人本身就是一個驚奇的實體，可以為其抉擇負責。這些哲學都把個人抽離而出，無視於其經驗，妄圖掌握實體。事實上，遠離了存在，也就失去了意義。

沙特特別有此感悟，他說：

　　人，在存在主義看來，是無法預先界定的。因為人最初空無所有；後來，漸漸有人的模樣，而這是透過他自己的意願所造成。所以，沒有所謂人的本性，即使是神也無從知悉人。只有人才曉得他自己是什麼，不僅如此，在直入存在之後，人是唯一可以使自己成為自己所希望者。人就是靠他自己的所作所為，乃成就他自己，這就是存在主義的第一原則。[11]

　　一些讀者可能會質疑存在主義學者不重視思想。這對存在主義而言，並不是問題。因為對許多存在主義學者來說，生命不需要智性的活動，甚至於，它根本就是「荒謬的」（absurd）。

知識論：真理即選擇

　　存在主義認為知識權威的中心是人本身。人並不是「種」（species），而是一個活生生的「個體」。意義、真理，不會自己在宇宙中形成。是人賦予了這些事物的意義與特性。例如，存在主義學者聲稱，當人賦予自然不同的意義時，「自然律則」就會改變。人會有動機去相信許多外在的意義，所以他會自己選擇他相信的事。

　　如果存在先於本質，先有人，乃創了觀念。所有的認知都置身於個體自我之上，自我可以抉擇何事為真。所以，真理是建立在存在的選擇之上，而存在的選擇又是建立在個人的權威之上。

　　存在主義的這種知識看法，嚴重的悖離了傳統取向的真理觀。有趣的是一些基督教和猶太教的哲學家和神學家擁護存在主義。[12] 不過，我們得認清，這些學者並不是歷史意義上的基督教和猶太教信徒，因為他們自身成為權威現場，取代了「在那兒」賦予意義、提供宇宙目地方向的神。這些當代的宗教哲學家接受一種觀點，即允諾其能表現（as if）外在權威和神的實體之意義。這已對傳統希伯來—基督教的天啟論——傳統上被視為是神的權威向人類啟示的用語——產生影響。從宗教

存在主義的觀點來看，聖經可視爲是系列人神「邂逅」（encounters）
的報告。他們認爲，當代個人仍然可以與神邂逅；就好像摩西、亞伯拉
罕、保羅與神邂逅一樣同具效力。因此，聖經權威的意涵得以透過宗教
存在主義者之手與時俱進、現代化以及（在傳統的用法上）廢止。

價值論：價值來自個人

傳統哲學著重在形上學的探究，實用主義著重知識論，存在主義
則把焦點置於價值論之上。如果以「存在」來代表存在主義的形上立
場；以「選擇」來代表存在主義的知識論立場，那存在主義的價值論也
就結合了哲學的關注與日常生活的活動，把人看成是「存在的選擇者」
（existential chooser）。

存在主義企圖從虛無中創出價值。人未經其同意即被拋進這個世
界，他可以自己選擇其愛好，他沒有被命定。相反的，他被宣告是有自
由的（condemned to be free）。由於他有自由，他必須爲他的抉擇與行
動負責。人本論者羅傑士（Carl Rogers）曾說：「人不要依賴聖經先知
或是任何神論、不要受制於佛洛依德、不要依賴各種研究成果、不要由
別人來決定。」[13] 人，作爲一個獨立的個體，有個人的經驗，自己的
抉擇就是權威。當然，人也不能爲其行爲找任何藉口。沙特說：「人不
能從他的自由和責任中退出（no exit）。」[14]

在倫理學的範圍裡，沒有任何絕對，沒有任何人可以爲他人確立合
宜行爲的本質。如果有這種外在權威的話，生命會變得很簡單——人只
要照著既定的要求即可。但是不然，人在自由抉擇倫理的問題時，會有
很大的痛苦，因爲人必須作選擇，而且必須爲這些選擇負責。他不能回
頭從他本身之外尋求任何權威來源。

當個體了解到自己的選擇會帶來實際的傷害時，他會感到痛苦，會
時時的爲自己的自由責任而痛苦。然而，如果個體會因爲自己的選擇而
痛苦，他們也將可以另外作倫理的選擇以抵消這些傷害。人有潛力讓自
己更好、更壞，甚或毀滅自己的存在。

　　所謂活在負責任的生活之中，正意味著人的行為抉擇必須對自己真誠。人們行動後產生不愉快的後果並不吸引存在主義學者的重視。人要勇於行動，不要投鼠忌器。沙特認為唯一的道德問題就是：「此時此地，我該選擇最真誠（the least phoney）的事為何？」[15] 不行動是不負責任的，因為他企圖去尋求一個沒有緊張痛苦的世界，這是不可能的。存在主義學者已經注意到了，人只要死了就不會緊張。不過，許多人不惜代價以避免衝突，正是使他們的生活像死亡一樣。與死亡相反的是生活。人在生活中，作各種倫理的抉擇，就無法避免緊張。

　　存在主義者的審美標準可以視為是一種對共通標準的反動。每個人對於什麼是美都可以自己豎立絕對的標準，沒有人可以為其他人抉擇。我認為美就是美，誰能否認我？

存在主義和教育

　　我們前面已經提及，主要的存在主義學者並未對教育作任何詮釋，這並非意味著他們滿意學校的一切。相反的，存在主義學者對許多教育的現象都感到困惑，他們發現許多教育的興革都只是為了吸引大眾的宣傳口號罷了。他們也指出許多流行的教育活動根本對學生是一種傷害，他們要學生為未來的消費型態而準備，將學生導入當代工業科技與科層體系的機制裡，而不是幫助學生發展獨特的自我與創造性。存在主義學者目睹此種教育情景，必然要大聲譴責，教育正腐蝕了人類最重要的特性。

　　存在主義的哲學反對將個人組織化，它期待個人能成為教育的中心。莫里斯認為存在主義的教育關注，是要幫助學生了解下列的命題：

1. 我是一個抉擇的個體，在生命的過程中不能逃避抉擇。
2. 我是一個自由的個體，有完全的自由去設定我的生活目標。
3. 我是一個負責任的個體，當我抉擇了我應該過何種生活時，我必須為其負責。[16]

存在主義的教師角色有別於傳統教師，他並不重視認知的傳遞，也不握有所謂「正確的答案」（right answers），他只不過是一位願意幫助學生探索可能答案的人。

存在主義的老師重視每一位學生獨特個性的發展。他深深體會到，沒有兩個學生是一樣的，所以不需要齊頭式的教育。師生的關係應該是巴布所謂的「我與汝」（I-Thou），而非「我與它」（I-It）的關係。也就是把學生視爲一個獨立的個體，可以自己主動的探索；而不是把學生看成一個對象，需要外在導引與灌注知識。

存在主義的教師，就如同羅傑士所描述的，他是一個「促進者」（facilitator）。老師必須尊重每一位學生的情緒與非理性的一面，從而引導學生，讓學生更了解他自己。當老師與學生以多種角度去探索人生經驗時，他們無可避免的會面臨到終極問題，像生、死、人生意義等等。在探討這些問題時，老師和學生可以共同分享其角色與經驗，使雙方都能更了解，處在這個機械化的世界中，應如何顯現自我獨特的個性，不致隨波逐流。套用卡繆的話來說：「請不要站在我前面，我不會跟隨你；也不要站在我後面，我不願領導你；請站在我旁邊，讓我們做朋友。」（卡繆語爲譯者所加）

存在主義學校的課程應該是開放而變化的，因爲存在主義的眞理觀是開展與流變的。以此觀點，學生的決定是選擇課程教材的依據。當然，這並不意味著傳統學科在存在主義的課程裡沒有任何地位，它只不過說明了，存在主義的課程觀，比諸傳統學科的層級性要更靈活得多了。

存在主義學者大都同意傳統教育的基本教材——像讀寫算三 R、科學與社會學科等之地位，因爲這些基本學科是創造力及人了解其自身能力之基礎。不過這些學科的呈現應該與學生的情緒發展聯繫在一起，而不能像傳統教育般的，孤懸於個體存在之意義與目的之外。

> 當老師與學生以多種角度去探索人生經驗時，他們無可避免的會面臨到終極問題，像生、死、人生意義等等。在探討這些問題時，老師和學生可以共同分享其角色與經驗，使雙方都能更了解，處在這個機械化的世界中，應如何顯現自我獨特的個性，不致隨波逐流。

人文學科在存在主義的課程裡占有非常重要的地位，因爲這些學科對人類經驗的重大爭議，常能發人省思。人文學科的主題圍繞人類對性、愛、恨、死、疾病及其他重要生活層面的抉擇，既正視了人類的積極面，也正視其消極面。所以，人文學科提供了一個人的全面概念，比科學更有助於了解人類自身。

存在主義的課程觀是相當開放的，除了基本學科與人文學科外，只要是對個人有益的任何學科，都可作爲課程內容。

存在主義的教學方法論並沒有任何的限制。他們反對課程、教材、教法的「制式化」（uniformity），學生可以選擇他喜歡的學習方法。這些選擇的方法，不限於傳統學校、各類型的學校，甚至商場、政界，以及個人事務的領域裡，都可尋求。伊利希（Ivan Illich）在他的名著《沒有學校的社會》（*Deschooling*, 1970）所探討的各種學習方案，應能被許多存在主義學者接受。

存在主義教學方法論的中心標準是「非強制性」（noncoerciveness）。這些方法要有助於學生去發現，並使學生成爲他自己。或許，典型存在主義的教學方法取向可見之於羅傑士（Carl Rogers）的《自由學習》（*Freedom to Learn*, 1969）、尼爾（A. S. Neill）的《夏山學校》（*Summerhill: A Radical Approach to Child Rearing*, 1960）。

存在主義並不重視學校或教育的社會功能與政策。其重視的是個人發展，而非人類存在的社會層面。

評論與前瞻

　　當代哲學實用主義與存在主義雖然有許多不同點，但它們也有許多共通性。在對抗傳統哲學方面，兩者都反對先驗的知識論；兩者都認為形上學的終極實體與本質，不應超越人之外；對價值與眞理都採用相對的立場；都著眼於人，或者是以人為中心。不過，實用主義與存在主義有一個很明顯的差異，實用主義將其相對主義與人文主義置於社會的權威之上，而存在主義則強調個人角色。

　　在教育的啓示上，除了本章所討論的外，實用主義與存在主義也有很多類似的地方。例如，在教師的角色上，兩者都認為教師應是引導者與促進者，而非權威的形象；在課程上，兩者都同意應以兒童的需求為中心，而不應該訴諸不變的眞理實體；在學校的角色功能上，兩者都認為學校的主要功能不應是傳遞過去的知識到下一代身上。

　　實用主義和存在主義都影響了 20 世紀的教育。迄今為止，實用主義影響較大。事實上，實用主義廣泛的影響到教育的各個層面，從學校建築、教室設備（classroom furniture）的規劃、學生活動中心之設立，到課程的多樣化，兼顧專門與實用。許多觀察家認為實用主義使得美國及其他國家的學校教育澈底「轉型」（transformed）。存在主義的影響為時尚短，也沒有那麼顯著。然而，像「另類教育運動」（movements in alternative education）、教育的人本主義（educational humanism）與1970 年代的反學校化運動（deschooling），都植基於存在主義。實用主義和存在主義在 1990 年代後，透過後現代主義，也都對教育產生了新的影響，我們將在第 5 章審視這些影響。

　　從基督教的觀點來看，實用主義與存在主義的一些信念與教育實踐都與基督哲學及基督教啓示相契合。例如，實用主義致力於將哲學「帶入人間」（down to earth），得以處理日常生活的議題，也擺脫專

業論述與日常生活的二元隔閡──這種二元性會使一些信徒過於區分精神層面的宗教信仰與日常活動，反而使精神信仰失去生機。

此外，實用主義也呼籲教育理論與實踐的整合，籲請人們把教育視為人生過程的整體，會發生在任何場域，不只侷限於特定機構（學校）。對猶太─基督思想而言，這些主張較之希臘哲學思想的架構，反而更能契合。

很多基督徒也發現存在主義的重要主張與聖經啟示相通。例如，存在主義反對現代化社會過於重視物質，拒絕順服。存在主義也強調每個人與自己、他人、世界疏離的事實，每個人都必須面對存在最基本的課題──生命、死亡與意義。這也使存在主義強調自我省思、覺醒與個人選擇的責任承擔。這些都是耶穌、保羅，以及聖經先知們宣教的核心重點。存在主義據此刺激人們的關注，並重燃對過去問題與真理的興趣──這些問題與真理一直被科層體制的社會、神職階級統治的教會及專業哲學家所掩蓋。就此而言，存在主義思想家並沒有較之其鮮明訴求發展出更多的訊息。

不過，誠如田立克（P. Tillich）正確無誤的指出，「早期基督神學的存在要素」[17]，與存在主義哲學的完整主張是兩個不同體系。歷史上基督教雖高舉人類的存在窘境，是將這些窘境置於實體是神創，而非人類中心的哲學架構中，啟示是權威的，不是人類經驗的和相對的，價值是由神造，而非人的選擇。歷史上，無論是否涉及「在那兒的神」，或是神是否向人類開示，基督教徒個人要承擔選擇的可怕責任，但基督教並不認為人有權威依自己的想法來造神，或是自行選擇解讀祂的開釋。

歷史上的基督徒們從聖經中關注到神的超越性、權威性存在，並精確的掌握祂的開示。然而，現在很多人卻認為聖經是來自神話，不是來自事實。他們甚至認為聖經的啟示是人為的，不是真的來自神。這些人當然不能掌握聖經信仰的真諦，終至失去其信仰的基礎。當然，這樣的無助感也會使其中的很多人重拾對神的信仰。這種「基督式存在主

義者」（Christian existentialist）的無根信仰
差可比擬爲「跳躍至虛無」（leap into noth-
ingness）。如此這般的跳躍，不是來自宗教的
確定性，而是來自於沒有其他滿意的出路，
以及個人對此無力感社會的需求所致。[18] 這
不禁令人想到卡謬，他把人類這種無法面對
荒謬的無力感之狂亂跳躍稱爲「哲學式的自

> 歷史上基督教雖高舉人類的存
> 在窘境，是將這些窘境置於實
> 體是神創，而非人類中心的哲
> 學架構中，啓示是權威的，不
> 是人類經驗的和相對的，價值
> 是由神造，而非人的選擇。

殺」（philosophical suicide）。卡謬聲稱，眞的存在主義者，必須有勇
氣超越自己「無訴求的過活」（live without appeal）。[19]

　　對多數基督徒而言，他們認爲存在主義最爲關鍵的錯誤在於，其未
能分辨歷史上基督教對人類生存窘境描述的「存在要素」，與存在主義
哲學所描述荒謬現象的重大分野。前者是歷史上基督教的精髓，後者可
視爲其背反。基督教認爲其所理解的存在主義最大的困難，在於宗教存
在主義者使用傳統基督教的術語（諸如神、創造、救贖等），但根本是
不同的意思。基督教認爲檢視存在主義作品的哲學基礎很重要，不要只
是根據其使用的語彙而獲得浮面的知識。

　　一般而言，基督教認爲實用主義沒有存在主義來的吸引人，這是因
爲實用主義無條件擁抱自然主義與人文主義的事實。實用主義反對超越
人類感官經驗的各種知識的確定性，多數基督徒認爲這將會產生缺憾的
實體、眞理與價值觀。

　　實用主義對宗教的看法見諸詹姆士「有意願相信」（will to be-
lieve）的主張。對詹姆士而言，人們具備神存在的信仰，有其強度，也
會使人自在（comforting）。因爲這種強度及其自在感是有效用的（能
得以行動運作），這種效用（usefulness）建立起宗教的效力（valid-
ity）。[20]

　　許多基督徒們認爲詹姆士的論證可以在聖經的基督教義中覓得端
倪。基督徒們當然同意對神的信仰可以帶給人類舒適自在，不過，這種

自在感是因爲神眞的自身本來就存在的事實，而不是神讓人覺得較佳的想法。楚布納德在評論現代哲學時說的好：「『我寧願相信』並不是基督教的說法。」[21]

　　總之，我們可以這麼說，透過現代哲學，可以讓基督徒們體認歷史上聖經透露的訊息可能忽略希臘哲學的部分。不過，這並不是說現代哲學立足的基礎與聖經的訊息不相容。個別的基督徒們應致力從現代哲學所提供的慧見，發展出植基於聖經世界觀及其他可豐富聖經世界觀的個人教育哲學。

　　最後，我們必須再強調，哲學體系很難化約，將它們分成觀念論、實在論、存在主義等，只是爲了有助於引導我們，迅速的了解在人類不同年代面臨這些問題時所可能的回應之道。對我們個人而言，學派體系的分立有時不太可能，也不一定適用個人。在第 6 章，我們將再探討 20 世紀深受傳統與現代哲學影響的各種教育理論。不過，在下章，我們先檢視後現代主義對教育的啓示。

◑ 討論問題

一、請說出你對實用主義哲學立場的最初印象？哪些最正確？從基督教的觀點來看，哪些最有問題？

二、哪些哲學立場可能會使實用主義教育者反對正式課程上幾何學或拉丁文？

三、請爲存在主義的哲學核心概念畫龍點睛，並加以討論。

四、如果學校是以存在主義哲學辦學，你是學校的老師，你會如何準備一天的教學活動？

五、從聖經的觀點來看，實用主義與存在主義共同補捉了何種重要眞理？

⟳ 註釋

1. William James, *Pragmatism* (New York: Longmans, Green and Co., 1907), pp. 54-55.

2. See especially, John Dewey, *Democracy and Education* (New York: The Macmillan Company, 1916); and John Dewey, *Experience and Education* (New York: The Macmillan Company, 1938).

3. John Dewey, *How We Think: A Restatement of the Relation of Reflective Thinking to the Educative Process*, new ed. (New York: D. C. Heath and Co., 1933). pp.106-118.

4. Dewey, *Experience and Education*, pp.86-112.

5. John Patrick Diggins, *The Promise of Pragmatism: Modernism and the Crisis of Knowledge and Authority* (Chicago: University of Chicago Press, 1994), pp.11, 15, 416; Richard Rorty, *Philosophy and the Mirror of Nature* (Princeton, NJ: Princeton University Press, 1979).

6. Richard J. Bernstein, "The Resurgence of Pragmatism," *Social Research* 59 (Winter 1992), pp.813-840. See also, C. A. Bowers, *Elements of a Post-Liberal Theory of Education* (New York: Teachers College Press, Columbia University, 1987), pp.137-157.

7. Walter Kaufmann, *Existentialism from Dostoevsky to Sartre*, rev. ed. (New York: New American Library, 1975), p.11.

8. Ibid., p.12.

9. Martin Buber, *Between Man and Man* (London: Kegan Paul, 1947); Maxine Greene, *Teacher as Stranger: Educational Philosophy for the Modern Age* (Belmont, CA: Wadsworth Publishing Co., 1973); George Kneller, *Existentialism and Education* (New York: John Wiley & Sons, 1958); Van Cleve Morris, *Existentialism in Education: What It Means* (Now York: Harper & Row, 1966).

10. Miguel de Unamuno, *Tragic Sense of Life*, trans. J. E. C. Fitch (New York: Dover Publications, 1954), p.14.

11. Jean-Paul Sartre, *Existentialism and Human Emotions* (New York: Philosophical Library, 1957), p.15. William Barrett 評論沙特有關人的處境時，曾提及「自我……在沙特看來……是空無所有的幻影……唯一的意義」個人「可從

其自身虛無而生的自由方案中賦予」，見 *Irrational Man: A Study in Existential Philosophy* (Garden City, NY: Anchor Books, 1962), p.247.

12. 存在主義可以區分兩大陣營：(1) 宗教存在主義，這是有神論，認可神的存在；(2) 無神論存在主義，認爲世人創造了神。

13. Carl R. Rogers, *On Becoming a Person: A Therapist's View of Psychotherapy* (Boston: Houghton Mifflin Co., 1961), p.24.

14. Jean-Paul Sartre, *No Exit* (New York: A. A. Knopf, 1947).

15. 引自 Mary Warnock, *Ethics Since 1900*, 3d. ed. (New York: Oxford University Press, 1978), p.131.

16. Van Cleve Morris, *Existentialism in Education*, p.135.

17. Paul Tillich, "Existentialist Aspects of Modern Art," in *Christianity and the Existentialists*, ed. Carl Michalson (New York: Charles Scribner's Sons, 1956), p.130.

18. 有些人從此觀點聲稱他們相信耶穌，卻拒絕相信瑪麗亞以處女之身誕生耶穌、耶穌復活以及其他聖經的重要啓示。這些人不相信歷史上所記載的基督。

19. Albert Camus, *The Myth of Sisyphus and Other Essays*, trans. Justin O'Brien (New York: Vintage Books, 1955), pp.21-48.

20. William James, *Essays in Pragmatism*, ed. Alburey Castell (New York: Haffner Publishing Co., 1948), pp.88-110, 154-58.

21. Trueblood, *A Place to Stand*, p.27.

chapter 5

後現代主義與教育

20 世紀最後的 25 年，後現代主義（postmodernism）的哲學立場擅場。但是也衍生了一個大問題，即後現代主義隨著不同的人而有不同的意義。

初步的觀察

許多人想為後現代主義下個精確、斬釘截鐵的定義，但幾乎是不可能的任務。理由有二，其中一項理由，誠如莫藍（J.P. Moreland）與克雷格（W.L.Craig）指出：

> 後現代主義是不同專業領域不同思想家們鬆散的聯盟，很難用定於一的方法公平的對待這些分歧主張。甚者，後現代主義的部分特質是反對使精確定義成為可能的確切事物（如穩定、客觀的語言表達方式）……。[1]

或許，對「後現代主義」一詞最精確的掌握方式之一是正視其對現代主義的反動。[2] 現代主義的精神是熱切地透過理性而理解世界。早期

現代主義學者們假定了世界是理性的寓所，其間所謂的眞實面，不僅可以完全被人類心智所掌握；而且，存在著一固定的眞實體系，人類思想可以竭其所能的加以掌握。

遠溯自 18 世紀，牛頓（Isaac Newton）盡情地運用理性的思考方式去理解所處的世界。這種方式促成了科學的興起，科學的成果使現代主義學者相信是反映了事實的眞相。19 世紀，孔德（August Comte）與斯賓塞（Herbert Spencer）更把科學的方法拓展到人文社會領域，促成了社會科學的發展。

現代主義者認爲自然及社會科學的成果提供人類確切的眞理，眞理超越了懷疑，人類對事物的理解正反映了事物的本然面，這種動機就如同科學方法本身，是客觀的、中性的。現代主義對不同事物面向的思考形成了各式理論（後設敘述，metanarratives），說明了世界與生命的意義。

現代主義者也認爲知識在本質上是良善的。眞理的發現可以使吾人控制其世界，征服人類的限制，更能去除在人類史上肆虐人類的各種毀滅亂源（如疾病）。當然，這種逐步進步觀，是現代主義學者看待事物的重要方式。

然而，現代主義並沒有實現其最初想法。舉例而言，科學和技術破壞了環境，產生了極權主義，帶著潛在核子威脅的世界戰爭也是建立在技術知識之上。誠如一位學者所說：「理性與科學並沒有使人類躋於……烏托邦。」[3]

對現代主義的反思不勝枚舉，一種是存在主義式的絕望，另一種代表立場就是我們現在所探討的後現代主義。我們將會簡要的對後現代主義作一巡禮，其立場主要是來自於對現代主義看待事物方式的反動。

我們首先要承認，後現代主義並沒有一個統一的世界觀。不同的理論有不同的內容，有時彼此會有衝突。雖然有這些差異，後現代論者共同的立場是對現代主義的反動，我們也會觸及在「後現代主義多樣化」

旗幟下相關的一些理念。

　　在對後現代主義的本質作進一步的討論之前，我們仍必須提及，學者們對後現代主義的重點並沒有共識。部分學者認爲後現代主義代表人類歷史進程中的一個新階段；部分學者則認爲後現代主義是現代主義基本概念的延伸；更有些學者認爲後現代主義只是某種過渡階段，處於質疑傳統立場，新的年代尚未到達。本章即對後現代主義的「未確定性」（uncertainty）加以省察，這種立場是把此刻的後現代主義視爲一種激情（impulse or mood），而不是一種體系完備的哲學。激情是否會成永恆，只有待時間來證明。時序邁入 21 世紀，後現代主義也提出許多形成教育論述核心的重大議題。

哲學基礎

　　後現代主義最初並不來自哲學家，而是來自藝術、文學、建築領域者的興趣。當然，這並不是說哲學家對後現代主義沒有重要的貢獻，在哲學史上，休謨（David Hume, 1711-1776）曾質疑因果律，也曾質疑人類是否有能力認識外在世界。康德（Immanuel Kant, 1724-1804）致力於解答休謨的問題，康德的結論是人類心靈本身無法認識外在事物，要靠心靈中本有的先驗範疇去詮釋外在的經驗。*

---

* 對初學者而言，可能不易掌握整套西洋哲學脈絡。休謨是英國18世紀經驗主義的大師，在知識論上，他認爲科學的「因果律」並不存在，人們之所以覺得A是B之因，純粹只是心理上的主觀期待。在倫理學上，休謨認爲「實然不能推論應然」，他認爲所有倫理學的命題，不管如何論證，到最後一定得跨過邏輯的鴻溝。例如：爲什麼不可以殺人？可能的推論是「殺人會使當事人痛苦」、「殺人會使受難者家屬對你報仇」，所以「你不應該殺人」，這種推論是從事實直接推論到價值。休謨在知識論及倫理學上，都大膽的提出懷疑，對傳統追求確切眞理的哲學而言，不啻是一大挑戰，德國觀念論者康德乃自稱是休謨讓他從「獨斷之夢」（dogmatic slumber）中驚醒，康德即致力於探討人類所能掌

休謨與康德已爲後現代主義的心靈架構立下基礎。尼采（Friedrich Nietzsche, 1844-1900）則發皇了後現代主義的觀念。根據尼采的看法，根本沒有任何基石可供信念棲息。眞理已死，人們沒有任何選擇，唯有靠他們自己創造世界。知識是一種人爲的建構，建立在人們主觀的語言使用之上。尼采成爲後現代主義的先驅——在他的觀念成爲「主流」思想之前整整一個世紀。

> 根據尼采的看法，根本沒有任何基石可供信念棲息。眞理已死，人們沒有任何選擇，唯有靠他們自己創造世界。知識是一種人為的建構，建立在人們主觀的語言使用之上。

除了康德、尼采等哲學家的理念外，下列三種哲學立場也都特別影響了後現代主義。第一是實用主義。實用主義認爲知識是暫時性的，也反對訴諸形上學，面對人類問題時持社會行動立場。而關注社會議題（非僅是個人），也都可在後現代主義中覓得蹤跡，例如，新實用主義者羅逖（Richard Rorty）就被視爲是後現代主義的一員。

後現代主義的第二個哲學基礎是存在主義。沙特（Jean-paul Sartre）的「我的模樣取決於我的選擇」的立場，不僅強化了後現代主義的知識價值相對立場，也使人們更易於採取知識的建構立場。而知識的建構立場，下文會述及，是後現代主義知識論與課程設計的基礎。

第三種可從後現代主義覓得基礎的哲學立場是馬克思思想。馬克思的階級鬥爭與對經濟的關注影響後現代主義的理論與實務，雖然後現代

握確切眞理的極限，以及倫理道德規範的基礎。康德在他自己的哲學體系中，重新捍衛了傳統哲學知識論、倫理學的確定性。雖然自啓蒙運動以後，自由民主理念肯定多元性，並不獨尊定於一的價值，不過，啓蒙運動以降，各種自由思潮都承襲康德之理念，重視人類之「理性」發展。後現代主義，即試圖顚覆理性本身，認爲從理性出發，所建構的各種秩序，也只是反映了某種階層的思維而已。由於後現代主義這種對主流論述的質疑，與18世紀休謨對傳統哲學的質疑，有異曲同工之效，所以文中作者在介紹後現代思想時，特別舉出休謨的例子。

反對馬克思的歷史觀（後設敘述）。後現代主義關注的階級鬥爭與經濟問題，在下文對傅柯（Michel Foucault）的介紹及第 6 章的批判教育學中，將會清楚的呈現。

在結束後現代主義所立基的哲學立場前，我們要強調後現代主義反對行為主義的科學客觀性及技術取向的人類工程（請參照第 6 章）；後現代主義也反對分析哲學的實證化與客觀化（參考第 7 章）。不過，分析哲學對於語言的感受性以及語言、意義間的內在關聯，後現代主義倒是抱持積極的態度。

後現代主義的多樣性

想要掌握後現代主義的最佳方法之一是審視幾位代表性後現代學者的觀念。本單元即要針對最有貢獻於後現代理論的幾位大師，諸如羅逖、德希達（Jacques Derrida）、李歐塔（Jean-François Lyotard）及傅柯（Michel Foucault），加以探討。

我們已在第 4 章引介了羅逖的新實用主義。羅逖藉著其核心隱喻——心靈作為實體之鏡，批評當代哲學知識論的基礎。羅逖，誠如我們前面曾論及，反對真理的符應論。對羅逖而言，語言與思想是處理經驗的工具，卻無法提供實體真實的圖像。對羅逖而言，我們面對的是知識的主觀性。人們盡可以有意見，但絕非真理。因此，雖然人們無法完全將其意見客觀化，仍必須持續地保持哲學的對話。[4]

羅逖所發現的主觀性，在德希達的作品中也有觸及，德希達認為西方社會長時間來一直犯了「羅各斯中心主義」（logocentrism）的毛病。在此概念下，哲學的主要工作是要去了解所謂羅各斯（logos），或是對世界理性原則的控制。不幸的是，哲學家根本無法達成此項企圖，因為他們無法觸及實體本身，哲學家只能掌握他們所認為能夠代表

實體的語言。所以，哲學家所擁有的只不過是他們撰寫的成果或文本（texts），並不是絕對客觀實體的理解。

　　某種文本呈現，作者和讀者都各自運用其獨特的經驗賦予文本個人的強調與意義。讀者閱讀某個文本的心得並不是一客觀的詮釋，也不見得是作者的旨意，而是建立在讀者不自覺預設的基礎上的個人詮釋。

　　明乎此，德希達建議我們要對文本進行「解構」（deconstruct），諸如從文本字詞的用法中揭露其預設、雙關語的隱藏意義等。而當運用此方法去揭露哲學文本時，人們將會發現西方哲學充斥著獨斷、壓制、排他，或者是邊緣化異己觀點等。

　　德希達認為我們不應只被主流的觀點所左右，而應鼓勵差異性。這鼓舞了一些少數團體、女性主義者與解構論者相互結盟，致力於平權的抗爭。[5]

　　後現代主義第三個重點出現在傅柯的著作中，傅柯探討了語言中權力的運作。他認為幾世紀以來，西方人誤認為存在一客觀的知識待發現，知識是價值中立，知識並非只對特定階級而是全人類均能蒙受其益。

　　傅柯拒絕前述的說法。他認為知識是一種社會建構，是某些人為了合法化其權力而設計，此一知識權力用來控制及使其他的人或民族臣服。在《知識的考掘》（*The Archeology of Knowledge*）[6]一書中，傅柯提出了諸如「瘋癲」（madness）只是人們話語（speech）的一部分，而非人類生活中的確切事實。事實上，這些語彙只是人們自己所建構，而非實體真實的反映。*

　　對邊陲團體而言，發展與主流對抗的論述型態，才能從支配階級中解放出來。各種邊陲團體（如少數族群、女性主義者、同志團體）非常

---

*　傅柯認為稱某人「瘋癲」，其實是用某種自認為健康的心理標準去否定另一群人，這代表著主流價值對少部分人的否定。傅柯藉著對精神疾病瘋癲的探討，指出了所謂「知識」或「真理」，只是反映了主流勢力的權力運作。

熱切的引用傅柯「知識即社會建構的權力形式」的立場，企圖改變既定的社會秩序。

我們要檢視後現代主義的最後一個代表人物是李歐塔。他說：「我所界定的後現代是一種對後設敘述的不信任（懷疑）。」[7]「後設敘述」也者，在李歐塔看來，是傳統哲學或歷史對實體的理解方式，是合法化現存的秩序，提供其正確的理由。李歐塔聲稱，這些後設敘述無關乎實體，是用來鞏固既定社會關係的神話。宗教哲學更是站在後設敘述的首要位置，並據此排除所謂世俗的後設敘述。後設敘述當然也是建立在語言的使用之上，且被用在控制人們。

我們前面所探討的哲學家們，在許多觀點方面並不一致。不過，誠如蘭德（Gary Land）所歸納的：

> 後現代主義的三項哲學基礎：
> · 人類無法觸及實體，因此，沒有方法可以通曉真理。
> · 實體是無法觸及的，因為在我們思考實體前，我們的思想已先被各種人為的語言概念牢籠所操控，而且我們對所想的也無法表達。
> · 我們是經由語言創造了實體，實體的本質也就被那些有權力形塑語言的人所決定。

　　這些人物藉著揭示下列三個重大貢獻為後現代的哲學基礎奠基。後現代主義的三項哲學基礎：

　　第一，人類無法觸及實體，因此，沒有方法可以通曉真理。第二，實體是無法觸及的，因為在我們思考實體前，我們的思想已先被各種人為的語言概念牢籠所操控，而且我們對所想的也無法表達。第三，我們是經由語言創造了實體，實體的本質也就被那些有權力形塑語言的人所決定。[8]

以上的純哲學討論或許流於艱深，遠離了實務。不過，後現代的論述很快的就成為教育討論的話題。因為，後現代主義所處理的基本議

題，諸如實體、知識、社會控制等，也正是學校教學或教育的重點，接
著就讓我們來探討後現代主義對教育的啓示。

後現代主義和教育

　　若說後現代主義哲學本身尙未定型，仍處於一變化的狀態，則後
現代的教育意義更無著落。許多此一領域的著述都著重在教育的社會層
面，如第 6 章所要討論的批判教育學、多元文化教育及女性主義等。本
章的討論將以後現代主義對教育的一般啓示爲主。

　　後現代教育哲學不外乎下列概念：

- ・無法定奪客觀眞理。
- ・語言並不聯繫實體。
- ・語言和意義來自於社會的建構。
- ・後設敘述是支配階級爲合法化其地位與優勢而建構的把戲。
- ・知識即權力。
- ・傳統學校的角色正是藉由對知識的操縱，而遂行社會控制。

　　另一項後現代教育哲學的重要啓示是呼籲吾人重視各種不同觀點的
多樣性。我們必須去傾聽每個人的故事（特別是被壓迫者不爲人知的故
事），唯有壓迫者能傾聽被壓迫者的聲音及重視民主溝通的需求，才能
有助於改變。

　　誠如前述，學校的社會功能引起了後現代教育學者的普遍關注。
對後現代學者而言，教育最糟糕的地方就在於只傳授過往所儲存的知
識。學校不應像傳統哲學所主張的，保存和傳遞過去的知識，應該如實
用主義一般，以促成社會變遷自居。

　　後現代主義的課程設計目的是藉著知識重構，以作爲整個文化和
權力關係重建的基礎。[9] 後現代主義的課程理論迥異於現代主義那種嚴

格、快速的學科範疇。多爾（William E. Doll）在其後現代課程著作中，一開始就反對 19 世紀斯賓塞（Herbert Spencer）所揭示科學應該形成課程基礎的主張。10

　　根據多爾的看法，「對科學的崇拜」（adoration of science）與奉為神旨，已成過去式了，科學的下場就如同古典文學教育。課程以及整套教育正經歷一個「大典範的轉移」（megaparadigm shift），雖然多爾也承認「後現代觀點對課程的啟示是巨大，但尚不清晰。」11

　　不過，後現代教育學者似乎也達成了共識，即未來的教育再也不能依賴過去的課程與方法。現代主義年代的學校課程觀全賴專

> 後現代觀點對課程的啟示是巨大，但尚不清晰。

家的組裝。秦闊羅（Joe L. Kincheloe）認為在後現代的教育下，學生和老師們都必須「學習去生產他們自己的知識。」12

　　師生創造知識的想法令我們想到了建構主義（constructivism），這是後現代主義與教育重要的輻輳之一。齊合立克（John Zahorik）指出建構主義的教學建立在三項預設之上。首先，「知識是人類所建構。」知識並不是獨立於認知者之外等待被發現的系列事實、概念與律則，相反地，是人創造了知識，人類所知的一切都是由他們自己所創造。知識再現一種外在的實體，任何可能的符應都不可知。「所有人類能知的一切是其建構與其他人已有的建構相容。」13

　　第二，「知識是臆測的、可誤的。」人類的生活是不斷變遷的，人類所建構的知識也不是固定的。所以，雖有傑出的人士，但人類的理解在本質上具有試驗性、不完備、不完美的特性。14

　　第三，「知識的成長在於揭露。」揭露的對象可以是人、事件及事物。在揭露的過程中所內含的經驗，都顯現在語言，可透過社會的共享。社會的共享則有助於不同理解的共謀（Pooling），這種共謀使得人們得以發展共通的社會建構。15

　　齊合立克的建構主義教學的第三項預設，引起了兩項後現代課程理

論學者所關心的議題，雖然齊合立克自己並未討論。第一是強調語言中建構與解構的重要。後現代教育受了後現代哲學對語言的關注，應該幫助學生去注意並自我意識到他自己所使用語言的概念、預設，以及其他人「文本」中潛在意義的相互關聯。

　　第二項齊合立克所引出而爲後現代課程學者所重視的是「揭露」（exposure）的概念。後現代學者強調，從多元文化預設的揭露中可以超脫主流文化的觀念與價值，直入少數或被宰制的文化中。用李歐塔的思考架構來看，不僅只引導學生去揭露宰制的後設敘述，還必須引導他們去關注那些權力邊陲者個別的敘述。

　　後現代學者所體現的教育中的揭露，不是個人的事務，而是社群的事務。包華士（C. A. Bowers）即以擁護「社群的重建」（restoration of community）作爲教育的目的。[16] 然而，此一社群同時包含那些時興的主流團體與邊陲團體。事實上，創造這樣一個社群是許多後現代教育哲思的核心。

　　後現代學者著重課程的歷程（process），而非內容（content）。多爾曾如此寫到：

> 　　課程不再被視爲是一種被設定的、先驗的「跑道」（course to be run），而是個人得以轉換的通道。此一課程主體的改變強調的是跑步的過程以及各式各樣跑步者的多種模式，而不是強調跑道本身。當然，跑步者和跑道並無法二元分開。不過，課程組織和轉換是成形於課程活動本身，而非預先設定於活動之前。[17]

　　史雷特利（Patrick Slattery）用「萬花筒」（kaleidoscope）來形容後現代課程，他說：「萬花筒創造出不斷變遷的影像，卻保有自己內在的對稱。」而望遠鏡（在此意指傳統或現代哲學）對焦後，所看到的是

一個固定不變的範圍。史雷特利認為課程設計應該像萬花筒一樣，不斷的變化，隨時提供新視野，且保持相互關聯。「後現代主義鼓舞了多樣性以及在每一個獨特脈絡中的複雜理解。」[18]

多爾能夠體會後現代的課程觀將會被現代主義者視為怪異且荒誕不經。不過，他從後現代式的思考邏輯提醒讀者注意現代主義式的思考典範「是過去三、四百年來西方啟蒙運動心智下的特定歷史產物。」多爾告訴讀者，如果從嶄新的後現代心智角度來看，後現代的課程將極其正常與自然。[19]

一般而言，後現代教育學者把老師視為是社會的行動者，藉著幫助學生為個人及社會的未來負責，而改變現狀。季胡（Henry A. Giroux）指出，在種族、階級、性別的民主化鬥爭中，教師們必須超越對既存社會秩序的批判，邁向社會轉化，並揭示新希望。他說：

> 教育工作者必須與其他公共抗爭者合作，創造新術語，提供學校內外的空間，為社會運動的整合到來提供新契機。藉著如此的作為，我們將能從各式價值、實踐、社會關係及主體位置間的抗爭中，重新思考及體會民主，這將能擴大人類能力及發展的版圖，為未來更體恤的社會秩序奠基。[20]

在後現代的架構下，老師不能只侷限在行為主義模式下的技術者──回應學生的正確答案，等著學者專家們提供新知。相反地，後現代的教師必須在每天變動不居的教室經驗中創造新知。所以，師資培育的重點是培養老師成為一個「思考者」，而非「技術人員」。[21]

> 後現代教育學者把老師視為是社會的行動者，藉著幫助學生為個人及社會的未來負責，而改變現狀。

評論與前瞻

從基督教的觀點來看後現代主義，正如其他曾探討過的學派一樣，後現代主義有優點，也有缺失。後現代主義對那些無條件頌揚現代西方文化人類理性及科學方法人士的批評，是其優點所在。自啓蒙以降，西方思想家對於人類無助（unaided abilities）的心靈能力的確太樂觀了。

第二項優點是後現代主義著重社會倫理學，使個人和團體能爲社會整體負責。他們分享了一些後現代主義者的信念，即現代主義所培育出的個人主義式心態，常導致富者愈富，貧者無立錐之地的窘境，貧者不僅被忽略，且淪爲支配者所左右。後現代論者關切社會，正與聖經訊息不謀而合。

第三項後現代主義的貢獻是讓許多人正視到語言所涉及的權力。誠如塞爾（James Sire）所言，「我們可以經由說『故事』、相信某些『教條』、接受某些『哲學主張』，因爲這些說法賦予我們或我們的社群加諸權力在他者身上。公眾藉由吾人對『瘋癲』（madness）的定義，可將他人之心理健康加以監禁。」[22] 在教育的領域裡，有些學者欣喜後現代主義高唱道德教育，因爲可以使教師更清楚教育的政治（權力）層面，也能鼓舞教師幫助學生負起社會責任。

當然，部分學者對後現代主義的哲學及教育立場是持負面的態度。例如，很多學者指出後現代主義反對後設敘述，這種立場本身就是後設敘述，是一種特定的哲學看待事物的方式。再者，有些學者認爲，雖然後現代主義反對各種絕對的主張，但是後現代特別關注壓迫與支配的議題，就透露出其本身的道德絕對性。事實上，諸如，「民主」、「寬容」、「正義」等術語不斷成爲後現代學者價值判斷的核心。後現代學者的著作流露出的不只是對這些價值的偏好，根本就是將

之視爲判斷的規準。

　　第三項批評是後現代主義對於知識的社會建構性主張過於極端。柏克來加州大學的瑟爾（John R. Searle）曾經指出，在我們日常生活中，「的確有一些事情有賴個人的看法」，如個人的金錢觀。然而，「也有一些事實不是你我的喜好、評價，或道德態度能夠取決。」如他的姊姊在 12 月 14 日結婚。瑟爾認爲「實在論及知識的符應說是任何健全哲學的重要預設，更不用說科學了。」[23] 牛津的馬格葛瑞斯（Alister McGrath）用不同的話指出，後現代主義並沒有爲科學立下基礎，更不用說較科學更爲曖昧的美學、善惡等領域。他說：「人類最根本的聲稱，眞善美是被發現的，不是被發明的」，再者「自然科學並不把自身視爲是人類心靈自由建構的再現，只不過希冀能一致且可靠地符應外在世界的眞相。」[24]

　　基督教與後現代主義的基本爭議，首先在對天啓的絕對性就可看出。其二是對絕對的概念及天啓可能性的質疑。從後現代的觀點來看，即便是「神」，也是社會的建構。

　　讓我們再強調，面對後現代拒絕後設敘述，聖經的圖像卻是一個宏偉的後設敘述，從神創世界開始，經由耶穌降生及二度蒞臨人間。聖經提供了完整的歷史視野與世界觀，這些看法都不見容於後現代看待事物之方式。事實上，基督教育工作者正是認爲敘說聖經的後設敘述，才是基督學校存在的主要理由之一。[25]

∂ 討論問題

一、雖然無法對後現代主義作精確的界定，仍請你列出後現代主義思潮
　　的主要特點。

二、從前文所列出的後現代主義的特點，引出對教育的方向。

三、討論建構主義及其對社會的啓示。

四、後現代主義對基督教和基督教育而言是利或弊？請各自說出你所持
　　的理由。

∂ 註釋

1. J. P. Moreland and William Lane Craig, *Philosophical Foundations for a Christian Worldview* (Downers Grove, IL: InterVarsity Press, 2003), pp.144, 145; cf. Howard A. Ozmon and Samuel M. Craver, *Philosophical Foundations of Education*, 7th ed. (Upper Saddle River, NJ: Merrill Prentice Hall, 2003), p.337.

2. Bruce E. Benson, "Postmodernism," *Evangelical Dictionary of Christian Education*, ed. Michael J. Anthony (Grand Rapids, MI: Baker Academic, 2001), p.544；有利讀者了解現代主義與後現代主義相互間討論的作品，可以參考 Stanley J. Grenz, *A Primer on Postmodernism* (Grand Rapids, MI: Wm. B. Eerdmans Pub. Co., 1996).

3. Gary Land, "The Challenge of Postmodernism," *Dialogue* 8 (1996): 1: 5.

4. See Rorty, *Philosophy and the Mirror of Nature*.

5. Jacques Derrida's seminal work is *Of Grammatology* (Baltimore: The Johns Hopkins University Press, 1976).

6. Michel Foucault, *The Archeology of Knowledge and the Discourse of Language* (New York: Pantheon Books, 1972).

7. Jean-François Lyotard, *The Postmodern Condition: A Report on Knowledge* (Minneapolis: University of Minnesota Press, 1984), p.xxiv.

8. Land, "The Challenge of Postmodernism," p.6.

9. Joe L. Kincheloe, *Toward a Critical Politics of Teacher Thinking: Mapping the Postmodern* (Westport, CT: Bergin & Garvey, 1993), p.35.

10. William E. Doll, Jr., *A Post-Modern Perspective on Curriculum* (New York: Teachers College Press, Columbia University, 1993), p.2.

11. Ibid., pp.2, 3.

12. Kincheloe, *Toward a Critical Politics of Teacher Thinking*, p.34.

13. John A. Zahorik, *Constructivist Teaching* (Bloomington, IN: Phi Delta Kappa Educational Foundation, 1995), p.11.

14. Ibid., p.12.

15. Ibid.

16. Bowers, *Elements of a Post-Liberal Theory of Education*, p.137.

17. Doll, *A Post-Modern Perspective on Curriculum*, p.4.

18. Patrick Slattery, *Curriculum Development in the Postmodern Era* (New York: Garland Publishing, 1995), p.234.

19. Doll, *A Post-Modern Perspective on Curriculum*, p.4.

20. Henry A. Giroux, *Pedagogy and the Politics of Hope: Theory, Culture, and Schooling* (Boulder, CO: Westview Press, 1997), p.227.

21. Kincheloe, *Toward a Critical Politics of Teacher Thinking*, pp.217, 34.

22. Sire, *The Universe Next Door*, p.187.

23. John R. Searle, *The Construction of Social Reality* (New York: The Free Press, 1995), pp.1, xiii.

24. Alister E. McGrath, *The Science of God: An Introduction to Scientific Theology* (Grand Rapids, MI: William B. Eerdmans Publishing Co., 2004), pp.120, 108.

25. 關於此一主題，有助益的討論，可見 Brian J. Walsh, "Education in Precarious Times: Postmodernity and a Christian World View," in Ian Lambert and Suzanne Mitchell, eds., *Crumbling Walls of Certainty: Towards a Christian Critique of Postmodernity and Education* (Sydney: Centre for the Study of Australian Christianity, 1997), pp.8-24.

chapter **6**

當代教育理論

　　前三章主要討論六種哲學立場與其對教育的啓示。我們特別重視哲學家們如何談論教育。在本章中，我們將探討教育學者依照其哲學信念，在教育領域中所提出的看法。也就是我們將焦點集中在以教育問題爲起點，然後從哲學中尋求答案的那些理論。

　　在本章中所涉及的教育理論家通常不是依照純粹的哲學關懷（譬如形上學、知識論和價值論）來建構自己的學說，這並不是說他們的教育規劃不受哲學的規範。相反地，他們的規劃全都有著哲學的假設，只是這些假設總是沒有明白顯示出來。本章將依照這些教育理論家的精神，將焦點聚集在教育原則上，而非哲學範疇上。圖 6-1 闡述了當代教育理論及其哲學根源之關係。*

　　這些理論在 20 世紀初已然成形，許多理念的要旨在更早之前也以非正式的方式出現。但這些理論能詳細而精密的建構，則是在 20 世紀初各種教育觀念有意識地相互衝突時才得以開始。

---

* 　本圖請讀者不必太拘泥。例如，永恆主義應該也受到觀念論與實在論的影響。

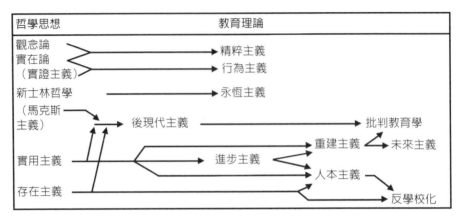

圖 6-1　教育理論及其哲學來源的關係

進步主義

背景

　　進步主義的教育是美國在 19 世紀晚期和 20 世紀初期一項重大社會—政治改革運動中的一部分，這個運動是由於美國尋求適應劇烈的都市化和工業化而產生的，並因而塑造了當時美國生活的特徵。在政治舞臺上，進步主義很明顯地是伴隨著弗利特（Robert La Follette）和威爾遜（Woodrow Wilson）這兩位領導人物而發展，他們希冀遏抑專管和獨佔的勢力而促進政治的民主制度能夠眞正地運作。在社會上，進步主義的一個支派領導人物亞當斯（Jane Addams）則從事於移民之家（settlement-house）的運動，以求改進芝加哥和其他都會區的社會福利。進步主義的改革和所欲改革的事項非常多，因此教育上的進步主義必須放在這個廣闊的脈絡中來看待才是。

　　進步主義作爲一種教育理論，是出自對傳統教育的反動，[1] 傳統教育強調形式訓練的教學法、心智學習和浸淫於西方文明的古代經典。進

步主義教育最根本的學術基礎是杜威、佛洛依德（Sigmund Freud）和盧梭（Jean-Jacques Rousseau）。杜威作爲一個實用主義學派的哲學家，卻寫了許多有關於教育的哲學論著，他並企圖將自己的觀念在芝加哥大學的實驗學校中加以證實，杜威的貢獻也在於此，所以實用主義對進步主義實居於核心性的影響。第二個影響則來自於佛洛依德的心理分析理論。佛洛依德學派的理論支持了許多進步主義者去爭取孩童們更多自我表達的自由與更開放的學習環境，在這種環境中兒童可以以創造性的方式來釋放其本能衝動的能量。第三種影響是盧梭的《愛彌兒》（*Emile*, 1762），由於進步主義者反對成人在爲兒童選擇學習目標或課程時所作的干擾，所以這本書給他們相當深刻的印象。必須注意的是，那些過度以兒童爲中心的進步主義，是與盧梭和佛洛依德的思想較爲接近一致，而離杜威較遠。儘管如此，杜威仍受到許多進步主義批評者的譴責。

這些基本的觀念影響由一群引人注目的教育人員發展成進步主義的教育理論，他們也同樣試圖將他們的理論應用到學校實務中。華胥朋（Carleton Washburne）、克伯屈（William H. Kilpatrick）、洛格（Harold Rugg）、康茲（George S. Counts）、柏德（Boyd H. Bode）和蔡爾滋（John L. Childs）都有功於發展不同特色的進步主義思想。藉著他們的影響和力量，進步主義教育在 1920 年代到 1950 年代的美國教育中成爲主導的教育理論。

1950 年代中期，當進步主義教育喪失了有機的生命力之後，整個美國教育的面貌便因而改觀了。或許進步主義教育的組織生命力之所以死去，部分原因是由於它的許多理想和計畫在某種程度內已經由公立學校的組織所採用施行，因而進步主義者失去了所能「叫囂」（holler）的憑藉。從這一點來看，整個情況恰正是：進步主義的成功導致了自己本身的滅亡。從另一個方面來說，我們可以同時看出，就進步主義理論最完全的意義上來說，它從未被一般大眾學校系統所完全奉行，那些被採行的，只是進步主義的零星斷章而已，同時還混用了其他的教育方法

以為折衷。

進步主義者所形成的團體在所有的理論內容上並不是全都一致的，然而他們對某些教育實踐卻有著統一的立場。歐恩斯坦（Allan Ornstein）指出，進步主義者通常宣告下列幾點是他們所一致譴責的：

1. 權威性的教師。
2. 極端信賴教科書或古板乏味的教學方法。
3. 對知識和事實資料加以死記的那種被動學習。
4. 在教育的四周築建了重重阻隔，企圖將教育孤立於現實社會之外。
5. 使用威嚇或肉體懲罰作為訓練的方式。[2]

進步主義在教育上最主要的組織力量是進步主義教育協會（the Progressive Education Association, 1919-1955）。從進步主義的歷史和其影響來看，進步主義既是一種有組織的運動，又是一種理論。依著這兩個層面，進步主義提倡了底下將論述的核心原則。而許多進步主義的觀念在 1960 年代末和 1970 年代初在教育人本主義（educational human-ism）中再度尋得了重生的生命力。

此外，20 世紀的最後 10 年，經由新實用主義，也見證了進步主義教育理念的復甦。對民主的渴望而言，這的確是真的「幫助每個人的小孩參與創造文化」。[3]

進步主義的教育原理

教育的歷程從兒童中尋得其起源與目的

這個立場直接與傳統的教育立場相反，傳統的學校總是預先準備好經過組織的教學內容，並強迫學生接受這些學習材料，不管他們是否願意。進步主義者則倒轉這種模式而將兒童置於學校教育的主位上，從學生們的需求、興趣和其出發點發展一套課程與教學方法。

依照進步主義的理論，兒童天生便渴望學習和探求他們周遭世界中的事物，他們不僅具有這種與生俱來的渴望，同時在他們的生活中也有

一些特定的需求要去實現，這些渴望和需求給予兒童特別的興趣去學習那些能幫助他們解決問題和實現渴望的事物。

因此，兒童的興趣可說是學習經驗的天然基礎點，但這並非意味著兒童的興趣是決定他們應該學些什麼的唯一因素，畢竟兒童仍然尚未成熟而沒有能力去訂定有意義的目標。從另一方面說，強調兒童興趣的這一信條的確明白宣示了兒童自然地會抗拒那些別

> 傳統的學校總是預先準備好經過組織的教學內容，並強迫學生接受這些學習材料，不管他們是否願意。進步主義者則倒轉這種模式而將兒童置於學校教育的主位上，從學生們的需求、興趣和其出發點發展一套課程與教學方法。

人所強硬施加到他們身上的事物。因而從上述兩點可以歸結為，兒童的興趣可以操縱在教師手上，教師可以設置學習的情境，藉著情境中的刺激而自然地導引出可欲的學習成果。教師利用兒童的自然興趣而幫助兒童去學習那些有助於解決其當前需求和渴望的技能，同時建立其社會化生活所需要的資料認知儲存庫。

基於進步主義的這種觀點，以兒童為起點使得教育的推行大為順利與自然，它借助了兒童真正興趣所產生的誘導力量而幫助學生與教師能工作在一起，而不是使師生之間彼此反目成仇而陷於敵對的關係中。這便使得教育開啟了另一條路徑，它令教室中更富於人性，並容許教師能正視兒童們的複雜性——就如同一般個體都有的需求、渴望、感覺和態度——去親近他們。

學生是主動而不是被動的

兒童並不是被動的存有（passive beings），他們並非等著教師將知識素材塞滿他們的心靈。學生是屬於充滿活力的存有（dynamic beings），假如學生沒有屈服在那些強將自己的意志和目標施加在他們身上的成人和權威者的話，學生會很自然的想要學習，也會去學習。杜威提到：「兒童總是蓄勢待發地隨時準備好要熱切地活動，所謂教育的問題就是掌握兒童種種活動，給予兒童導引方向的問題。」[4]

教師的角色毋寧是顧問、嚮導和旅遊同伴，而非權威者和教育領導人

這個立場與實用主義和進步主義兩者對兒童教育的核心立場有著緊密的聯繫。教師不能像傳統那樣是個授予必備知識的權威，由於人類經驗的一個主要特色就是變化不定，所以沒人能夠曉得未來是什麼樣子，也沒人能預知未來所需要的必備知識是什麼，所以上述的主張有其正確性，不應該有那些預先設定的所謂必備知識，並將這些知識作權威性的教授。

但在另一方面，教師比學生擁有更廣博的知識和更豐富的經驗，這使得教師在其曾經歷過的領域內適合擔任嚮導；在學生遭遇僵局的情境中成了顧問；在不斷變遷、永遠進展的新環境中成了旅遊同伴。每一位教師都是單一獨特的個體，他們與學生一起學習，藉此來規範學生的能量（energies），並在學生充滿學習企圖心的情形下指導其興趣。所以教師的角色可以視為是幫助學生如何自我學習，使他們在瞬息萬變的環境中能發展成圓滿自足（self-sufficient）的成人。

學校是大社會中的小宇宙

學校不應該孤懸於社會之外，教育也不是在這個孤立社會中自己單獨運作的系統。教育與學習不斷地發生於個人的生活中，例如一位男孩看著父親換輪胎，也許他感覺需要，也許出自好奇，也許由於興趣，他便從這個經驗中學到了如何換輪胎。這是個學習經驗，而發生在學校內的學習經驗也和發生在廣大生活世界的學習經驗一樣，有著相同的模式。發生在日常世界的學習經驗和教育經驗是無法人為地限制在什麼時間、什麼地點和什麼內容的，所以學校所提供的教育不應該人為地將語文從社會科中隔離出來，或是在預定的時間鐘響下課而不自然地打斷了學習經驗。在廣大的日常世界中，社會科、語文和數學的主要內容都是融入日常的使用之中，每個個體在完成它或因自然情境而中斷它之前，都是處於自然的學習狀態中。

學校內的教育應該參考一下人們在周遭的大世界中是如何的受教和學習，因為有意義的教育其實就是生活本身，不應該將孤立的自然硬塞入學校的層層牆垣內。這個觀點與傳統主義的觀點相悖離，傳統主義視教育為生活的準備階段，在這段教育的時間中，兒童的心靈填鴨式地塞滿了日後真正生活所需的資料。

教室內的活動應集中在問題的解決，而不是探人為式的學科教學

這個立場是根源於實用主義對經驗的強調和對問題解決的知識論看法。進步主義者宣稱知識並非來自對抽象資料的接收，並由教師傳授學童。他們主張知識是處理經驗的一種工具。

進步主義的結論並不是要反對傳統的科目內容，而是反對那種企圖將科目內容灌輸給年輕一代的傳統方式。進步主義者將他們的課程和教學方向建立在對學生有意義的問題上，為貫徹這一點，他們也發展出了有名的「設計教學法」。

我們試舉一個設計教學法的實例：在一個四年級的班級中，學生想要研究美國原住民，並決定興建一座原住民村落。在興建這座村落的過程中，他們遭遇了許多問題，譬如他們必須先決定要研究那原住民的哪一族，這個問題引領著他們進入閱讀資料的領域，然後進入到地理和人類學的範圍，最後他們發現不同的部族在許多方面都與這些部族的生活環境有密切的關係。假如他們決定蓋個原住民用的圓錐形帳蓬（te-pee），他們就必須有鞣製皮革的技藝經驗、房舍構圖的幾何學經驗、測量的數學經驗、決定哪種木材作為支柱的生物學經驗，以及完成帳蓬後撰寫報告的寫作經驗。

從這個簡短（而不完整）的事例中，很明顯地，興建哪個村落使得兒童們置身於一連串的問題當中，但這些問題是他們有興趣去解決的，因為一開始決定要研究美國原住民的正是這些孩子們。在解決這些問題的過程中，將使得一個熟練的教師可以用幾乎不會令學生感到痛苦的方式，帶領著學生對大部分的傳統課程作一番巡禮。藉著問題解決的

歷程，學生們不僅學到了事實上的知識，更重要的是他們也學會了如何去應用和思考他們經驗世界中的想法和觀念。一個設計教學短的可以三天，長的可以一年，端視計畫的性質、學生的耐力和教師的技巧而定。

學校的群體氣氛（social atmosphere）應該是合作而民主

這個觀點是進步主義「學校是大社會中的小宇宙」和「教育是生活本身而非爲生活作準備」這些信念的自然發展。進步主義者聲稱，當前的學校都是不自然的競爭場所。在一般的工作環境中，一個人如果遇到了問題，他們通常被允許尋求工作夥伴的幫助，然而在學校中，兒童如果亂動、講話或甚至想彼此幫忙去解決問題，都會受到處罰。這些傳統教育的要求是由於不正當地強調競爭所致，而競爭既有礙社會的健全發展，也毫無教育的效果。競爭如果能爲社會提供好處倒也無可厚非，但是群體和學習的進步更常來自於相互的合作。

對於學校和教室民主型態的指導與掌握，也是進步主義者所倡導的，他們是政治民主的熱情擁護者，並主張學生如果在獨裁的教育機構下接受教養，那他們對成人階段的民主會一點準備也沒有。所以學校應該促使學生能自治，對各種觀點都能自由討論，並且讓學生和教師們共同參與各項教育和學習規劃。

教育人本主義 *

背景

進步主義的組織力和活動力到了 1950 年代中期便趨於消寂，但是

---

* 人文主義（humanism）是一籠統的概念，從歷史的發展來看，人文主義與傳統教育類似，重點在人的理性、文學藝術等精神層面的開拓。啓蒙運動以後，人文主義逐漸與科學主義、專業主義對壘，20世紀，大學通識教育的理想也大多以人文主義作基礎。前幾版中，譯者均譯爲「教育人文主義」，本節的重點不完全是傳統人文主義，鑑於國內人本教育基金會的教育訴求已廣爲人知，故改譯爲人本主義。

進步主義的觀念卻透過各式各樣的運動而留存下來，特別是在教育人本主義之中。人本主義者襲用了大部分的進步主義原則，包括以兒童爲核心、教師的非權威角色、專注於學童的主動和參與、合作與民主的教育面向等。

　　然而進步主義並不是教育人本主義的唯一來源，存在主義也是這股人本運動的一項刺激因素。所以，教育人本主義反而比進步主義更加強調個別兒童的唯一獨特性，因爲進步主義仍或多或少以社會整體的角度來看待兒童。教育人本主義中所流注的存在主義血統使得它強調在人類存在經驗中個人意義的探究。

　　人本主義教育中這種關注於個別兒童的觀念，同時也受到第三種影響所增強，那就是人本心理學或存在心理學。這一系絡的心理學家包括了諸如羅傑士（Carl Rogers）、馬斯洛（Abraham Maslow）和寇門（Arthur Combs），這些心理學家和他們的許多同事都對人本主義的教育給予了直接而又有意義的衝擊。他們專注於幫助學生能夠「人性化」或「自我實現」（self-actualized），也就是幫助個別同學去發現、化成和發展眞實的自我和全部的潛能。

　　教育人本主義的第四個刺激是浪漫主義的批評家，這些作家崛起於1960年代學校中那股壓抑、無心靈和非人性的喧亂風暴。他們辯稱：當前的學校已經變得埋性淪亡、心理解體，因爲學校已充塞著秩序和懲罰的觀念而不顧人性的健全與成長。這類教育作品的典型代表作是赫爾特（John Holt）的《兒童是怎麼失敗的》（*How Children Fail*, 1964）、柯爾（Herbert Kohl）的《三十六位兒童》（*36 Children*, 1967）、考舍（Jonathan Kozol）的《早年的夭折》（*Death at an Early Age*, 1967）和丹尼森（George Dennison）的《兒童的生活》（*The Lives of Children*, 1969）。這些浪漫主義作家的文學作品是那麼動人、辛辣和廣受歡迎，如此一來，便對閱讀過的大眾造成了極深刻的衝擊，並博得了一般民眾對人本教育試驗的同情。

人本主義的教育原理

在此對教育人本主義的論述並不準備對人本主義原則作鉅細靡遺的總概括，因為這必然會與前述對進步主義的探討有許多內容重複的現象。我們將特別強調其人本特性，並檢覈一些制度形式，透過這些制度，人本主義者可以藉此表達他們的信念。

教育領域內的人本運動，其核心就是企圖建立良好的學習情境，使得兒童可以免於激烈的競爭、嚴酷的訓練和失敗的恐懼。人本主義者尋求從師生間常見的對立關係轉而創造出充滿信任和安全感的教育關係，他們相信這樣的氣氛可以使學生免除失敗和耗費精力的恐懼，使學生能將更多的精力發揮在個人的成長和創造力的發展上。赫爾特捕捉了人本主義對人性與教育的關係之看法，他寫道：

> 兒童生來就是伶俐、有活力、好奇、渴望學習，同時也善於學習；他們不需要賄賂和恫嚇才會學習；他們在快樂、主動、參與和對所做的有興趣時就會學得最好；在厭煩、威脅、羞辱和恐懼時就學得最差，甚至完全學不好。[5]

> 兒童在快樂、主動、參與和對所做的有興趣時就會學得最好；在厭煩、威脅、羞辱和恐懼時就學得最差，甚至完全學不好。

簡而言之，人本主義者尋求擺脫大部分學校的「智性監獄」（jail mentality），而企圖提供一個可以引導學生個人成長的學習環境，因此人本主義者認為教育的最基本目標自始至終都集中在自我的實現，而非成為知識的專家。影響所及，開放、想像力的應用、奇思異想的試驗都受到鼓勵，而標準化測驗、集體教學則受到非難。人本主義者提出，教師藉著與學生個人或小團體一起工作，可以很容易地達到目的。教育人本主義從其存在主義的根源來看，他們刻意要避免現代社會的種種庸俗導向。

學校制度的形式

　　人本主義教育者對個體的強調，在引用到學校教育時卻產生了許多不同的差異。最具影響力的三種途徑則是開放的教室、自由的學府和沒有失敗的學校。這些辦學方式在 1960 年代末和 1970 年代初迅速地擴展，儼然與傳統教育途徑分庭抗禮。

　　開放的教室意圖打破傳統教室的僵化情形，以便提供嶄新的學校教育經驗。開放的教室裡面，桌子是分群而布置，空間也規劃成不同的學習區，這些學習區是由布幕、書架或其他東西所分隔。在這樣的教室中，有可供閱讀、數學和藝術的活動區域，每一區內都備有各種學習材料，學生們可以視需要而加以利用、操作或閱讀。開放的教室並沒有預先排定時間和內容的計畫表，而是為學生的共同合作和體能活動作了充分的準備。教師和助理的時間花費在陪伴個人和小團體通常比花在整個班級來得多。這種教室是想提供一個學習的團體，在其中教師和學生工作在一起。柯爾提到這種開放的教室說：

> 　　教師的角色並不是要控制學生，而是促使他們能選擇和追求那些他們有興趣的。在開放的教室中，學生是依著他自己的感覺而做事，而非順從別人對他的期望。教師不能為所有的學生設定相同的期望，反過來說，教師則必須學著去體會學生的個別差異，但這些差異是實際發生於學年中的教室情境內，而不是來自事先的預料。[6]

　　自由學府的運動大抵可以視為是對大眾教育的一種反動，這是因為大眾教育的看護性（custodial）（就如同對待嬰兒一樣）和灌輸（indoctrination）功能不足以提供人本教育的適當情境。[7] 自由的學府是因應那些不滿意的父母和教師而發展起來的，他們希望自己的孩子能遠離權威的系統，因為這種系統強調組織井然的課程和對服從的要求。

　　自由學府設立在各種不同的地點，從貧民窟到軍隊的營房和倉庫。這些學校各不相同，每一所都有其存在的理由。這些學校收費低廉，甚至於不收學費，常是靠「少數有心人的熱忱集資辦學」。這些學校大都很小，而且關閉的比率極高──很多只持續了一、二年。

　　自由學府向各種社會團體訴求，從市郊的白人到城中的黑人都有。「有些似乎能擺脫現代衝突的塵埃而過著田園逍遙的生活，而有些則計慮著要整合多元文化和多語言的教育實驗。」不過它們全都企求要發展「自由兒童」，使他們能成為獨立和勇敢的人，能夠應付現代世界中複雜萬變的情況。[8]

　　精神病理學家格雷瑟（William Glasser）發展了「現實治療」（reality therapy），在所著的《沒有失敗的學校》一書中提出一種教育的人本路徑。格雷瑟認為人類有兩種失敗──不能去愛人以及不能完成自我價值。[9]依格雷瑟的看法，學校在傳統上一直是失敗的，因為它們並沒有建立起溫馨的人際關係，透過溫馨的人際關係可以使得學生對愛的需求和自我價值感到滿足。學校的角色應該是要提供溫馨而沒有脅迫的環境，使得學生能獲得上述的需求。這種氣氛可以提供頗具效果的學習情境。《沒有失敗的學校》這本書提供了如何達到這些目標的詳細建議。

　　開放的教室、自由的學府和沒有失敗的學校，是教育人本主義為了使學校教育人本化所提出的許多建議當中的三項。必須指出的是，大部分人本主義的提議都是針對初等教育。

永恆主義

背景

　　永恆主義（perennialism）的教育立場，正式出現在 1930 年代，他們認為進步主義的學校以兒童為中心，重視現在及生活適應，嚴重的破

壞了美國人的心智，所以，永恆主義可視爲對進步主義的一種反動。[10]

　　永恆主義認爲雖然社會、政治動盪不安，但是，「永恆」要比實用主義的「流變」觀念眞實得多。所以，永恆主義的學者又重溫傳統「絕對」的觀念，特別重視互久不移的人類文化。在他們看來，這些觀念歷經時間的歷練，更能彰顯其正確性與實用性。永恆主義的學者都強調心靈、理性，以及過去的偉大遺產。永恆主義發展之初，表現在教育理念上，也可視爲一種傳統式或古典式教育的復甦，因爲它當時面對最鮮明、最有勢力的敵人——教育的進步主義。

　　要了解永恆主義爲何反撲進步主義，必須先了解「博雅教育」（liberal education）的歷史淵源。所謂博雅教育，特重人文的研究，使人之所以爲人，回復其自由與眞實，而反對將教育視爲一種職業訓練。在希臘時代，人分成兩類——勞心與勞力。勞力者被認爲是比較具有動物的特性，他們賴以維生

> 永恆主義的學者又重溫傳統「絕對」的觀念，特別重視互久不移的人類文化。在他們看來，這些觀念歷經時間的歷練，更能彰顯其正確性與實用性。

的是體力；至於勞心者則是運用其理性，他們是自由的一群，適合領導別人。所以勞心者的教育需要發展人之所以爲人，具有獨特理性的這種能力（human－rational－capacity），這種重視人類理性與心靈啓發的教育觀，成爲西洋文化根深蒂固的觀念。至於工作訓練，不是教育的任務，它應該經由學徒制來完成，而不需要假手學校。學校教育應重視培養自由博雅的人，所以博雅的人文學科成爲傳統教育課程之主流。

　　博雅的人文教育從希臘到羅馬，經基督教歐洲、到 20 世紀初一脈相承，成爲歐洲和美國教育之代表。不過工業化卻逐漸改變了這種面貌。因爲機器代替了人工，所以有更多人從原先「奴隸」的身分中恢復自由之身，他們也累積了相當的財富，得以獲得原先只有統治階層才得以享受的教育特權。然而，傳統教育對這些來自勞工階級者的教育並不特別重視，也不是爲他們而設，自然顯得格格不入，而衍生許多問題。

　　當此之時，進步主義誕生了，它致力於使教育能適合多數人。在
1930 年代，傳統取向的學者對於進步主義日益造成的反智主義（anti-
intellectualism）深以爲憂，他們認爲，既然機器已經代替了人工，不再
有雅典時代統治與奴隸的對立，所以民主的社會，對每個人都是自由
的，每個人都是統治者，所以全民都需要施以博雅教育。學校教育應重
視的是學生的思考與溝通，而不是像動物般爲生存求溫飽而施以職業訓
練。[11]

　　永恆主義的兩大代言人首推赫欽思（Robert Maynard Hutchins）與
阿德勒（Mortimer J. Adler）。赫欽思在 1929 年以 30 歲英姿風發的年
齡，即擔任芝加哥大學校長。兩人以精彩的演講、犀利的筆鋒，廣泛地
影響各界逾 50 年。

　　赫欽思與阿德勒二人編纂《西方偉大經典》（*Great Books of the
Western World*）叢書，成爲永恆主義學者最重大的貢獻，該叢書涵蓋了
百本以上堪稱西方「最好」的觀念與思想鉅著。

　　時至今日，美國馬里蘭州的「聖約翰學院」（St. John's College）
仍規定以百本偉大經典鉅著作爲學士學位的基礎。在 1980 年代末期，
艾倫·布魯姆（Allan Bloom）的《封閉的美國人心靈》（*The Closing
of the American Mind*, 1987），又重新彰顯了永恆主義對高等教育的主
張。*

---

* 艾倫·布魯姆在1987年出版之《閉鎖的美國人心靈》指出，狹隘的技術教育
　觀，特別是美國的大學教育已經窄化了美國人之心靈。美國人業已不再有恢宏
　的氣度，不懂得欣賞完美的藝術，不願意去探詢生命的意義。1983年之《國家
　在危機之中》，指出了美國人學術水準之低落，特別是中小學。而《閉鎖的美
　國人心靈》則指出了美國人心靈層次的貧乏。其實，《閉鎖的美國人心靈》
　一書之主要論旨，在早年赫欽思之《高等教育在美國》（*The Higher Learning
　in America*, 1936）、《教育現勢與前瞻》（*The Learning Society*, 1968）即已提
　出。值得注意的是，艾倫·布魯姆的著作竟然在1980年代末成爲暢銷書，這也
　說明了永恆主義的教育理念仍是人們心中的理想，特別是處在科技、效率、專
　技的時代。

　　永恆主義的教育理論基礎建立在新士林哲學之上，而新士林哲學的主幹之一又是亞里斯多德。我們在討論新士林哲學時指出，影響美國教育的兩股力量，一爲宗教取向的「宗教實在論」，一爲「世俗的理性人文主義」，這兩者都深受亞里斯多德的影響，即使是新士林哲學的代表人多瑪士亦然。永恆主義亦有兩個分支，一個是赫欽思、阿德勒爲代表，另外一支代表羅馬天主教的影響力，它與世俗取向的永恆主義立場相同，不過更強調精神、神學及多瑪士的觀點。馬瑞坦（Jacques Maritain）正是宗教取向永恆主義的代表人。

　　1980 年代初，永恆主義從對大學的關注中，走向中小學的領域上。他們認爲中小學應爲日後的博雅教育程度提供堅實的基礎。1982年以阿德勒爲首的派代亞小組發表的《派代亞計畫》（The Paideia Proposal），爲中小學規劃了「基本的學校教育」（basic schooling）。值得注意的是，派代亞小組的宣言已融合了一些杜威的觀點、教育心理學的發現，和當代社會的重要問題，當然，《派代亞計畫》的主張，仍與傳統永恆主義的目標與關懷處和諧一致。[12]

永恆主義的教育原理

人是理性的動物

　　永恆主義對人的看法，首先它承認人在許多方面與動物無異，有共同的本能、喜好與活動。然而，人之所以異於動物，仍在於其理性的智性，這是人類最獨特且最有價值的特徵。亞里斯多德曾說人是理性的動物，永恆主義學者分享了此一觀點，所以永恆主義把教育的焦點置於人類理性的部分。赫欽思曾說：「人能否眞正成爲人，端賴其是否能學習運用其心靈。」[13] 當人們發展其心靈時，自然就能運用理性以控制其嗜慾。

人的本質具有共通性，所以應爲每位學生提供相同的教育

　　永恆主義認爲，不論是何種人，在任何時代，都分享人類共同的理

性本質。人既是理性的動物，又有著共同的特性，自然就應該有相等的教育。針對此種觀念，赫欽思曾經指出：

> 作為一個人自有其特定的功能，公民或國民的功能可能會因社會而異。所以關於訓練、適應、教導，以及滿足立即性需求的制度也應有所不同。但是，人之所以為人，其功能卻不受時空的影響，因為這種功能肇因於人的本質所在。所以教育制度的目標在不同的時間、不同的社會應該一致：就是要提升人更像個人。[14]

知識有其共通性，所以對每位學生都應該教授基本的教材

如果知識隨著地域而有差異，學生將無所適從，他們也各自會有不同的意見，如果有了共識，意見就變成了知識了。教育體系內應該探討知識，而不是意見。因為知識將導入人們進入永恆的眞理之中，也使得學生熟悉永恆的事物。赫欽思曾經以下面的推論說明必須有一致性教育課程之理由。他說：「教育正意味著教學，教學正意味著知識，知識是眞理，眞理每個地方都是相同的，所以教育也應該相同。」[15]

教育，對永恆主義而言，剛好與進步主義背道而馳，在永恆主義看來，教育不是要學生去適應世界，而是要學生去適應眞理。課程不需要特別重視學生的立即興趣，或者是強調特定時空的重點。當然，教育的功能也不在職業或專業的訓練。學校教育應重視學生的啟思，使學生能掌握永恆的眞理所在，進而在人群社會中扮演好自身的角色。這種共同分享的知識基礎，會有助於人們的相互了解，作良好的溝通，建立更令人滿意的社會秩序。

> 教育，對永恆主義而言，剛好與進步主義背道而馳，在永恆主義看來，教育不是要學生去適應世界，而是要學生去適應眞理。

教育活動應以教材內容，而非學生爲中心

許多永恆主義論者同意，在教育體系內，要學生熟悉永恆的眞理，課程應重視語言、歷史、數學、自然科學、哲學與藝術。

永恆主義的學習重點側重啓思的訓練。許多心智的練習，像閱讀、操練、記憶、計算，都是啓思的重點所在。而學習推理也是很重要的，與此有關的方法、邏輯、修辭也是當然的重點。雖然這種辛苦的學習並不對一般程度學生的口味，但因爲它是有益的，所以在艱難的啓思教育中，也可培養學生堅忍的意志。學生在課程裡所接受的心智訓練，可以有助於內化他們的意志力量，即使日後離開學校後沒有任何「強制者」（enforcer）要求他們履行不快的責任，他們也能堅毅的承擔成人生活的各種挑戰。

過去的經典是人類知識和智慧的寶庫，經得起時間的考驗，也與我們的生活息息相關

赫欽思、阿德勒與聖約翰學院所推崇的「偉大經典叢書」爲人所稱道，雖然部分永恆主義學者不完全贊同此一方案。不過，推崇偉大經典者都同意，研讀歷史上重要人物心靈的著作，是捕捉人類偉大觀念與發展智性的最好方法。

偉大的著作在於其經典性（classic），經典適用於不同的時空，所以也就勝於一般的著作。正因爲博雅經典在不同的世紀，針對不同的人們與文化都顯現其價值，所以它涵蓋了很多的眞理，經得起時間的考驗。永恆主義的學者聲稱，如果上述看法被接受的話，那對這些經典的研習也應該有永恆的價值。阿德勒對於研讀永恆經典有如下的看法：

> 閱讀經典不是為了復古的目的，也不是為了考古或哲學的興趣……而是因為這些經典一直到今天仍然適用，就如同它們成書之時。而且，經典所處理的問題，與所呈現的觀念，並不受制於「不斷變遷進步」的律則。[16]

永恆主義強調閱讀原典，也與精粹主義的立場不相符合。精粹主義特別重視以教科書作爲傳遞系統知識的有效方法。赫欽思指出：「教科書，就如同其他理念一樣，也同樣降低了美國人的心智，如果學生應該知道西塞羅（Cicero）、彌爾頓（Milton）、伽利略（Galileo），與亞當·斯密（Adam Smith），爲什麼不讀他們本身的作品呢？」[17]

不贊同偉大經典的永恆主義學者，認爲許多偉大的觀念可以以當代的作品爲素材，而獲得知識，不必一定求助於偉大之經典。然而，他們也同樣注意啓發學生的偉大心智，而不是求助於教科書的速成知識，這與偉大經典論者的立場並無二致。

教育的經驗是生命的預備，但並不是眞實生活的情境 *

學校的本質是透過人爲安排的機構，使未成熟的心智逐漸獲致人類共通的偉大成就，學校不是，也不應如進步主義所聲稱的，是社會的縮型。人類生活最美好的狀態，是要每個人的理性部分都充分的發展後，才得以獲致。教育正是這種特別的機構，以完成其重要的任務。它並不需要重視職業、休閒、娛樂的部分，雖然這些也是生活的一部分，但不屬於學校致力的範圍之內。

精粹主義

背景

除了永恆主義外，精粹主義（essentialism）在 1930 年代也高舉了

---

* 或許，作者奈特在此的標題並不恰當，「教育的經驗是生命的預備，但並不是眞實生活的情境」（The educational experience is a preparation for life, rather than a real-life situation），此處的生命預備，與我們一般的教育的生活預備說的看法並不一致。奈特是要強調永恆主義的學校觀不同於進步主義的「眞實情境」，仍然是強調人類生活的共同性，以共謀社會和諧之預備，所以譯者譯爲生命預備，希望初學者不致與斯賓塞的生活預備說混淆。

旗幟以對抗進步主義。精粹主義同意永恆主義的看法，認為進步主義的教育活動太「軟性」（soft）了。如果要學習者在學習過程中完全沒有痛苦，其實也就逃避了一些最基礎的教育科目，像學習工具的精熟（如三 R），以及累積的知識等。不過，精粹主義認為對美國人而言，永恆主義是過於貴族化了，而且也有反民主的意味。

精粹主義並不像進步主義與永恆主義，它並沒有一個單一的哲學基礎。精粹主義同時受到觀念論、實在論的影響。除此之外，它受到相當程度「有教養的公民」（concerned citizens）之支持，這些人認為學校在進步主義的影響下，已經走入死胡同（gone to pot）了，學校必須回復嚴格的紀律，並加強「基本學科」（the basics）的教學。

精粹主義也成為許多國家教育思想之主流，包括美國在內。它採取較保守的立場，重視學校傳遞真理知識的功能遠甚於學校的改造。

精粹主義在 1930 年代就對美國所謂「生活調適教育」（life-adjustment education）、「兒童中心學校」（child-centered school）以及學習品質低弱的現象，大聲疾呼。在 1938 年，貝格里（William C. Bagley）、康得爾（Isaac L. Kandel），與布里德（Frederick Breed）正式組織了「精粹主義美國教育促進委員會」（Essentialist Committee for the Advancement of American Education），代表了精粹主義的主要勢力；至 1950 年代左右，史密斯（Mortimer Smith）與貝斯多（Arthur Bestor）組織「基本教育委員會」（Council for Basic Education），代表了精粹主義的另一股勢力。

「基本教育委員會」的主要立場，可以從貝斯多幾本膾炙人口的著作中看出端倪。像《教育荒原：公立學校的退步》（*Educational Wastelands: The Retreat from Learning in Our Public Schools*, 1953）、《恢復學習：重振美國教育水準的方案》（*The Restoration of Learning: A Program for Redeeming the Unfulfilled Promise of American Education*, 1955）。貝斯多曾經揶揄的說：「為我們國家起草聯邦憲法的人，難道

他的教育過程是曾經去實地參觀『市長辦公室』，或是『州監獄』嗎？」這是精粹主義對進步主義「貢獻」美國教育的有力批評（諷刺進步主義降低美國學生程度）。[18] 基本教育委員會不僅關切美國教育品質的低落，而它的一些學者專家們也具體的規劃了正式教育的課程架構。

另一個具影響力的精粹主義代言人是原子潛艇之父里科弗（Hyman G. Rickover），他批評美國人缺乏成熟的心靈，建議美國人採取歐洲的教育制度，如荷蘭、俄國。希望美國青年在高中畢業後，都能有基本的能力，以為日後更專業、更嚴格的技術課程奠基。

1957 年蘇聯人造衛星史潑尼克（Sputnik）的震撼，愈發地增加了精粹主義的分量。許多美國人認為蘇聯的成功正意味著美國的失敗。所以，在 1950 年代末、1960 年代初這段時間，學者們大量專注在課程改革方案的研討。

不過，承襲了進步主義的路線，在 1960 年代的教育改革中，教育人本主義也有巨大的影響力，它致力於學校的人性化。精粹主義對教育人本主義的反撲則是有名的「回到基本」（back to the basics），歷1970 年代，也成為進步的呼聲。

1980 年代初，連美國政府都投入此漩渦中，全美卓越教育委員會發表了有名的報告書《國家在危機之中》（*A Nation at Risk: The Imperative for Educational Reform*）。報告書指出美國教育的基礎正被一種日益興盛的「平庸化」（mediocrity）思想所腐蝕，那將深深影響到國家及個人的未來，[19] 報告書特別規劃了五種新基本課程（Five New Basics），這是高中畢業生最起碼的學業標準，包括四年的英文、三年的數學、三年的科學、三年的社會學科，以及一年半的電腦課程，如果要進大學的話，還應包括兩年的外語。[20]

《國家在危機之中》刺激了許多其他官方報告書的發表，這些報告書都強調學校基本科目及技術的教學，如「美國大學委員會」（the College Board）在 1983 年完成的《為升大學的學術準備》（*Academic*

Preparation for College: What Students Need to Know and Be Able to Do）
以及「經濟成長教育促進會」（Task Force on Education for Economic
Growth）於 1983 年出版的《力求卓越的行動》（*Action for Excellence:
A Comprehensive Plan to Improve Our Nation's Schools*）。[21]

除了 1970 年代和 1980 年代初對基本學科的重視外，一些清教徒的
右翼分子們也呼籲，所有基本課程的基礎——宗教，也應該成為學校的
課程。鑒於「法治教育」代替了聖經與禱告，以及 1960 年代美國道德
的淪喪，一些信奉正統基督教派的學者，如費維（Jerry Falwell）、勒
黑（Tim LaHaye）不僅認為三 R 應重返教室中，更重要的第四 R ——
宗教（religion）應成為教育的中心。他們認為教育人本主義受限於其
「世俗人文主義」的基礎，無法正視人類所面臨的危機。

除了疾呼宗教應重返教室外，傳統上支持公立學校系統的保守清
教徒團體，還建立了數以千計的主日學校（Christian day schools）。
在 1980 年代初，主日學校設立的浪潮或許是美國最快速成長的學校之
一。[22]

精粹主義在 21 世紀初仍展現其活力。1996 年赫西（E. D. Hirsch,
Jr.）出版《我們所需的學校及為何我們沒有這些學校》（*The Schools
We Need and Why We Don't Have Them*）一書。赫西指出，美國有最好
的公立大學，但卻有著在已開發國家中最差的公立中小學。順著貝斯
多、原子潛艇之父等人的觀點，赫西認為從幼稚園到高中（K-12），
深受進步主義及教育人本主義足跡之影響，都該負責。他指出：「許多
最近的『教育改革』，都來自哥倫比亞大學師範學院（教育進步主義
的學術搖籃）20 世紀 10 年、20 年、30 年代的失敗浪漫式、反智的老戲
碼。」[23]

赫西對學生程度低落的回應之道見其在 1987 的著作《文化素養：
所有美國人應該通曉的知識》（*Cultural Literacy: What Every American
Needs to Know*）。「文化素養」也者，赫西在該書中指出：「是擁有基

本的知識以促進日益興盛的現代社會。」之後，由於「文化」一詞會引起混淆，赫西用「核心知識」（Core Knowledge）取代「文化素養」一詞。為了落實其理念，赫西成立「核心知識基金會」（Core Knowledge Foundation），並為小學編輯了系列的書籍。在 1996 年，核心知識系列叢書曾以「小一學生應該通曉的知識」（What Your First Grader Needs to Know）為名，出版了六冊。在 1990 年代末，有數百所學校採用赫西的理念辦學。[24]

　　精粹主義，就如同其他教育論一樣，對於學校最好的課程內容並無完全一致的定論。不過，仍然有幾個主要的原則，可以代表精粹主義的共同立場。

精粹主義的教育原理

學校最主要的工作就是教授基本知識

　　對精粹主義的學者而言，教育的中心要務就是教授一些基本的學科內容與技術，使學生精熟，而使學生成為日後公民社會的一員。在初等教育階段，應特別重視基本的工具技術，以為日後高深的文學、數學奠基，所以三 R 的教學最為重要；在中學階段，課程的目標應發展歷史、數學、英文、文學，以及外語的能力。精粹主義的學者認為像踢踏舞、編織花籃等的教學並不是學校的工作，學校應該把教學目標放在對所有青少年而言，最核心最艱難的部分。

> 初等教育階段，應特別重視基本的工具技術，以為日後高深的文學、數學奠基，所以三 R 的教學最為重要；在中學階段，課程的目標應發展歷史、數學、英文、文學，以及外語的能力。

　　許多美國高中生是功能性文盲，相當數量的大學新鮮人，需要大學再提供基礎英文的教學，精粹主義的學者對於這種現象深惡痛絕。他們認為美國的學校太迎合學生的口味了，這實在是很滑稽的教育現象。學生所需的正是基本的學科內容與技術，以了解世界的本質所在。

學習是困難的工作，需要紀律的配合

學習基本學科不能完全仰賴學生興趣。精粹主義雖然認為進步主義取向的問題解決方法常有助於學習，不過也必須認清事實，即不是每種學科教材都可以設計成問題，大多數的基本學科仍得靠直接的方法，如記憶與練習，才能竟其功。兒童立即性的需求遠不如其長遠的目標重要。雖然興趣已被證實是一種動機的力量，但是努力仍然比興趣來得重要。對許多學生而言，當他們花了足夠的努力在學習基本學科時，興趣就會培養出來。

學生就像成人一樣，在努力用功時常會分心，所以，他們就必須自我訓練，隨時集中注意力於功課上。不過，一般學生並沒有這種自制力，老師必須從旁協助，以外力督促學生完成指定的困難作業。

教師是教室權威的來源

精粹主義學者不認為教師是所謂的學習伴隨者或嚮導。教師，他深深了解學生需要的東西，並熟諳各種學科教材的內容與邏輯順序，以及應該如何呈現教材。此外，教師也是成人社群的代表，應該受到尊重。如果學生不尊重教師，教師有權利，也有責任處理訓育問題，如此才能營造一個有秩序的學習環境。

精粹主義與永恆主義的比較

精粹主義和永恆主義是兩股保守的教育勢力，他們存在著許多共通性。拉卡斯（Christopher Lucas）曾經指出了兩者有四點共通性：

> 首先，它們都同意技術的實用性、效率化應臣屬於永恆智性、精神、倫理等通識教育的目的上。再者，它們都同意教育的重點是要傳遞及吸收從社會文化遺產孕育出的基本學科內容。第三，它們都強調在學習過程中努力、紀律、自制的重要，反對只顧及立即性需求的滿足與興趣。第四，它們

均持保守的立場，著重課程的連續性：大學程度博雅教育的基
礎，應建立在對基本學習技能系統、計畫、程序性的探究之
上。小學要重視三 R 的教學，中學要重視各教材學門的系統
指導與介紹。[25]

雖然精粹主義與永恆主義極其類似，但是，作為一種教育理論，它
們也有一些差異所在。喬治·奈勒（George F. Kneller）提供了一個很
好的歸納，根據奈勒的看法，一項最主要的差異是精粹主義對於智性啟
發的強調，沒有永恆主義來得強烈。精粹主義不像永恆主義那樣強調終
極真理，它們比永恆主義更重視學生對周遭自然與社會環境的調適。

再者，精粹主義比永恆主義更願意吸收進步主義的一些方法。第三
點是對過去文化遺產的關注態度不同。永恆主義堅信這些遺產是沒有時
間性的，代表了人類亙古的洞見，而精粹主義則重視過去文化遺產是研
究現在問題的可能來源之一。[26]

第四點喬治·奈勒並未提到，為了便於讀者區分，我想指出，永恆
主義比較重視高等教育之層面，而精粹主義則比較重視中小學層面。

重建主義

背景

20 世紀 1930 年代是危機的 10 年。資本主義國家的經濟普遍地不
景氣；極權主義在歐洲與亞洲興起；而美國社會的成長也呈現疲憊之
勢。美國的觀察家也指出民主已經到了最後的關頭，他們也發現 1930
年代的經濟恐慌並不在於食物或各種物質生產的匱乏，恐慌竟然發生於
富裕之中。美國的問題不在於生產，而是如何將過剩物質予以合理分
配。當此之時，美國的商業部門已呈現部分的麻痺，政府對這些經濟脫

序的現象竟然束手無策。

在 1932 年，康茲（George S. Counts）發表了一系列動人的演說，後來集結成《學校敢於建造一個新的社會秩序嗎？》（*Dare the School Build a New Social Order*？）一書。康茲在這些演講中，要求教育工作者拋棄他們被禁錮的心靈，竭盡一切力量，在總體經濟制度與民主政治原則的基礎下，建造一個新的社會秩序。康茲希望教育專業團體與人員能夠有系統的組織各級教育——從幼稚園到大學，再運用這種組織的力量為廣大的人群造福。[27]

重建主義對學校角色功能的看法，正與傳統學校之角色背道而馳。傳統學校被認為是被動的傳遞文化遺產；而重建主義則認為學校應主動的引導社會改革。在 1930 年代，

> 康茲要求教育工作者拋棄他們被禁錮的心靈，竭盡一切力量，建造一個新的社會秩序

執教於哥倫比亞大學的康茲與洛格（Harold Rugg）所領導的集團，被人視之為「前衛思想家」（Frontier Thinkers）。他們的觀點可視之為杜威對社會進步觀念的延伸，所以重建主義的哲學基礎是建立在實用主義之上。

戰後，布來彌德（Theodore Brameld）可視為重建主義的代表人。他的重要著作有《教育哲學的類型》（*Patterns of Educational Philosophy*, 1950）、《邁向重建的教育哲學》（*Toward a Reconstructed Philosophy of Education*, 1956），與《教育即力量》（*Education as Power*, 1965）。

重建主義的教育原理

世界正處於危機之中，如果不能解決這些迫切的問題，人們必將走向毀滅之途

重建主義認為人類正面臨著許多的問題，諸如人口、汙染、有限的自然資源、資源分配的不均、核子毀滅、種族紛爭、國家主義、各種工業科技的誤用等，如果無法有效的解決，人類必然走向敗亡。重建主義

認為這些問題是與當代極權主義、群性社會中個人價值的泯沒，以及忽略世界上多數的人們有密切的關係。簡言之，世界正史無前例的面臨了經濟、軍事與社會的嚴重問題，已經到了無可忽視的地步。

解決世界問題的唯一之途是建立一個計畫的社會秩序

由於問題是世界性的，解決之道亦然。唯有透過國與國之間的合作，才能將有限且不均的資源作合理的分配，而俾益於全世界人類。處在科技的時代，帶給世界很大的進步，也增進了彼此之間的互賴性。但在另一方面，卻也造成了「文化遲滯」（cultural lag），而無法適應新的社會秩序。我們可能在生活上已經進步到太空飛行的世紀，而價值與政治態度上，卻仍停留在馬車階段。

重建主義認為我們處在世界的社會中，技術能力可能適足以破壞了人們的物質需求。只要國際間能放棄對物質資源的爭奪，而致力於合作，共謀全人類的需求與利益，「烏托邦」是可能來臨的。在此烏托邦的社會中，人們可以把「集中努力使人類更美好」本身作為目的。

正式教育是重建社會秩序的主導力量

重建主義的學者認為，學校很自然的會傳遞社會價值，而當今的經濟、政治是那麼的混亂，如果保守地任由學校傳遞這些價值，不啻更危害了人類。所以，重建主義一反傳統學校靜態傳遞社會價值的角色，將學校視為改造社會的基石。而此時此地，學校的改造功能也更為迫切，因為人類隨時可能自我毀滅。

布來彌德等對於教師的力量，以及其他教育人員對社會變遷的導進功能，深具信心。他們認為，學校不應著重社會現狀的維持，而是要成為改造社會的積極力量，有秩序的將社會導入未來之中。[28]

重建主義也並不認為單靠學校就能促進社會變遷。不過，他們認為學校是觸及整個社會生命的重要單位，因為學校所接觸的對象都是尚未踏入社會，不受社會汙染的年輕人。所以，學校對社會問題能夠保持超然的洞見，並能成為改造社會的擁護者與先驅。

教學方法必須建立在民主的原則之上，這植基於認可大多數人的智慧；行動必須以最能解決人類問題為依歸

重建主義像許多進步主義取向的運動一樣，認為民主是最好的政治體制。他們認為民主的過程應該表現在課堂教學裡，學生有權表達他對社會、政治、經濟問題之意見。

布來彌德認為老師在處理爭議性的課程內容時，態度必須是包容的，他稱之為「可辯護的偏見」（defensible partiality），教師允許學生公開檢視贊成和反對他的證據，然後盡可能公正的提出解決方案供學生選擇。教師不可專注自己的觀點，他可以公開說明或辯護，直至大多數同學認可為止。重建主義似乎有一個預設，那就是只要經過自由民主的討論，人們對於所遭遇的問題以及回應之道，都會有清楚的共識。無怪乎有些觀察家認為，重建主義對於人的智慧與善意都有很大的信心，而這些信心可能是「不切實際的信心」（utopian faith）。*

如果正式教育是解決當代世界危機的方式，它必須主動的教授有助於社會變遷的內容

「老師」在康茲的筆鋒之下，應該殫精竭慮，發揮其最大的力量。[29]教育必須喚醒學生對社會問題的意識，鼓勵他們去解決這些問題。老師要求學生質疑現狀，探索富爭議性的宗教、社會、政治、經濟乃至教育的問題，學生的社會意識就會被喚醒出來。批判式的探究與討論有助於學生去了解現存體制的缺失，也能發展學生有別於傳統智慧的替代想法。

---

* 在一般的美國教育哲學教科書上，大致都把重建主義視為對杜威等社會進步觀念的延伸，也強調其擁護民主教育之理念。不過，國內教育哲學先輩吳俊升在回憶其與杜威見面時，曾指出重建主義有流於激烈左傾的情形。當時之Counts、Childs、Rugg等以哥大「新學院」為試驗場所，卻淪為黨派鬥爭的行動場所。〔見吳俊升（1972）《教育與文化論文選集》（臺北：商務）〕以重建主義的機關刊物《社會疆界》（*The Social Frontier*）為例，就曾明白表示他們贊成階級鬥爭。大體上，重建主義與其視為一種教育哲學，不如視為一種樂觀的教育進取觀點。近年來，部分批判教育學及課程改革的學者也常把重建主義視為其重要的理論淵源之一。

社會科學中的人類學、經濟學、社會學、政治學、心理學，可以成為有用的課程基礎。重建主義運用這些學科來界定當代爭議矛盾的問題。教育的目的正是要揭露人類文化所面臨的問題，提出良善解決方案的共識，進而重建世界的文化。而重建主義的理想世界，社會是由能夠合理處理個人目標的大多數人來控制。[30]

未來主義

1970 年代，杜佛勒（Alvin Toffler）在他的暢銷著作《未來的衝擊》（*Future Shock*）一書，為回應日益暴增的知識科技，而提出了一個嶄新的教育理論。杜佛勒認為，今日的教育，即使是所謂最好的學校，也與時代「完全脫節」（hopeless anachronism）。[31] 學校的各種運作，仍以工業時代為標準，殊不知社會已經進入超工業時代，所以學校永遠都跟不上社會的脈動。杜佛勒指出：

> 我們的學校並不是朝向新的社會，而是退回到一個垂死的制度之中。學校傾全力要造就一個能適應社會制度的工業人。不過，學生在尚未獲得這些技能時，社會又面臨了轉型。
>
> 為了應付未來的衝擊，我們必須建立一個超工業的教育制度。當然，為了達到這個目的，我們必須由未來，而非由過去，來尋求目標與方法。[32]

杜佛勒強調，教育制度必須浮現連續性及可改變性的景象，使老師與學生都更能注意教育的變動情況。[33] 學生透過對未來人類

> 我們的學校並不是朝向新的社會，而是退回到一個垂死的制度之中。學校傾全力要造就一個能適應社會制度的工業人。不過，學生在尚未獲得這些技能時，社會又面臨了轉型。

社會的研習，以探索各種可能及可欲的未來狀況，希冀能邁入更好的未來社會中。[34]

在 1990 年代初期，杜佛勒仍然再度疾呼要重視教育的未來取向，而且再度強調各項革新制度的推陳出新。在面對新資訊技術社會時，他認為：

> 我們的大眾教育體制已不合時宜。就好像大眾媒體的快速變遷例子一樣，教育也必須汰舊換新，節目也要多樣化。如果學校的目的是要使人在新的第三波的社會中過得更好，高選擇的制度應該要充分取代低選擇的制度，經濟所應扮演的生產角色，更不待言。[35]

未來主義的學者與重建主義有相當多的共同點。不過，未來主義並不特別強調學校能導引社會變遷，它們只是希望人們能先有充分的準備，以便以明智的方法處理日新月異的世界。為了達到這個目的，未來主義與重建主義的學者一樣，認為可以透過對現存社會、政治、經濟問題的批判式探索而獲致。

謝因（Harold Shane）曾經規劃了未來主義的課程藍圖，是以當代社會各種不公平、矛盾等問題為核心。[36] 這與重建主義的課程規劃和教育活動極其類似。兩者都希望透過教育而達到「較好的未來」（a preferable future），就此觀點，未來主義可視為重建主義的修正與擴展。

批判教育學與建構主義

在教育思潮中，有點接近重建主義，又稍微遠離未來主義，是我們現在所要討論的批判教育學。除了重建主義的遺緒外，批判教育學也

從其他理論思潮中汲取養分，其中之一正是以探究社會和政治思想著稱的法蘭克福學派（Frankfurt School），或稱爲「批判理論」（critical theory）。法蘭克福學派浮現於 20 世紀的 1930 年代，他們整合了社會理論和哲學，企圖經由社會的轉換，而終結各種宰制的形式。批判理論的學者一方面接受了馬克思對資本主義的批判，但也保留了啓蒙時代以降的許多核心關注。

批判教育學最有力的影響之一是促成了第三世界國家解放和發展的教育方案。這種方案是建立在革命的教育理論之上，經由對低階層草根教育（grass-roots education）的發展，使其關注自身所處政治、社會、經濟之權益，從而改變舉世主流的文化，以迎向更健康的未來。佛拉瑞（Paulo Freire）的《受壓迫者教育》（*Pedagogy of the Oppressed*）正是此一運動開風氣之先的著作。教育的革命理論連結了不同的解放理論運動，如未開發國家的解放，以及在已開發國家中，處於少數不利地位者之解放等。[37] 佛拉利爲批判教育學作出了巨大的貢獻。

批判教育學另一有力的影響是來自後現代思潮。後現代學者著重知識的主觀性（subjectivity），並視知識爲權力，都深深影響了批判教育學。由於批判教育學接受了後現代的這些立場，我們不難想像，批判教育學與所謂健康的教育觀，如精粹主義、永恆主義、行爲主義等，是如何格格不入。

麥克拉倫（Peter McLaren）說：「批判教育學在根本上，是關注在權力與知識關係之理解。」這種關係的理解之所以重要，是因爲批判教育學者認爲學校課程不僅僅只是學科的學習，「甚者，課程代表著對特定生活方式的介紹；它爲學生未來在所處的社會中成爲支配者或被支配者而準備。」所以，課程應被視爲是「文化政治學」（cultural politics）的形式。[38]

批判教育學把傳統學校的功能看成是社會再製（social reproduction），社會、經濟的關係及態度之所以要延續及再製，是爲了要維繫現

存的經濟和階級結構。批判教育學傳承了重
建主義的精神，賦予了學校革命的角色。學
校必須致力於創造一個更公正的社會。誠如
麥克拉倫所說：「批判教育學……代表著對
學校教育所持的特有立場，使學生能增權賦
能（empowering），並轉換社會秩序，追求
正義與平等。」[39]

批判教育的學者認為，所謂學校的中立
性，是一種迷思，此一迷思忽略了：

> 批判教育學者認為學校課程不僅僅只是學科的學習，「甚者，課程代表著對特定生活方式的介紹；它為學生未來在所處的社會中成為支配者或被支配者而準備。」所以，課程應被視為是「文化政治學」（**cultural politics**）的形式。

　　（忽略了）知識和認知的社會建構性。忽略了一項事實，
即在後現代世界中，最重要的權力運作之一涉及的是，所謂
意義以及何種知識最具價值是由特權者來界定。如果喪失批
判式的反抗，知識將淪為一種壓迫——對非白人、貧窮者以
及婦女的壓迫。[40]

季胡（Henry A. Giroux）認為，學校必須營造成為「新的知識形式」
的場所，「拓展新的空間，使知識的生產成為可能」，他指出：

　　批判教育學作為一種文化政治學，指出了在知識的生產
與創造過程上抗爭的必要性，並將其導入於營造一更寬廣公
民公共領域的企圖，其目的在於使這些公民在日常生活中，
特別是面對知識的生產與獲得的情境時，更能思考涉及其間
的權力運作……，在我們所處的險峻環境中，批判教育學為
學生及其他人提供知識、技能、習慣，俾能使他們在閱讀歷
史時，能重新疾呼，以更民生、更公平的方式，打造符合其
利益的生活形式，建立其新的認同。[41]

前引文已說明了批判教育學汲取了建構主義（constructivism）的精神，建構主義的教育目標即在於「經由建構或重組學生認知結構，促成學生主動學習。」[42] 我們在第 5 章，已指出了建構式的知識有如下特徵：(1) 知識不是客觀的，是人們主動建構的；(2) 知識非完美的，也是不完全的；(3) 知識的成長是經由揭露。[43] 建構主義經由批判教育學者的運用，儼然已成為革新社會秩序、促進社會正義的重要課程與教學工具。批判教育學也特別關注多元文化主義、女性主義、全球化主義等領域。

多元文化主義

多元文化主義在 20 世紀的後半葉，也逐漸在學校中占有了位置。有些人把多元文化主義視為一種覺醒或是對差異的欣賞，另有些人則把多元文化主義視為是一種革命的工具。

前述的後一種立場，把多元文化主義與批判教育學聯繫在一起。史莉特（Christine E. Sleeter）的著作《多元文化教育作為一種社會行動主義》（*Multicultural Education as Social Activism*），正是聯繫兩者的佳作。她認為多元文化教育應該被「理解為對學校教育主流支配模式的抗爭，特別是針對白人霸權的抗爭。」[44]

多元文化論者認為過去少數團體之所以被漠視，是因為主流團體掌握了文化再製的機構，如學校、博物館、大學、出版社等；少數團體只能在圈內口耳相傳。多元文化論者認為此一時代已過，少數團體的聲音必須解放，使其故事能成為所有人共享的遺產。除此之外，多元文化教育也是一種運動，目的在矯正過去社會、經濟和政治上的不義。

女性主義

有些人覺得教育中的女性主義，也是批判教育學的一個支流。畢竟，婦女及其關心的重點，在一個以男性主導的社會中，並沒有獲得公

平的對待。女性主義者不僅致力於課程改革、開拓婦女研究之領域，而且也致力於增加女性進入教育的權力結構。

　　當女性主義關心教育領域中有關再現、權力等之議題之餘，部分擁護者認爲應把女性的經驗、價值、責任、活動等整合到課程之中。諾丁（Nel Noddings）在《學校中關懷的挑戰》（*The Challenge to Care in Schools*）一書中，嘗試運用反映婦女母職實踐及女性意識的關懷倫理學來重構教育活動。[45] 簡言之，女性主義者很敏銳的感受到人際關係、美感經驗、情緒在學校教育的知識建構中所扮演的角色，而女性主義者也期待這份關注能在教育經驗中占有更大的位置。*

---

*　女性主義一詞源於19世紀的法國。不過，今天「女性主義」一詞可能已隨著不同人而賦予多樣化的意義。即使是在學術圈，對某些人而言，稱某人爲女性主義者，有時也帶有某種貶意，認爲過於強調女性的主體地位，造成兩性之間的緊張……，不一而足。事實上，女性主義的發展，正是由於部分的人們在主觀上感到男女不公平，而儘量去尋求各種客觀的解釋。女性主義者企圖論證兩性的不平等，不能想當然爾的解釋爲先天男女有別的本質性界定，而是各種人爲制度的因襲成見。女性主義大體上是描述並揭露男女不平等的現象，尋求其後天文化原因，並致力於改善婦女地位，建立平等新社會。女性主義學術的建構是伴隨西方自啓蒙運動及工業革命、資本主義體制以降各種思潮的軌跡，如自由派女性主義、烏托邦女性主義、社會主義女性主義、基進女性主義、精神分析女性主義……，20世紀1970年代以後，後現代女性主義、女同志理論、後殖民、後結構女性主義，乃至生態女性主義等都不斷推陳出新……從性別的生物分析、心理分析、各種相關的法令及社會福利，乃至母職意義、女性生產力、全球化的政經體制所帶來不同國別女性的需求等。各派女性主義的分析，已相當多元與繁複，廣泛的影響20世紀各種人文、藝術及科學領域。因此，各個領域，如果忽略了女性主義的觀點與視野，都將是嚴重的缺憾。

　雖然無論在學術研究或是具體實踐策略上，女性主義的影響都是既深且鉅，但女性主義者都有可能陷入一弔詭。女性主義的發展之初是從反本質的立場，去挑戰兩性分工的刻板印象，爲了要證明女性不輸男性，要先確立平等的原則，這是自由派女性主義的基本立場。不過，女性主義學者逐漸意識到，整個社會的結構及文化，其實是以男性爲主體，這不是抽象的強調男女平等就可竟其功，從「差異」的立場，反而更能突顯女性的境遇，從而可以擬定更適切的婦女政策。因此，在學術上男性vs.女性的各種論述，紛紛出籠，例如女性知識論、科學觀、倫理學、美學等，的確顚覆了傳統學術的既定規準。簡單説來，女性主義學者認爲，傳統的科學與知識論，強調主客體的對立，過度強調理性，排除了感性、直覺在認知上的價值，在倫理學及美學上，也以男性的思考

全球化主義

　　批判教育學的訴求重點不侷限於涉及不同文化間的不公平現象，它也擁護在不同文化、政治單位之間，能重新以一套新視野來建立合乎公平世界秩序的必要性。有些致力於營造全球公民社會的學者疾呼，國與國之間應放棄不當競爭所導致偏頗病態的破壞現象，諸如環境汙染、貧富差距、戰爭等等。[46]

行為主義

背景

　　20 世紀中葉以來，影響教育最深遠的莫過於行為主義。行為主義本來只是一個心理學領域的理論，然而它超越了心理學的範圍，而發展成一個全面的教育理論。行為主義作為一種教育立場，被一些珍視科學

作標準，排除了女性的經驗。一言以蔽之，女性主義者企圖從女性的認知與經驗出發，企圖建構另類的文明。雖然，這些女性主義學者很小心翼翼的不陷入本質論的窠臼，但是，這些重視女性主義經驗的學術論述，很難不落入本質論的指控。因為當強調女性的主體經驗時，極易再製了傳統性別的角色。晚近學者們，也儘量避開這種性別二元式的對壘，如何從差異的立場，適度的男女有「別」，從中發覺出多面相的議題，就成為女性主義學者們近年來努力建構的重點。也因此，女性或兩性也逐漸被「性／別」一詞所替換，以代表更多元的意義。女性主義的訴求，已逐漸成為教育的重點，近年來，國內兩性教育或性別教育，已被高唱入雲。女性主義學者視教育為一種轉換的重大力量。經由教育，在近程上，破除傳統性別的刻板印象，不至於再製傳統性別分工，女性主義學者去審視課程、教材，發現教育極易成為傳統性別分工的打手，「爸爸早起看書報，媽媽早起忙打掃」之內容，應該澈底揚棄；在中程上，女性主義學者更強調要把各式性／別剝削的事實，予以揭露，使學生持性別警覺的立場，去審視有關性別涉及的人權、公私領域資源分配等議題；在遠程上，重新打造各種多元邊陲的聲音，轉換成積極的力量，融入課程教材中，使同志、單親……等有別於傳統甜蜜家庭的多元家庭也能成為主流的一環，不致成為異性戀主流價值下的邊陲，真正促成多元性／別平權社會的到來。

方法與所謂「客觀性」，自喻為「現代人」的學者所重視，就好像商業社群重視看得到的價值、立即性的結果、效率與經濟一樣。

行為主義主要根源於三種意識型態。第一是哲學上的實在論。行為主義特別重視實在論的「自然律則」。人，在行為主義的眼中，是自然的一部分，所以是依照自然的律則運作。至於實體，不是行為主義重視的對象。簡單說來，行為主義著重在有機體的探討，包括人類在內。他們希望發現人類行為的通則，以為掌握人類行為的技術奠基。

第二是實證論（positivism）。[47] 實證論是由法國社會學家孔德（Auguste Comte, 1798-1857）所提出。孔德將人類知識的歷史發展分成三個階段，各代表了人類不同的思考過程。最原始的階段是神學階段，人們企圖以精神或神來解釋事物；第二階段是形上學階段，人們以本質、成因、內在原則等來解釋事物，哲學的知識正是此種類型；第三階段是實證階段，人們重視觀察與可測量的事實。孔德企圖發展一個社會的科學，行為主義的學者承襲了這一立場，他們反對任何不能測量的本質、情感、內在成因等等。[48] 行為主義的方法論是以實徵的檢證為核心。

第三個行為主義的根基是唯物論（materialism）。唯物論的理論要旨是以物質與運動的律則來解釋實體，它反對任何訴諸心靈、精神、意識的信念。這些在唯物論看來，只不過是前科學時代的糟粕罷了。

俄國心理學家巴夫洛夫（Ivan Pavlov, 1849-1936）的制約反應實驗，為行為心理學發端。巴夫洛夫發現，透過食物與鈴聲的配對，可以使狗聽到鈴聲就流口水。行為學派之父華生（John B. Watson, 1878-1958）承襲了巴夫洛夫，認為人類的行為是一種制約反應，他認為心理學應該停止對人類思考、感覺的研究，轉而重視人類行為的研究。對華生而言，環境塑造了人類的行為。他曾說，給我一打健壯的孩子，我將能使他們日後成為工程師、律師、醫生等等。華生這種極端的看法，被「教育萬能論」的學者所宗。

　　當然，影響行為學派最鉅的仍算是史欽那（B. F. Skinner）。史欽那將行為主義澈底的帶入教育領域內，行為塑造（behavior modification）、教學機（teaching machines）、編序學習（programmed learning）等都是具體的例子。他的重要著作如《科學和人類行為》（*Science and Human Behavior*, 1953）、《超越自由和尊嚴》（*Beyond Freedom and Dignity*, 1971）（臺印本名為《行為主義的烏托邦》），以及《桃源二村》（*Walden Two*, 1948）。或許在《桃源二村》中所建構的行為主義的社會烏托邦，是他最深遠的影響。史欽那也是 20 世紀最受爭議的思想家之一，他拒斥了傳統賦予人類自由與尊嚴的概念，並且也指出少數人得以控制大多數人的事實。這種情形就像是歐威爾（George Orwell）在《一九八四》一書中所描繪的情景。然而，史欽那正視了人類受制於環境的事實，他希望能運用行為技術的各種原理原則塑造人類，使人類得以在日益複雜科技的律則影響中，盡最大的機會存活，而不是讓此律則恣意影響人類。以此觀點，行為技術操縱人類，仍有其積極意義。

　　從以上對行為學派淵源簡短的討論中，我們可以看出行為學派實植基於自然科學的假定中。行為主義學者企圖去發展人的科學。然而，史欽那卻指出，「行為主義不是人類行為的科學，而是人類行為科學的哲學。」[49] 史欽那提醒我們認清一點，即所有的科學都有其哲學假定，而此一假定有助於理論的形成，但也會限制其發展。所以，基督教師想要落實任何理論於教育實務時，必須先認清這些理論之假定所在。

行為主義的教育原理

人類雖然是高等發展的動物，但一些基本的學習方式與動物無異

　　對行為主義而言，人類不在自然之上，也不在自然之外。人也無涉於超自然的存有（神），人是自然的一部分，而不是自己自成一格。史欽那說：「在每個人的肌膚之下，都涵蓋了宇宙的一小部分。所以，人的身體沒有什麼特別之處，因為他就在自然之中。」[50] 人是複雜的自

然有機體,是動物國度的一部分,沒有所謂特別的尊嚴或自由。行為主義同意進化論的論調,並以此作為心理學研究的架構。

行為主義的心理學就是要掌握行為的律則。所有的動物都有相同的律則,所以科學家可以透過較低等的動物,像兔子、鴿子等來發現人類學習行為的規則;根據對動物的實驗,來改良教學的技巧,以適用於人類。

教育是行為工程的過程

依照行為學者的觀點,人類的行為受制於其環境。當他們做了一些事,經由增強而強化,經由處罰而消弱,這種正負增強塑造了人類的行為。所以透過對環境增強的布置,就可以塑造人類的行為。教育正是要創造有利的學習環境,以塑造可欲的行為。學校教育或是其他教育機構正可視之為文化的設計者。

> 行為主義的心理學就是要掌握行為的律則。所有的動物都有相同的律則,所以科學家可以透過較低等的動物,像兔子、鴿子等來發現人類學習行為的規則;根據對動物的實驗,來改良教學的技巧,以適用於人類。

史欽那以及其他行為學者都認為環境的制約與設計是教育和學校的一部分,他們更關切運用學習的律則去掌握個體,從而提升人類生活的品質,延續人類的生命。[51]

教師的角色是創造有利的學習環境

史欽那等心理學家多年來一直呼籲教室實際的改進,史欽那指出大多數的學校最缺乏的就是正增強的提供。傳統教育傾向於應用嫌惡的控制型態,例如,體罰、申斥、多量的作業、強制勞動、撤回權利,以及打擊學生信心的考試。其實,只要運用良善的正增強,就可以免除學校令學生嫌惡的情境,從而使學生不致在學校作白日夢、打架滋事,甚或逃學、輟學等。

史欽那主張,學生日常生活的學習,是經由他們行動的結果。老師的任務就是要布置良善的學習情境,當學生出現可欲的行為時,即給予

正增強。未獲增強的行為，在控制的環境中，會逐漸的消弱。

歐茲曼（Howard Ozmon）和卡雷佛（Sam Craver）曾經歸納了在教室中行為塑造的流程，值得引述：

> (1) 界定可欲的行為，以及何者是待改變的行為，並確定測量的方法；(2) 排除足以干擾學習環境的刺激，布置最適合學習的環境；(3) 當可欲行為出現後，選擇適當的增強物；(4) 當可欲行為出現時，必須立即增強，才有助於行為的塑造；(5) 當可欲之行為已有初步的型態時，逐漸減弱增強的次數；(6) 評估結果，以及對未來發展的再評估。[52]

由以上的摘述中可以看出，行為主義心目中有效的學習環境，包括行為目標與正增強的提供兩大核心概念。為了幫助老師在教授複雜量多的課程時，也能夠隨時運用增強原則以維持學生學習興趣，史欽那以及其他行為學者致力將教材編成連續性的小單元，學生完成這些單元目標後，即可立即獲得增強。盡可能的把教材細分化，學生在完成每一個單元的過程就會縮短，那學生就可獲得更多的增強。教學機與編序教學都是行為主義學者循上述理念應用在教育上的具體成果。

教育的核心價值應建立在有效、經濟、精確與客觀之上

上述的價值一則是導因於行為主義學派的哲學觀，再則也受到商業重客觀實效的影響，使學校並存於此現代文化下。行為技術應用在系統處理、廣告與銷售上成效卓著，這使得商界希望學校能運用行為主義之技術以儲訓人才，也促使教育學者更重視「績效」（accountable）。績效責任運動（accountability movement）正是希望能以學習者的成果作為指標，賦予教學工作重任。這種觀點使學校工作者更為重視商業處理

技巧，也刺激人們以客觀量化的方式去評估學校教學成果。*

對行為主義最嚴厲的批評是他們把教育的過程看得太簡化了，並且等同了教育與訓練操弄的意義。適用於商場上的技巧，對完整的兒童教育而言，仍嫌不足。

教育的無政府主義：反學校宣言 [53]

至 1970 年止，西方教育學者大致同意，2,500 年來，以及近 150 年來的各種教育改革中，學校教育對啓智大眾的功能所在。然而，1970 年代卻另有一種教育方案超出了教育改革的範圍，進入了教育革命的領域。首先是由伊利希（lvan Illich）出版《沒有學校的社會》（De-schooling Society）一書發其端。伊利希的社會秩序立場是「反機構化」（anti-institutionalism）與「反建置化」（disestablishment）。他認為「機構化」會壟斷了其他有利的機會與服務，而採取一種固定的方式去滿足人類的需求。

伊利希認為學校制度是人類美好生活的敵人，它教化所有年輕人誤以為機構的模式是一個理想的形式，他說：

> 學生被「學校化」（schooled）了，以至於把教與學、年級提升與教育、文憑與能力、口才便捷與創意能力，全混淆了。學校化後的學生在思考問題時，不是基於其價值，而是

---

* 我國近年來追求「百大」，教育部也是以類似的觀念去追求大學卓越，「五年五百億」，即為顯則。論者也指出，過度從績效責任的角度看待教育成效，也會扭曲了教育的本質，批判教育學的部分學者認為教育追求績效，可能會複製了資本主義、全球化主義的商業邏輯，不可不慎。而在全球化的競爭下，其實也就是向西方強勢文化看齊，可能會喪失文化的主體性，同學們可以此省思教育現貌。

根據所受之服務。學生們誤將醫療服務等同於健康保健，社
會工作等同於社區生活之改善，警政工作等同於人身安全，
軍事防衛等同於國家安全，激烈競爭等同於生產工作。[54]

反學校化宣言要求廢止學校的建立，並取消所謂的「義務教育
法」。伊利希等贊同建立一種「教育憑證」（vouchers）*或是「助學
金制度」（tuition grants），如此教育的經費可以直接有助於受益人，
受益人也可以決定應如何花費這些錢，以獲得他們所需的知識。伊利希
對於一個良善的教育體制，有如下的描述，他說：

> 教育制度有三個主要目標：第一，它應提供管道，讓所
> 有想學的人，都能在他們一生的任何時刻獲得有用的資源；第
> 二，要使所有希望與他人分享自己知識的人，都能找到想從
> 他們那裡學到知識的人；第三，要使任何想要提供一己洞見
> 者，皆有機會提出其觀點。[55]

> 反學校化宣言要求廢止學校的
> 建立，並取消所謂的「義務教
> 育法」。

在沒有學校的社會中，為了使人們能
得到教育，伊利希建構了他所謂四個「學習
網」（learning webs），或是「教育網絡」
（educational networks）。透過這些網絡，學

---

* 伊利希「教育憑證」之觀念，是指在沒有學校的社會，可以考慮核發，人們利
用此一教育憑證而進入各種學習中心或向特定的人學習。近年來，美國由於公
立學校績效不彰，不敵私立學校，但是私立學校收費昂貴，並非每人都唸得
起。有部分學者也提出「教育券」（voucher）的理念，意指由政府發給人民教
育券，一般人可據以抵付私立學校的高額費用，符合人民自由選校的理念。在
1990年代的蓋洛普教育民意測驗中，都有關於教育券的民意調查結果。一般而
言，由於涉及種種財稅問題，並未普遍實行。其意義與伊利希「教育憑證」之
用語，並不完全一樣。

習者將能與教師、其他學習者及學習工具接觸。伊利希認爲這些學習網絡有助於教育目標、技術交換、同儕相互配合，也最有利於服務教育工作者。*56

伊利希等認爲，反學校宣言是解決社會教育問題及社會不公平的良方。不過，批評者卻認爲該方案根本是「空想」（pipe dream），認爲伊利希根本就是一個神祕主義者。

迄 1990 年代，反學校化聲音並沒有進一步擴大。我們之所以仍在此加以討論，是因爲這仍是教育實施的可能方式之一，而且反學校化理念未來也有可能再度復甦。

在家教育

「在家教育運動」是 1990 年代及千禧年之後最爲蓬勃發展的教育現象之一。根據全美家庭教育研究院（National Home Education Research Institute）的調查，在 2002-2003 學年間，全美從幼兒園到高中學生（K-12）中，有 170-250 萬左右的學生是接受在家教育（約占 K-12 全部學齡生的 3-4% 左右）；三年前，大概是 130-170 萬之間；1994 年

---

* 伊利希所提的四種教育網絡是：(1)教育用品服務網絡；(2)技能交換網絡；(3)夥伴選配網絡；(4)專職教育工作者網絡。大體上，伊利希認爲現有的學校制度，不僅花費不在刀口，而且也型塑了資本主義科技社會的消費導向，從而造成惡性循環，科技愈進步，導致的專業分工，反而疏離了人們對科技的掌握，使技術永遠爲優勢者所掌控，學校教育已成爲文憑的追逐。學習網絡的概念，正可以扭轉此一現象，它可使錢眞正花在刀口上，作更有效的運用。同時，提供更恰當的技術給人們，在此種模式下，人們不會追逐對學校的虛假依賴，也不會在日益進步的科技中失去了自我，而能眞正掌握技術，重構人類幸福的遠景，澈底的從科技的異化中走出。千禧年之後，E化時代澈底來臨，伊利希的許多觀點都已反映在當今的網路世界裡，至於能否從科技的異化中走出，恐怕未必。

僅有 100 萬左右的學生是在家進行教育。在家教育已是美國最快速成長的教育方案之一。[57]

雖然擁護在家教育的學者和家長由於其子弟的需求而反對制式的學校教育，不過，在家教育運動卻也不是直接受到「反學校化」理念的影響，並不受伊利希激進的反機構論的理念所左右。在家教育論者毋寧是希望保有一個有別於學校，由家庭掌控教育的課程選擇，以維繫其形上學、知識論、價值論的特定立場。

許多在家教育的實行者是基督教徒，但父母們選擇在家教育有許多的原因，不僅僅只是宗教因素。其中的重要因素是父母可掌控對孩子最好的課程進度，可據以根據子弟個人的特性來安排學習，較諸學校更為有效。當然，許多人也會視安排同儕影響為在家教育的主要優點。

在家教育人士會串連各地所支持的團體，共享彼此的活動與經驗。由於在家教育快速成長，部分市場人士也鎖定相關的教育需求，擴展商機。

評論與前瞻

本章所介紹的各種教育理論與第 3-5 章的哲學研討不盡相同，教育理論通常是由實際教育問題所促發，而不是經由哲學問題。所以，雖然每一個教育理論都植基於形上學、知識論與價值信念，但是教育理論家們並不用哲學用語來說明。教育哲學的功能之一就是要喚醒每一位教育工作者認真的去檢討教育理論背後的哲學假定，並提供教育工作者一概念工具去評估這些理論。唯有經由哲學來檢視這些理論，基督教育工作者才能將之與基督教世界觀加以比較，進而在基督教的立場上吸納這些教育理論的優點，從而發展基督教育哲學。

當代的教育理論已經改變了 20 世紀的教育面貌。由於浮現了這些

理論，才在文獻上及學校裡出現許多教育的論戰。教育理論，無論是在專業學界，或是一般大眾，都普遍的帶動了許多教育實驗。

懷德海（Alfred North Whitehead）曾經說過，西方的哲學都只不過是柏拉圖的註腳——不論是贊成他，或反對他。同樣地，在 20 世紀教育理論裡，進步主義所致力的教育立場實居於核心，它引起了各種對教育基本問題與教育實務不同的探討。而且，由於進步主義的催化，當代教育理論已不限於在學院裡的學術探討，它也吸引了大眾的普遍關切。教育理論家們所關切的各種教育觀念與實務，深深的吸引了大眾。

在此不擬一一從基督教的觀點評述每一教育理論，因為這些理論植基的哲學立場，前幾章業已評論。不過，仍有一些重要的觀察，值得在此提出。從基督教觀點來看，幾乎絕大部分的教育理論對於人類本性及社會窘境的設定都不精準。行為主義導向的理論認為人是高度進化或正在進化的動物。多數進步主義—人本主義取向的教育則歌頌人待開展的內在善，不宜過度利用外在力量干預。這些立場對於人類乖張的本性，或是原罪及墮落的結果，都沒有加以說明。

許多理論也都認為只要教育工作者建立「適當」的社會或教育情境，人類有潛力自行解決其問題。這種自然主義式或人類中心式的預設直接正面挑戰基督世界觀。基督教認為是神，而不是人，才能解決現世地球的問題。

或許，問題的根源在於人們普遍相信當代的社會狀態和人類本性是正常的。然而，恰恰相反，基督教認為當代的社會秩序以及未重生（在此是基督教的術語）的人並非常態，有賴轉化與回復墮落前的情形。簡而言之，基督觀與大部分的世俗教育理論不同的是，不管人類如何操弄教育和社會環境，人類無法靠自己解決自身問題。聖經的立場是神會再度降臨人類歷史，以拯救人們。聖經這種對人世問題及人類本質的看法，基督徒們用於評估各教育理論，以及致力發展基督視野時，都應該加以考量。

　　讀者可能已留意到，每一個教育理論對於人性、教育及社會的看法，都掌握了一些真理。讀者也能體認，正是這些與日常生活息息相關的諸觀念與實踐，使得教育理論在學校教育及教育場域中能持續對話，發揮影響力。然而，這些教育理論只有在其基本設定為真的前提，才是真的。只要它們的基本假定為真，當然也能為基督教育帶來實踐的生機。

　　基督教育工作者的任務之一，是要用基督哲學的觀點來評價一般教育理論的假定，從教育哲學家及教育理論家所發掘有助益之處，來發展個人的教育理論觀。這項結論不是要大規模的採用某一理論，而是要建立基督哲學立場的基督教育理論。第三篇將試著提出一種基督教取向的教育觀。不過，在此之前，先讓我們檢視一下分析哲學在教育扮演的獨特角色。

⊙ 討論問題

一、進步主義、人本主義對基督取向的教學觀最重要的貢獻為何？

二、時序邁入 21 世紀，永恆主義最彌足珍貴的是什麼？最跟不上時代的是什麼？

三、請說出你對精粹主義的第一印象？基督徒對傳統精粹主義者規劃的課程，最可能增加哪一項精華？

四、請省思重建主義、未來主義，批判教育學等之主張，這些主張與聖經立場契合之處為何？有什麼缺失？

五、行為主義最穩固的優點為何？問題何在？

六、請比較及對照反學校化及在家教育運動的主張。

七、請列出各家教育理論與聖經教育哲學最相容之處。

ⓔ 註釋

1. 有關進步主義在教育的發展史，見於 Lawrence A. Cremin, *The Transformation of the School: Progressivism in American Education, 1876-1957* (New York: Vintage Books, 1964).

   也見 Arthur Zilversmit, *Changing Schools: Progressiue Education Theory and Practice, 1930-1960* (Chicago: University of Chicago, 1993).

2. Allan C. Ornstein, *An Introduction to the Foundations of Education* (Chicago: Rand McNally College Publishing Co., 1977), p.204.

3. Kathe Jervis and Carol Montag, eds., *Progressive Education for the 1990s: Transforming Practice* (New York: Teachers College Press, Columbia University, 1991), p.xi.

4. John Dewey, *The School and Society*, rev. ed. (Chicage: University of Chicago Press, 1915), p.37.

5. John Holt, *Freedom and Beyond* (New York: Dell Publishing Co., Laurel Edition, 1972), p.10.

6. Herbert R. Kohl, *The Open Classroom: A Practical Guide to a New Way of Teaching* (New York: New York Review, 1969), p.20.

7. Jonathan Kozol, *Free Schools* (Boston: Houghton Mifflin Co., 1972), p.14.

8. Bonnie Barrett Stretch, "The Rise of the 'Free School'," in *Curriculum: Quest for Relevance*, 2d. ed., ed. William Van Til (Boston: Houghton Mifflin Co., 1974), p.113.

9. William Glasser, Schools Without Failure (New York: Harper & Row, Perennial Library, 1975), p.14, 25-26, 232; William Glasser, *Reality Therapy: A New Approach to Psychiatry* (New York: Harper & Row, Perennial Library, 1975), pp.15-18.

10. 羅馬天主教的學者馬瑞坦在《教育的十字路口》中曾經指出，進步主義是方法有餘，而目的不足（12-14 頁）。值得注意的是永恆主義的另一健將阿德勒在 1982 年的《派代亞宣言》中，比其他永恆主義學者稍微推崇了杜威的貢獻。不過，阿德勒對進步主義的參考，仍僅在於選擇有助於拓展其學說要旨的觀點。

11. Robert M. Hutchins, *The Learning Society* (New York: New American Library, 1968), p.165.

12. See Mortimer J. Adler, *The Paideia Proposal: An Educational Manifesto* (New York: Macmillan Publishing Co., 1982); Mortimer J. Adler, *Paideia Problems and Possibilities* (New York: Macmillan Publishing Co., 1983); Mortimer J. Adler, ed., *The Paideia Program: An Educational Syllabus* (New York: Macmillan Publishing Co., 1984).

13. Hutchins, *The Learning Society*, p.114.

14. Robert M. Hutchins, *The Conflict in Education* (New York: Harper and Brothers, 1953), p.68.

15. Hutchins, *The Higher Learning in America*, p.66.

16. Mortimer J. Adler, "The Crisis in Contemporary Fducation," *Social Frontier 5* (February 1939): 144.

17. 見赫欽思《高等教育在美國》，78-79 頁。不過，偉大經典的研讀是在高等教育層次，而不是在小學。即使永恆主義學者很熱衷在大學與高中階段倡議閱讀經典，在阿德勒的《派代亞宣言》中，仍然指出在數學與文法等的學習中，以教科書作爲一種學習工具仍然是必須的。

18. 引自 Henry J. Perkinson, *The Imperfect Panacea: American Faith in Education, 1865-1976,* 2d ed. (New York: Random House, 1977), p.93.

19. National Commission on Excellence in Education, *A Nation at Risk: The Imperative for Educational Reform* (washington, DC: U. S. Government Printing Office, 1983), p.5.

20. lbid., p.24.

21. 這些驚人的觀點，實受到晚近回到基本運動的鼓舞，見 Beatrice and Ronald Gross, eds., *The Great School Debate: Which Way for American Education?* (New York: Simon & Schuster, 1985); William W. Wayson et al., *Up from Excellence: The Impact of the Excellence Movement on Schools* (Bloomington, IN: Phi Delta Kappa Educational Foundation, 1988).

22. Jerry Falwell, *Listen, America!* (Garden City, NY: Doubleday & Co., 1980); Tim LaHaye, *The Battle for the Mind* (Old Tappan, NJ: Fleming H. Revell, 1980); James C. Carper, "The Christian Day School," in *Religious Schooling in America*, eds., James C. Carper and Thomas C. Hunt (Birmingham, AL: Re-

ligious Education Press, 1984), pp.110-129.

23. E. D. Hirsch, Jr., *The Schools We Need and Why We Don't Have Them* (New York: Doubleday, 1996), pp.58, 2.

24. E. D. Hirsch, Jr., *Cultural Literacy: What Every American Needs to Know*, updated and expanded ed. (New York: Vintage Books, 1988), p.xiii; Hirsch, *The Schools We Need*, p.13.

25. Christopher J. Lucas, ed., *Challenge and Choice in Contemporary Education: Six Major Ideological Perspectives* (New York: Macmillan Publishing Co., 1976), p.14.

26. George F. Kneller, *Introduction to the Philosophy of Education*, 2d ed. (New York: John Wiley & Sons, 1971), pp.60-61.

27. George S. Counts, *Dare the School Build a New Social Order?* (New York: John Day Co., 1932), pp.28-30.

28. Lucas, *Challenge and Choice in Contemporary Education*, p.326.

29. Counts, *Dare the School Build a New Social Order?* p.28.

30. Theodore Brameld, *Education for the Emerging Age* (New York: Harper & Row, 1961), p.25.

31. Alvin Toffler, *Future Shock* (New York: Random House, 1970), p.353.

32. Ibid., p.354.

33. Ibid., p.357. For more on Toffler's educational ideas, see Alvin Toffler, ed., *Learning for Tomorrow: The Role of the Future in Education* (New York: Vintage Books, 1974).

34. 比較 George R. Knight, "The Transformation of Change and the Future Role of Education," *Philosophic Research and Analysis*, 8 (Early Spring, 1980), pp.10-11.

35. Alvin Toffler, *Power Shift: Knowledge, Wealth, and Violence at the Edge of the 21st Century* (New York: Bantam Books, 1990), p.360.

36. Harold G. Shane, *The Educational Significance of the Future* (Bloomington, IN: Phi Delta Kappa, 1973), pp.83-91.

37. See, e.g., Jose Miguez Bonino, *Doing Theology in a Revolutionary Situation* (Philadelphia: Fortress Press, 1975); Gustavo Gutiérrez, *A Theology of Liberation: History, Politics, and Salvation*, rev, ed. (Maryknoll, NY: Orbis Books,

1988); James H. Cone, *A Black Theology of Liberation*, 2d ed. (Maryknoll, NY: Orbis Books, 1986).

38. Peter McLaren, *Life in Schools: An Introduction to Critical Pedagogy in the Foundations of Education*, 3d ed. (New York: Longman, 1998), pp.183, 186, 188, 189; cf. Kincheloe, *Critical Pedagogy Primer.*

39. Ibid., p.xiii, See also Giroux, *Pedagogy and the Politics of Hope*; Ira Shor, *Empowering Education: Critical Teaching for Social Change* (Chicago: University of Chicago Press, 1992).

40. Kincheloe, *Toward a Critical Politics of Teacher Thinking*, p.48.

41. Giroux, *Pedagogy and the Politics of Hope*, p.221.

42. Howard Ozmon and Sam Craver, *Philosophical Foundations of Education*, 7th ed. (Upper Saddle River, NJ: Merrill Prentice Hall, 2003), p.222。本書已由劉育忠譯出，《教育哲學》（五南，2007 年出版），本著也算是代表性的美國教育哲學教科書。

43. Zahorik, *Constructivist Teaching*, pp.11-12.

44. Christine E. Sleeter, *Multicultural Education as Social Activism* (Albany, NY: State University of New York Press, 1996), p.2.

45. Nel Noddings, *The Challenge to Care in Schools: An Alternative Approach to Education* (New York: Teachers College Press, Columbia University, 1992).

46. 有關全球化主義對教育的討論，見 Joel Spring, *Education and the Rise of the Global Economy* (Mahwah, NJ: L. Erlbaum Associates, 1998); Joe Spring, *How Educational Ideologies Are Shaping Global Society* (Mahwah, NJ: L. Erlbaum Associates, 2004).

47. 有關實證論的部分，將在第 7 章詳細介紹。

48. 有些作家批評行爲主義建立在實證知識的基礎上，誤導了人們致力於技術的假相中。

49. B. F. Skinner, *About Behaviorism* (New York: Vintage Books, 1976), p.3.

50. Ibid., p.24.

51. 行爲主義的批評者也不懷疑這種行爲工程的力量，他們關切的是到底是誰掌握了環境的控制者。

52. Howard Ozmon and Sam Craver, *Philosophical Foundations of Education* (Columbus, OH: Charles E. Merrill Publishing Co., 1976), p.149.

53. 我在這裡借用了歐尼爾（William F. O'Neill）所創用「教育的無政府主義」之名稱。歐尼爾說：「教育的無政府主義之觀點，在於支持廢止所有機構對於人類自由的枷鎖，作爲一種方式使解放後的人類潛能得以完全的展現。」（*Educational Ideologies: Contemporary Expressions of Educational Philosophy* [Santa Monica, CA: Goodyear Publishing Co., 1981.], p.287）無政府主義者視外在的政府是邪惡的溫床，這種外在的控制一旦廢除，一切就會美好。由上可看出，歐尼爾所界定的教育的無政府主義之名稱，頗能代表伊利希的反學校化宣言。

54. Ivan Illich, *Deschooling Society* (New York: Harper & Row, 1970), p.1. 也可參考 Ivan Illich et al., *After Deschooling What?* (New York: Harper & Row, Perennial Library, 1973)，從許多不同的觀點評論反學校化宣言。

55. Ibid., p.75.

56. Ibid., pp.76-79.

57. 資料來自 National Home Education Research Institute (www.nheri.org).

chapter 7

分析哲學與教育

分析哲學可以看成是對傳統哲學目標與方法的一種反動，它並不是一個哲學派別，而是強調「做哲學」（doing philosophy）的一種取向。在 20 世紀，這種取向的哲學盛行英語系世界。影響所及，在英倫與美國，許多學者都以分析哲學之觀點去討論哲學與教育之問題。

分析哲學在教育哲學的影響力於 1960 年代到 1970 年代達到高峰。1980 年代，受到新哲學思潮的衝擊，分析的教育哲學開始走下坡。由於受到 1960、70 年代的強勢影響，分析的方法在教育哲學領域中，依然有其著力之處，學子們仍然熟悉分析的原理與方法論。當然，正用或誤用的情形，也屢見不鮮。

本章首先要檢視分析哲學的歷史發展。接著，我向讀者簡單介紹 1980、1990 年代，分析哲學的修正趨勢。

哲學的分析運動

分析哲學運動，並不像我們曾經提到的觀念論或實用主義，它並不是一個系統的哲學。分析哲學對於形上學、知識論或價值論的陳述並不感興趣，相反的，它認為傳統哲學這種寬廣、不著邊際的陳述適足以

造成人們觀念的混亂。分析哲學家們聲稱，傳統哲學所探討的問題，如終極實體、眞理、價值等問題並不是眞正的問題，而是語言和意義之誤用所造成。由於語言使用的不精確與意義的曖昧，乃造成了哲學混淆的根源。我們許多哲學上之問題，正是由於對語言使用的「輕忽」（sloppy）。

因此，分析哲學家們所採取的路線與思辨式的（speculative）、規範的（prescriptive）與綜合式的哲學立場截然不同。他們並不發展哲學理論。[1] 分析哲學家們彼此的看法也並不一致，他們共同關注的是語言的邏輯探究與語言誤用的情形。他們共同的主題可以用「澄清」（clarification）一詞代表之。維根斯坦（Ludwig Wittgenstein）在《邏輯哲學論叢》（*Tractatus Logico-Philosophicus*）此一名著裡，也揭示了分析哲學之目標：

- 哲學的目標是在於對思想的邏輯澄清。
- 哲學並不是一組學說，而是活動。
- 哲學工作的要義在於闡明。
- 哲學並不是要產生許多哲學命題，而是要去澄清命題。
- 哲學思想不應是曖昧不清的，其工作正是要使之清楚，並且清楚界定哲學範圍。[2]

> 分析哲學家們彼此的看法也並不一致，他們共同關注的是語言的邏輯探究與語言誤用的情形。他們共同的主題可以用「澄清」（clarification）一詞代表之。

許多分析哲學家們認爲，純粹知識是科學的工作，而非哲學。哲學的角色應定位在批判式的澄清之上。

就某一角度而言，分析哲學遠溯自希臘時代。蘇格拉底就已經非常注意術語與概念的正確了解，亞里斯多德也擅於清楚界定其所用的字；但從另一方面而言，分析哲學是

20 世紀的特有現象。或許，兩者的區別在於方法與目的。在 20 世紀前，分析是澄清語言的方法，其目的在使哲學命題能被了解。所以，他們重視語言的使用，以便能更有意義的描述實體、真理等。晚近的分析哲學則不然，他們將語言本身的正確使用即視為目的，並不製造哲學命題，而專注在對別人所下陳述的澄清。

當代的分析哲學深受語言分析（linguistic analysis）與實證論（positivism）的影響。語言分析於 20 世紀初在英倫發展。羅素（Bertrand Russell）和懷德海（Alfred North Whitehead）在 1910-1914 年出版了三鉅冊之《數理原則》（*Principia Mathematica*），二氏將數學還原成一種邏輯語言。他們認為數學具有清楚的邏輯特性，而一般語言的使用卻不然。

另一位英倫的學者摩爾（George Edward Moore），所走的路線與羅素、懷德海二氏不同，他認為語言分析的對象應該是日常的語言和一般常識，而不是科學數理語言。

當然，影響分析哲學最大的，仍首推維根斯坦，他在 20 世紀初出版的《邏輯哲學論叢》，受到其老師羅素的影響。而維根斯坦也影響到了維也納學圈（Vienna Circle）的實證哲學家們。

分析哲學的另一個淵源是實證論。19 世紀法國實證論者，在孔德（Auguste Comte）的領導下，認為知識應建立在感官及客觀科學的探究之上。所以實證論把知識限定在可觀察事實及其相互關係之陳述，而深深反對形上學或者是未能經由實徵檢證之世界觀。這種反對任何超越人類感官之實體的態度，廣泛的影響了當代思潮，諸如實用主義、行為主義、科學自然主義（scientific naturalism）及分析哲學。

> 法國實證論者，在孔德（Auguste Comte）的領導下，認為知識應建立在感官及客觀科學的探究之上。

實證論也成為 20 世紀維也納學圈的重要論點，該集團是由一群對哲學有興趣的科學家、數學家及符號邏輯學者所組成。維也納學圈視哲

學爲一種科學的邏輯，他們的思想模式被稱爲邏輯實證論（logical posi-tivism），學圈的主要目標是企圖爲所有的科學尋求共通的術語系統與概念系統。由於這種立場，使得學圈無法接受傳統哲學的論證。他們一方面致力研究特定科學之語言；另一方面又致力於一般語言之分析，企求能發展出一套共通的科學語言。

　　所有的實證論者都有一個很堅實的假定，那就是人類的觀察能夠對探究的事物保持中立的態度。他們也很重視嚴格的實徵檢證原則。由於過分重視檢證，實證論者排除了任何不能檢證的命題，這也適足構成了其缺失。因爲，事實顯示，有許多科學本身的基本假定，就無法運用實證論者標榜的檢證原則去檢證。

　　我們必須注意，分析哲學是一個哲學運動的統稱，它包含了諸如邏輯實證論、邏輯經驗論（logical empiricism）、語言分析、邏輯原子論（logical atomism）以及牛津學派等。*

---

*　對大部分選習教育哲學的師範生或一般大學生，可能並沒有完整的哲學訓練，不免被這些學派所惑。大體上，分析哲學運動從批評傳統哲學開始，認爲傳統哲學所處理的形上學用語很多失之籠統，無法檢證。例如，柏拉圖說世界是觀念所構成，現象界的種種都是虛幻。分析學者認爲從語言著手，可以發現原來的許多哲學問題都是「假問題」。分析學者把命題分成兩類，第一類是一種約定的符號，例如邏輯、數學等。是源自我們對「1」「＋」等符號之約定，皮阿諾的五大公設即爲例證。易言之，這一類型的命題若遵行其運算的約定意義，或是符合邏輯的推論則爲眞，否則爲僞；另一類型的命題則必須透過實證經驗的驗證，諸如明天是否會下雨，許多自然科學的命題均爲此類。以上兩類命題，都可以判定其眞僞，都具有認知上的意義，這是「邏輯實證」一詞的意義。所謂檢證原則，正是要檢查哲學語句的意義，凡是不屬邏輯、實證兩類命題者，均不具有認知的意義，例如「你應該誠實」（倫理語句），只是表達個人的情緒而已。在邏輯實證論的檢證原則下，許多傳統哲學的內容都被判定爲不具認知意義。很明顯的，這種主張相當獨斷，因爲許多倫理學、美學、宗教等的領域都被排除在哲學領域之外，這使得分析哲學受到相當大的質疑。後期分析哲學逐漸修正了前述主張，他們仍是從語言出發，但是他們並不妄想爲人類語言科學化，而是從人們的日常語言出發，重新掌握語言與實體（reality）的關聯，並重構人類生活的意義，在後期維根斯坦以及英國的牛津學派等，都特別重視日常語言的探究。在1980年代後，諸如女性主義、馬克思主義、詮釋

分析的教育哲學

　　我們從分析哲學發展的背景中可看出，分析哲學在教育上所扮演的角色，迥異於一般哲學學派與教育事業的關係。皮德思（R. S. Peters，一位傑出的英倫教育分析學者）曾經指出，長時間以來，教育哲學一直被認為應該形成一種高層次的導引，以指導教育實務，形成學校組織。[3] 換句話說，傳統的教育哲學（如本書前面幾章所談論的），主要是根據各學派哲學對終極實體、真理與價值本質的探討，來發展及描繪教育的目的與實務。這種立場很明顯的與維根斯坦衝突。維根斯坦在早年的著述中，曾論謂形上學的陳述是「沒有意義的」（nonsense）。

　　討論至此，我們不禁會問，那麼對分析學者而言，到底教育哲學的價值、功能及適用性何在？皮德思曾經指出，分析哲學家們的首要工作是要「用分析的方法……讓教育高層次的導引功能無所遁形（analytic guillotine，直譯為送上分析的斷頭臺）。」[4] 皮德思和其同僚們指出，教育哲學的角色不在於發展新的主義（ism）或意識型態（ideology），而是幫助我們更進一步的了解現存觀念之意義。經由此種澄清，學生、父母、教師、行政人員乃至社會均蒙受其益，教育的過程也會透過不斷的澄清，而變得更有意義。分析哲學家們認為許多教育的問題其實是語言的問題。只要我們解決了語言的問題，我們就能對許多教育問題作更好的處理。

　　分析的教育哲學家們也同樣認為許多教育的陳述是沒有意義的。夏

學、結構主義方法論的拓展，對於日常生活中各種語言的論述所充斥著種種權力的宰制、剝削、歧視等都有嶄新的探討，廣泛的影響社會科學。而隨著電腦科技、認知心理的突破發展，「心靈哲學」（philosophy of mind）也逐漸嶄露其重要性，它結合了神經生理、認知心理、電腦程式，以及語言學的種種知識，重新詮釋人類認識外在世界的歷程，勢必成為21世紀哲學的重心。希望以上的簡要說明，能讓讀者更能體會分析哲學在20世紀承先啟後所扮演的角色。

米爾斯（S. Shermis）曾經以下面的簡單例子說明之，頗能彰顯教育分析的方法，他說：

> 分析學者也許會很留意下面典型的陳述，「教師應該為學生提供真實生活（real-life）經驗」，或「課程應該建立在像真實生活般的（lifelike）情境」。首先，這些陳述應被視為規範性的陳述（prescriptions），表明某人應該如何云云，而不是描述性的陳述（descriptions）。再者，我們應該檢視「真實生活經驗」和「像真實生活般」兩個描述性語詞，並確定其涵義。「生活」（life）一詞意指「人類所有的活動」；然而，在「人類生活中的一項活動是依情況改變動詞的形式（conjugating verbs）」的陳述中，「依情況改變動詞的形式」並沒有被我們當作是人類真實生活中的一項活動，這是因為「文法練習」（grammatical exercises）並不被視為「像真實生活般」。但如果「文法」是「生活」的一部分，它難道不應該被包含在上述兩個規範性的陳述中嗎？*5

　　夏米爾斯的例子說明了有太多訴諸情緒性、模糊的口號（slogans）充斥，反而混淆了有意義、精確的術語。很不幸的，教育也被許多不精確的陳述與口號搞混了。分析哲學家們的努力之道正是要將這些語言、概念與目的加以澄清。

　　從以上的說明我們可以了解，藉著分析哲學澄清的方法，我們可

---

* 在英文中，動詞須依情境或主詞而改變形式，對西方人日常生活而言，當然無日不在使用。不過，並不特別會把文法當成是鮮明的生活方式。作者是要提醒我們，像「真實生活經驗」、「像真實生活般的情境」等語詞，其實概念是不清的。臺灣上個世紀末的「九年一貫課程」、近年來紅得發紫的「翻轉課程」，以及2018新課綱很重視所謂素養或能力等，雖然課程學者做了很多界定，但仍值得從哲學立場加以澄清。

以發現許多陳述或規範是沒有意義的，甚至是誤導的。但是，這只是消極的功能（negative function）。當我們說某某問題根本是假問題時，其實也隱含了積極的意義，只要老師有充分的時間，他也許可以分析出真意義出來。所以，「提供像真實生活般的經驗」（providing lifelike experiences），固然此一陳述顯得模糊，但老師們不需要沮喪而無所適從，可以引發自己更加深入思考如何才能使意義明確。[6]

> 很不幸的，教育也被許多不精確的陳述與口號搞混了。分析哲學家們的努力之道正是要將這些語言、概念與目的加以澄清。

　　以上所舉的例子並不是典型分析哲學的流程，不過因為這是一個簡明的例子，所以我們予以援引。事實上，從事分析，或是讀分析哲學的著作常是艱難乏味的，許多人因而望而卻步。也有人認為這種分析無補實際。但是不要忘記，數學與科學的進步正是建立在不斷的艱辛努力與精確之上，這是進步的必要條件。分析哲學亦然。

　　分析的教育哲學，不僅僅是澄清教育工作者所使用的語言，也澄清教育工作者的一些概念，以及應用這些概念的過程、基本前提、目標等。雪飛爾（Harry Schofield）的《教育哲學導論》一書，是一本典型的分析哲學取向的教育哲學教科書，其內容圍繞著：「教育的概念」、「訓練的概念」、「兒童中心的概念」，以及「目標」、「文化」、「課程」、「博雅教育」、「制約與灌輸」、「價值判斷」、「價值」、「道德」、「自由與權威」等概念。[7]以上的內容構成了該書300頁的篇幅。我不厭其詳的列出該書章節之標題，是希望讀者體會，分析的教育哲學著作與著重「哲學」和「教育」關係的傳統教育哲學取向，或其他非分析取向著作間的個中差異。

　　分析哲學家們不作規範性的陳述，他們不告訴老師或學生應該如何或不應如何，也避免針對教育活動作價值陳述。例如，讓我們設想，許多學校當局會建議六年級學生閱讀麥克里蘭讀物（Macmillan Basal

Readers），分析哲學家們不會作這樣的建議，他的工作是要去檢視學校當局建議六年級學生閱讀麥克里蘭讀物的好處之意義何在？分析哲學家們不會告訴學生，你應該讀書、你應該思考、你應該學習之類的話，他們關注讀書、思考、學習到底是什麼意思，既不規範教育活動，也不作任何價值判斷。一言以蔽之，分析哲學家們希望透過分析而澄清事物。

此外，部分分析學者著力之處，也使教育向前邁進了一步，那就是發展了一套模式，幫助吾人澄清與組織概念。這些模式，有時在特定的「語言遊戲」（language games）* 之中是很好的策略。分析哲學家們所發展的一些理論模式，有助於老師們處理一些特殊問題。因為分析哲學家們發現，科學家們在從事活動前，都會先建構一個理論的模式，他們認為如法炮製也會有益於教學。運用模式，將有助於混沌概念的釐清與教育專業的提升。

分析哲學批判

分析哲學為教育哲學開創了許多新頁：它促使教育工作者更敏銳地審視許多教育術語；為教育研究的專業面提供更精確的基礎；也促成了批判的態度，使教育工作者在面對教育問題、各種口號時，能從既定的成規中走出。教育觀念需要清楚的澄清，過去一樣，未來也一樣，除非我們要使教育專業再淪入定義不清之中。

但是，作為一種教育哲學，如果分析學者們堅持在從事哲學的建構中，「分析」是唯一有意義的方法，那麼分析哲學不可避免的會有下面

---

* 語言遊戲是後期維根斯坦的重要觀念，語言不只是靜態的代表事物之名稱，更代表了許多概念間的關係，也與行動交織在一起。透過語言的這種遊戲，維根斯坦生動的描繪語言之本質。在本文中，作者援引此一術語，主要是用來說明，教育的分析哲學所發展的特定模式或語句，能夠描繪特殊之情境。

的缺失：第一，最廣泛的批評是過度窄化了它自己，這使得它無法滿足
當代複雜社會、生活與教育的需求。卡本蘭（Abraham Kaplan）在《哲
學新世界》一書中，有如下的批評：

> 純粹的理性目標與標準正廣泛全面的影響著我們——
> 科學、真理、信念、觀察、推論。而藝術、美感、道德、政
> 治、宗教，很明顯地，被排斥在這最有勢力方法取向觀點之
> 大門外……對於 20 世紀中葉以降哲學的發展，我深深引以
> 為憾。他們竟然漠視我們周遭生活上的各種問題，戰爭、汙
> 染、國家主義、核能、太空探險……而鑽入純粹科學與數學
> 等智性活動的牛角裡。[8]

分析哲學只重視澄清與精確，而遠離了 20 世紀的重要問題，也有學者
認為，分析哲學根本就規避了哲學上一些最基礎的問題。

第二種批評是分析哲學混淆了哲學的目的與方法。關於澄清與精確
的研究，一般都視之為哲學技術，更深入的話，或可能使哲學家淪為一
高度技術者。我們不僅要詢問分析哲學家們，澄清了混沌之事物後，我
們要往何處去？同時，如果沒有目的的話，那「將從事的事情分析清
楚」是否就比「一開始行動就錯誤」更有價值？美國有名的教育分析哲
學家梭爾提士（Jonas F. Soltis）也曾指出：「或許，系統的混亂尤勝於
浮面的精確。」[9] 卡本蘭告誡我們，哲學精確的代價可能是哲學智慧的
喪失。[10] 關於哲學目的與方法的混淆，韋德（John Wild）有一個妙喻，
他說：「就好像一個人對於玻璃鏡片上的汙點塵埃很注重，而不在乎從
鏡片中可以看到什麼。」[11] 分析哲學，如果只被視為作哲學的唯一模
式，那它與傳統取向的士林哲學也就沒什麼兩樣。士林哲學曾爭論到
底針頭上可站幾個天使，而分析哲學則爭論到底我們應該如何使用「應
該」這個字。[12]

　　我們必須了解，即使哲學家們不去談論形上學與價值論的問題，那這個責任會落在他人身上。社會或物理科學家們，會繼續提出各種有關生命、教育上的陳述與命題。我們絕不能藉著界定哲學探討的範圍，就把人類的基本問題排除。如果哲學家們不從事哲學，會有其他的人來做，哲學的「籠統性」（grand manner）會繼續存在。同樣地，不管有沒有專業哲學家的協助，教育的規範功能也將長存。分析哲學短視地混淆了方法與目的，將使「澄清觀念命題」通向虛無之路，這種哲學立場，負面意義實大於正面意義。

　　第三種批評來自分析哲學本身的形上學與知識論預設。一方面，分析哲學排斥傳統哲學任何訴諸「先驗」（a priori）的假定。但在另一方面，他們又堅持任何有關事實的描述都必須是科學的語言，而這些命題的檢證也必須透過觀察。事實上，這已經說明了它們的形上立場與唯物論（materialism）、實在論（realism）及實證論相符。對這些哲學立場的批評，也同樣適用於分析哲學。

　　由於有這些預設上的盲點，分析哲學在 1970 年代末受到嚴苛的挑戰，批判分析哲學最力也曾受分析哲學訓練的學者如羅逖，他用「鏡子」（mirror）來嘲諷分析哲學，只不過企圖反映實體真實面貌的假定而已。[13]

　　與羅逖類似的是後現代主義解構論者的批評。解構論者揭露了哲學或文本的許多假定，他們指出，分析哲學本身的主張禁不起哲學的分析，因為我們不可能不帶任何假定的從事哲學分析。

　　這些批評又引起批判教育學及女性主義學者對分析哲學的進一步批評，他（她）們認為分析哲學作為一種哲學分析的工具，隱藏著科學及男性霸權的預設，這使得其他無力者被安置於附屬的地位。[14]

分析哲學與綜合哲學的互補

不是所有的分析哲學家們都把分析視為哲學的全部。許多傑出的分析哲學家們都體認到，分析只不過是從事哲學的一種獨特模式，對許多特定的問題，仍有其他模式可資取法。[15] 只不過早期的分析哲學家們並沒有做很好的配合。

或許，要了解「分析」取向與「綜合」（synoptic）取向哲學之關聯，可以看它們如何相交為用。梭爾提士曾經以「並行性」（in tandem）來表示「分析」的與「世界觀」（world-view）取向的哲學兩者的關係。[16] 在此關係中，分析的技術可以用來澄清、更精確化，使綜合的哲學體系更能被掌握與理解。梭爾提士說得好：

> 梭爾提士曾經以「並行性」（in tandem）來表示「分析」的與「世界觀」（world-view）取向的哲學兩者的關係。在此關係中，分析的技術可以用來澄清、更精確化，使綜合的哲學體系更能被掌握與理解。

假如我們把分析比喻為顯微鏡的使用（有些人用得很好，有些人則否），那傳統哲學世界觀的建構，也可比喻為天文學上望遠鏡的使用，其目的仍是澄清宇宙。望遠鏡與顯微鏡功用不同，其顯現的結果也有不同。我們不能以其中一種功能去否定另一種，也無法排除它們合作的可能。我所要說的是，雖然分析哲學有相當的限制，但並不像當代許多教育學者所批評的那麼窄化。換句話說，分析與綜合取向的哲學觀並不互相衝突。在永無止境的哲學探索下，這兩種哲學取向可以根據其有利的觀點加以互補，使吾人對複雜教育過程有更好的概念掌握與理解。[17]

　　分析哲學飽受後現代等之質疑，也促使了一些教育分析哲學家們企圖去把分析及綜合兩立場的教育哲學加以整合。佩瑞特（Richard Pratte）在其《教育哲學：兩個傳統》（*Philosophy of Education: Two Traditions*）一書中，即站在後實證者（post-positivist）的立場指出：

> 教育哲學不能只立基於方法論之上；教育哲學也需要一個規範的基礎。因此，雖然我們提出把教育哲學立基於方法論之上……但這只是個開端，而不是我們最終的目的。教育哲學仍然需要規範的層面。[18]

　　佩瑞特也指出：「分析與規範（也就是綜合的傳統）的傳統，雖被視為是一互為對立的立場，實共同棲息於我們日常生活嘲諷二元論的社會實體上。」[19]

　　這些例子說明了分析哲學家們本身也會勇於革命。用佩瑞特的話，即是「後教育分析哲學規範的復甦。」[20]

評論與前瞻

　　總之，就分析哲學本身來看，它是不完全的。許多分析哲學家們企圖從傳統哲學關注的視野中走出，但是他們也無法更有效的說明自己的立場。假如文明的生活持續著，那對於自然的問題、人類的目的、真理的本質，仍然會有許多人採取思辨的立場去看待這些問題，再從這些抉擇中，為社會與學校規範一個遠景。人類必須正視美好的生活，所以，哲學角色的四個立場：綜合、思辨、規範與分析，必須加以整合。任何一種立場企圖代表整個哲學，都會歪曲了人類對這些基本問題的解答。

從基督教的觀點來看，將分析哲學視爲從事哲學唯一可行模式，其缺失顯而易見。分析哲學對於有效知識特性的自然化假定（naturalistic assumptions），以及強調經驗主義作爲獲得知識的首要方式，都與基督教立基於超自然和聖靈啓示相衝突。分析哲學對基督徒而言，另一項困難是分析哲學努力要從思辨、規範、綜合等哲學功能中走出；但基督訊息在本質上，卻是要關注在思辨、規範與綜合。

但在另一方面，基督徒們也可以從分析哲學處學到許多。例如，許多基督徒們使用的語言與概念並不必然精確。此外，也常充斥著許多情緒性的口號和語意不清的術語，愈益增加了基督思想與溝通的困難。建構基督教育哲學有賴分析的方法與洞見，不過，分析哲學的洞見與方法，不應把本身視爲一種目的，或是企圖涵蓋哲學全貌。基督徒們在從事哲學活動時，若能強化分析方法，會更有助於犀利思辨、規範、評鑑與綜合等哲學面向。簡而言之，基督徒們將會發現後期分析哲學家們將比前期分析取向更能與他們取得一致看法。

第二篇結論

第二篇挑選了傳統、現代哲學對於基本問題的解答（如終極的眞是什麼？何謂眞理？價值是什麼？），並探究哲學與教育的關係。除此之外，也檢視了主要教育學者們所勾繪的教育理論。分析哲學與後現代主義對教育的啓示，也沒有遺漏。第二篇的教育探討是來自第一篇哲學的基本概念。第一、二篇也將爲第三篇基督教育哲學提供脈絡架構。

值得注意的是，每一項所討論的哲學或教育理論都能對基督教育提供價值，卻沒有一項能爲教育提供充分的基礎。我在此要強調的是，引導教育工作者檢視不同哲學派別和教育理論的預設，進而比較他們的發現與基督世界觀的差異。每一章也都從基督教觀點指出這些哲學派別和

教育觀的限制。這些當然都可以更深入去延伸探究。不過，如果能吸引讀者體會運用基督視野來批判分析各哲學和教育主張的需求，那本書的目的即已達成。這項工作是在持續中，也至關重要。

　　除了評述各家優缺外，更重要的是建構一套積極的教育哲學。第三篇的目的即在於提出建構基督教育哲學的一項模式，讀者也應該用批判的態度來檢視這套模式的預設、缺失與貢獻。該套模式並不是一完整的教育哲學，甚至也不是一完整的基督取向教育哲學。我提出來是希望能刺激讀者思考基督教育哲學的可能型態。

ⓔ 討論問題

一、請用幾句話界定分析哲學並列出其主要的特點。
二、請比較及對照分析哲學與傳統哲學（第 3 章）、現代哲學（第 4 章）對哲學目的之看法。
三、請從分析哲學的觀點中，說明你會如何教授某一專題。
四、列出分析哲學的貢獻與問題。
五、請討論分析視野最彌足珍貴之用法。

ⓔ 註釋

1. 本章之所以將分析哲學從傳統哲學與當代哲學中獨立出來，主要是由於分析學者將焦點置於分析，而非傳統哲學所從事的廣泛活動，是他們自己與傳統哲學的永恆關注劃清界線。因此本章的界定與哲學界本身的界定一致。

2. Ludwig Wittgenstein, *Tractatus Logico-Philosophicus*, trans. D. F. Pears and B. F. McGuinness (London: Routledge and Kegan Paul, 1961). p.49(4.112).

3. R. S. Peters, *Ethics and Education* (London: George Allen & Unwin, 1966), p. 15.（按：本書可算是英國教育分析的重要經典，讀者可看出，教育分析哲學並不是如作者所說的，不從事規範哲學的研究，《倫理學與教育》也已由譯者譯出（聯經出版，2017）。

4. Ibid.

5. S. Samuel Shermis, *Philosophic Foundations of Education* (New York: D. Van Nostrand Company, 1967), p.266.

6. Ibid., p.267.

7. Harry Schofield, *The Philosophy of Education: An Introduction* (London: George Allen & Unwin, 1972).

8. Abraham Kaplan, *The New World of Philosophy* (New York: Random House, 1961), pp.89-90.

9. Jonas F. Soltis, *An Introduction to the Analysis of Educational Concepts*, 2d ed. (Reading, MA: Addison- Wesley Publishing Co., 1978), p.82. 這是一本關於分析方法的優秀導論著作（按：本書《教育概念分析導論》已由譯者譯成中文，五南圖書出版）。

10. Kaplan, *The New World of Philosophy*, p.58.

11. John Wild, *The Challenge of Existentialism* (Bloomington, IN: Indiana Univ. Press, 1955), p.10. 有趣的是，韋德將分析哲學之章，標題定為「現代哲學的崩潰」。

12. Howard Ozmon and Sam Craver, *Philosophical Foundations of Education* (Columbus, OH: Charles E. Merrill Publishing Co., 1976), p.216.

13. Rorty, *Philosophy and the Mirror of Nature*, see especially pp.7, 8, 170-173.

14. See Robert D. Heslep, "Analytic Philosophy," in *Philosophy of Education: An Encyclopedia*, ed. J. J. Chambliss (New York: Garland Publishing, 1996), pp.23-24.

15. Frederick Copleston, *Contemporary Philosophy: Studies of Logical Positivism and Existentialism*, rev. ed. (London: Search Press, 1972), chap.1.

16. Soltis, *An Introduction to the Analysis of Educational Concepts*, p.82.

17. Ibid., p.83.

18. Richard Pratte, *Philosophy of Education: Two Traditions* (Springfield, IL: Charles C. Thomas, Publisher, 1992), p.xiv.

19. Ibid., p.xii.

20. H. A. Alexander, "After the Revolution, the Normative Revival in Post-Analytic Philosophy of Education," in *Philosophy of Education 1992: Proceedings of the Forty-Eighth Annual Meeting of the Philosophy of Education Society* (italics supplied).

第三篇

基督教育哲學

chapter **8**

教師建構個人教育哲學的必要性

　　第一、二篇已先為基督教育哲學之討論加以鋪陳。第一篇重點在於強調哲學在教育所扮演的角色、哲學基本議題的分析，並點出哲學議題對於教育目的與實務之關聯。第二篇則檢視傳統、現代各派哲學家對哲學基本問題的解答，關注其對於教育實務的啟示，並討論上個世紀以降教育紛擾現象之各教育理論的回應之道。

　　第三篇正式探討基督教育觀。第 8 章首先強調，基督教育工作者及基督教育系統應自覺及審慎建立一套建立在基督教對哲學議題解答的教育哲學觀；第 9 章正式揭示一種可能的基督教哲學立場；第 10 章則根據基督哲學發展一套基督教育哲學，並審視其對基督學校實務上的一些啟示。第四篇則簡單勾繪當今基督教育哲學應用在公立學校的啟示及其困難挑戰。

基督教育的核心問題

　　1950 年代，路德學院教師協會（Association of Lutheran College Faculties）在伊利諾州奧古斯坦納學院（Augustana College）集會，

成員們齊聚一堂，面對面探討永恆的問題。其中一位主要的發言人指出，美國眾路德學院「根本沒有明確的路德理念或基督教育哲學，只是模仿世俗的教育，充其量增添禮拜服務、宗教班，布置宗教『氣氛』而已。」[1]

是項疾呼，縱使並不是全面，但確實指出了許多「基督」教育體制及其旗下個別機構面臨的問題。基督教育常常沒有審慎地植基於明確的基督哲學之上，致使基督學校僅能提供些微基督教育理念，不禁令人質疑其存在之目的。克拉克（G. Clark）也指出，那些打著基督教育名號的課程規劃根本就是「裹著基督巧克力的外衣，行異教之實。」[2] 應該以基督教之實行之。

> 那些打著基督教育名號的課程規劃根本就是「裹著基督巧克力的外衣，行異教之實。」

基督教育機構需要從基督基本的哲學信念中不斷加以檢視、評估、校正其教育實際運作。基督教育工作者也必須致力以基督哲學的整合觀來看待其教育體制。除了哲學基礎外，教育體制裡裡外外的結構、資源、過程等也都必須與基督精神一致。在世俗觀全面壓倒性的優勢下，這並不容易，即使在基督機構內，也常充斥著世俗主義、物質主義強大的影響與滲透。

接下來的篇章是要發展一真正基督取向的哲學與教育觀，而不是在世俗文化下，基督教育工作者揀選適合其教義者，保持折衷的關係。折衷主義即使發揮至極，也無法為基督教育提供充分基礎。

折衷主義無法滿足基督教育

依照韋氏字典定義，折衷主義是人們從不同體系、學說等素材選擇對其有用的一種方式。折衷主義在教育哲學上可視為是初學者的開胃菜（在有些情形下，起頭還真有賴折衷主義），但無法成為良善的教育體

系的精確基礎。

廣泛涉獵各派哲學和教育理論後，人們可能會覺得各種觀點都有所長。舉例言之，基督教育工作者會欣賞存在主義看中個人責任與個人選擇，實在論者的自然律則，進步主義著重學習過程兒童興趣的展現，觀念論超越現實世界時空的進路，重建主義、未來主義和批判教育學勇於改造更好的社會。一般教育工作者也多會肯定這些理由。每一哲學和教育理論都可進一步拓展其理念和實踐。基督教育工作者也能藉上述哲學和理論豐富自身規劃的教育方案。

循著上述的思考方式，若每種哲學派別都有其長，慎選各家之長將能成就教育。若此，此方法可能只會形成一個拼湊的被褥，而不是無縫的精緻繡帷。不錯，拼湊的被褥也有可觀之功能，但我們可提問是否這種折衷的產物是最良善的，可茲成為社會看重的基督教育的哲學基礎。

隨著時間的增加與概念的成熟，我們會逐漸發現，折衷主義對於建構一種教育立場而言，只不過是次好的方法（second best）。舉例而言，這將會很明顯，當我們從這個哲學抽取一部分，從那個理論借取一些，折衷主義，無可避免地，會帶來衝突。有經驗的教育工作者很容易就會發現，不同的哲學派別可能會運用相同的字眼，卻代表不同的意義；它們可能提出相同的教學方法論，但卻產生不同的結果，這是因為學派間存在著不同的起始點、目標與方向使然。

除了上述問題，只要我們檢視各派哲學和教育理論的預設，就能體會各家都有一些與基督哲學不同調的地方。例如，基督教育工作者不會同意實在論、實用主義、行為主義的自然式的假定；也認為存在主義、進步主義、後現代主義、重建主義等人文主義色彩過度以人為中心；觀念論和新士林哲學則過度強調理智主義（intellectualism）和理性主義（Rationalism）。基督理念認為上述每個哲學學派和教育理論在對真理的看法上都有明顯的困難，都無法為基督教育提供完整、精確的堅實基礎。一如上述所言，各派之長也無法用折衷的方式提供確保基督教育的

充分基礎。

對教育工作者以及教育機構而言，可行之道是自行審視對實體、真理、價值的基本信念，然後根據剛剛的反思，有意識的建構一套個人教育哲學。基督教育工作者們若採此一方式，可以先選擇各哲學和教育理論之長。不過各家適用之處必須是從基督哲學的觀點。這樣一來，就可以發展一個內部一致的教育整體觀、符合外在效度的教育允諾，也能為達基督教育目的而選擇適切方法的各種教育實踐奠基。

細心的讀者將會發現，我們剛剛討論折衷式選擇時，用了「有用」（useful）、「所長」（good）、「最好」（best）等字眼，這正隱含了折衷學者們在哲學立場上，對於價值學持有一種確定的看法，並據以從事價值判斷。教育工作者的工作正是要掌握折衷主義表面觀點的底層基本預設。對基督教育工作者而言，這意味著必須明示他們的哲學信念以歸類何者是良善或無用的教育作為。布魯巴克（John Brubacher）指出，折衷哲學對於一個不加批判的相對主義者，也不可能沒有立場，即使對其立場很難加以仔細論證。[3] 另一方面，對一個聲稱植基於全能之神所啓示的教育觀，折衷主義也不能令之滿意。

我們還必須強調，哲學的建構是一個永不停止的歷程，身為一位教育工作者，你必須不斷汲取新知，當你的知識廣度不斷增加與教學經驗不斷拓展時，你也必須隨時發展你的哲學體系。教育工作者必須體認，哲學觀將會指引教育實務，而實務經驗也可以反過來修正理論。教育專業人員應把教育哲學視為一種永遠不斷從事（do）的歷程基礎，而不是曾經在教育哲學課本中所學到的標題話語。

邁向基督教育的哲學

基督學校最大的需求或許就是要能掌握真正體現基督精神的哲學基礎。下面對此一哲學先約略言之。

首先讀者必須體認，本書所闡述的基督哲學及其教育延伸蘊意，並無法涵蓋全貌。讀者可把本書立場視爲是一種建議，而非是基督哲學的全貌。無論是哲學觀還是教育

> 基督學校最大的需求或許就是要能掌握真正體現基督精神的哲學基礎。

觀，我們都不期待所有人都同意作者的看法，甚至於也不敢期待讀者會喜歡其中許多案例。作者的心願毋寧在於引出基督哲學與基督教育的重要問題及議題，而部分議題應該引導進入個人或團體的討論。

當個別的基督教育工作者在個人因素及社會脈絡中，實有必要掌握書中最重要的道理，俾能對教育做出更負責、明智的選擇。讀者需要的不是「哲學藍圖」，而是對教育專業責任挑戰的高度敏銳感受，成就身爲教育工作者在個人或集體上必須發展的一套哲學與教育實踐，以整合永恆的基督哲學原則與個別時空的需求。

再者，我在下面幾章並無意去比較基督教育哲學與第二篇各派教育哲學理論的優缺。我的重點不在於反駁或比較臧否，而是如之前的建議，是運用其他哲學或理論之長，爲教育奠基。當然，讀者自己可以加以比較或相互辯駁，但那並不是作者的初衷。

第三項我要爲讀者指出的，是基督教育哲學與所謂教育神學（theology of education）有很多共通的基礎，那是因爲基督聖經的基本觀點並沒有把哲學和神學截然二分，基督教認爲聖經照亮了形上學、知識論、價值論的議題。經由前篇討論形上學之後，我們對哲學─神學的教育議題將採取整合的探究路徑。

以下探討基督教育哲學之單元，我們運用第二篇傳統與現代教育

哲學之分析架構。第 9 章先探討基督教的形上學、知識論、價值論，第
10 章再發展這些哲學基礎延伸到教育的觀點與作法。

⊘ 討論問題

一、在眾多人的眼光中，基督教育存在最嚴重的問題是什麼？此一問題
　　帶給大家何種啟示？
二、請討論折衷主義的優缺點。

⊘ 註釋

1. Harold H. Ditmanson, Harold V. Hong, and Warren A. Quanbeck, eds., *Christian Faith and the Liberal Arts* (Minneapolis: Augsburg Publishing House, 1960), p.iii.

2. Gordon H. Clark, *A Christian Philosophy of Education* (Grand Rapids, MI: Wm. B. Eerdmans Publishing Co., 1946), p.210.

3. John Brubacher, *Modern Philosophies of Education*, 4th ed. (New York: Mc-Graw-Hill Co., 1969), pp.134-35.

chapter **9**

基督教立場的哲學

　　本章主要探討基督哲學的重要議題。我把重點放在建立一可接受聖經觀點的實體觀準則，而不像第 2 章般地討論形上學的四個面向。我主要探討人生追尋的意義、神在基督中的自我揭示、總結聖經的實體觀等。至於第 2 章的形上學四個層面——人類學[1]、神學、本體論、宇宙論等會隱含，而不是直接加以討論。

　　至於知識論，我把重點放在聖經作為真理有效來源的核心角色，以及與其他知識有效來源如科學、理性等之關係上。倫理學的重點是罪惡、正當性（righteousness）的本質探討、基督倫理的基礎、律法主義（legalism）與反道德教條論（antinomianism）的緊張關係，以及基督倫理學在日常生活觀察等。至於美學，我探討人類美感的本質、美醜的關係，以及基督美學的責任等。

　　我在本章所選用的素材及討論的主題當然有主觀性，在既定的架構中，其他有關基督哲學的立場及主題當然都可加以使用及探討。不過，作者在本章若能催化基督教育的哲學根基，那撰寫目的也已實現。

基督教的形上學

當面對每一個個體時，最根本且無可迴避的觀察是個人在面對複雜環境時，其存在的真相與奧祕。沙特，這位無神論的存在主義者，他注意到了哲學的基本問題在於實有（is there），而非虛無（nothing）。薛佛（F. Schaeffer）也反應類似的思想，他指出，「虛無之所以值得哲學探討，是由於其橫面就是事物存在的事實，事物以當下及複雜的方式存在。」[2] 人們持續面對其存有（being）和存在（existence）的事實。即便是要否定存在，那也適足以證明是人類個體理性、論斷、臆測的結果。

實體具有理智、友善、目的、個人及無限的意義

當人們審視其所棲身的宇宙時，他們可以得到幾項觀察事實，其中一項是其所處的環境是充滿理智的。人們並不是在一個「混亂」（gone mad）或行為舉止反覆無常的宇宙。相反地，宇宙有其運行的規律，可以運用可靠的預測方法，加以發現、溝通與應用。現代科學正是以宇宙的可預測性加以探究。

> 當面對每一個個體時，最根本且無可迴避的觀察是個人在面對複雜環境時，其存在的真相與奧祕。

細心觀察的人們也會發現，宇宙重要的基本特性是對人類及其他生命形式非常友善。若宇宙對人類不友善，那生命將無法永續。試想，若不友善的環境，如無止境的戰亂等摧殘相當脆弱的生命，生命必將滅亡。但人們會發現，自然世界是如此秩序并然，提供食物、水資源、氣溫、光線以及其他必需品以滿足生命延續所需。我們知道，生命維繫的生存條件很嚴苛，些許改變都會威脅生命的生存。生命永續至今適足以說明宇宙友善的本性。

　　觀察到宇宙的理智及友善特性後，就可以得到其目地性的意義。我們日常生活都有目的性的意義，也可明證所處環境的目的性。人們生活若沒有目標，他將失去存在意義。[3] 我們的生活，無論是內外在，都不是隨機的狀態。

　　另一項觀察到的現象是人們是以個人的方式存在。我們都承認，每個人都不相同——我不是你、我們想法不同、我們對環境的反應都不一樣。人們在宇宙大機械中，並不是可替代的物件，每個個體都是人的存在。如果個體與人的存在分離，像奴隸或娼妓的情形，那人將失去其完整性。人不僅與他人不同，也與其他生命形式大異其趣。人能運用抽象符號，此項能力使人有別於巴夫洛夫的狗、史欽納的老鼠與鴿子的制式反應，人能對情境適性反應。雖然一些心理學派指出，個人常常（或許是最常）是在低於完整人的水平下生活，許多廣告工業正是著眼於此。不過，人若展現完整的存有特性，將不會受制於不可改變的刺激反應的增強程序。對個人而言，他能選擇、行動，並為選擇及行動負責；我個人的選擇和經歷是獨特的，那成就了我個人的獨特性。

　　人們也當能理解他們是生活在一個無限的宇宙裡，我們太陽系裡的太陽，只不過是銀河億萬恆星中的一個。人們也知道若用每秒 18 萬 6,000 公里的光速，也至少要 10 萬年才能橫越整個銀河。地球所屬的太陽系只不過是目前已知銀河系十億恆星中的一個。人們面對如此無窮無盡時空的浩瀚穹蒼，自是驚歎不已。人們也會發現，縱使發展更複雜的科學探測工具，也無法探索宇宙的邊際，人們只能徒呼負負宇宙空間的邊際——除了更廣漠無邊的空間。

意義的追尋

　　個人面對其無可逃避的存在經驗，其所處宇宙時空的無限與複雜，以及「事物本然」（what is）和（或）「事物顯現出」（what appears to be）的規律時，他們必然得面對個人生活及宇宙存在的意義問

題。人類互古以來無法迴避意義追尋的問題，人們也各自發展不同的應對方式。存在主義走在現代科學理性原則的對立面，聲稱宇宙除了荒謬（absurdity）外，並沒有外在的意義，其意義在於人們主動涉入的選擇，宇宙本身是沒有意義的；後現代主義者認為知識是社會的建構；實用主義者則認為存在的終極意義是超越吾人之上，哲學家若不能從其經驗中證明有效，則根本不能做任何事實的陳述。同時，分析哲學也認為形上學的陳述是沒有意義的，人們對於其生活環境中的用字與概念，必須界定的更清楚才行。

另有些人對上述逃避式的回答並不滿意，他們認為這些回答沒有太大意義。他們反對這些從無知中自以為是、從混亂中尋求秩序、從非人性中獲得人性、從虛無中生有的系統思想。他們不能接受一些非理性的想法，說什麼存在是虛無加上無限時間的無限機率的結果。[4] 對這些人而言，無限的宇宙正說明了有一個無限的造物者；理智、秩序的宇宙指向了一位終極智者；友善的宇宙基本上也指向一仁慈的存有者；每個人的人格導向了終極的位格（Personality）概念，那是每個個別人格的模範。他們稱此無限造物者、終極智者、仁慈的存有者，以及最原初的位格為「神」。在此定義前，人們也體認到之前對神的看法是多麼的沒有意義。

> · 無限的宇宙正說明了有一個無限的造物者；
> · 理智、秩序的宇宙指向了一位終極智者；
> · 友善的宇宙基本上也指向一仁慈的存有者；
> · 每個人的人格導向了終極的位格（Personality）概念，那是每個個別人格的模範。

讀者可留意上述對神的臆測，並不能真正「證明」神的存在，他們其實是用一種口傳的置入方式擁護祂的存在。造物者神的存在不能被證明，但也不能否定祂的存在。然而，同意神存在的結論實較之否定其存在更為合理，這可以讓我們從機運、必然、適應反應及虛無中走出。霍恩（H. Horne）聲稱：「我們信神是因為信心，對我們理性的信心，此信心超越證明之上。」[5]

本書第 2 章討論形上—知識論上的兩難時，我們曾指出，所有的人
（不管他們承不承認）都靠信念而活。每個人對生命中的議題，到底是
設計或偶然、計畫或機運、理智或無知、目的意義化或無目標地隨機等
等。威廉・詹姆士（William James）在其探討知覺的論文中提出「願意
去相信」（The Will to Believe）的原則，詹姆士認為，既然缺乏積極的
證明，人們就有資格相信最好的。[6] 如果所謂最好的可以部分經由可能
性或邏輯來界定，那對造物者神的信心會比只相信時間加上虛無、機率
更好。[7]

痛苦在人生意義上的問題 [8]

仁慈的造物者神也會給一些人考驗，這是很明確的，從部分人生活
的環境就可知道，這會給基督教義帶來緊張。一方面，美麗的造物者讓
生命幸福，但其間又充滿憎恨、墮落與殺戮。人類必須面對無可迴避的
痛苦問題，在生命規律中也存在死亡；善與惡兩大勢力反映的是在每一
個生命階段交織著巨大衝突。宇宙既對生命友善，但又常造化人生、好
事多磨，也是不爭事實。人類並不是在中性的環境下生活，常伴隨著衝
突，這種樣態說明了友善的宇宙存在著惡的勢力。

這種矛盾對基督教義產生一重大問題。如果神同時是全能的（擁有
無限的力量）與慈愛的化身，為什麼會讓惡存在？祂必定希望也有能力
終止惡的存在。假如有神，還會存在惡嗎？任何有機的神學企圖回答人
類對意義的探詢時，必須以令人滿意的方式認真考量上述的提問。

人類的限制與神自我揭示的必要性

個人觀察後就會體認人類心智及種族上的侷限，他們不僅對周遭
複雜環境極度無知，也深知自身無法參透無限時空的奧祕與複雜的宇
宙。就此而言，人們也深知若沒有來自無限心靈的協助，根本不可能理
解創造的奧祕，更不可能理解無限的造物者。創造者自然比祂所創造之

成品更爲複雜奧祕。

即使人們了解自身理智的限制，他們仍會有強烈的渴望去揭開生命的意義。人性在探求存在的意義後，會存疑是否有能被理解的答案，或宇宙本身是以全體、絕對的無聲靜默來回答。或者如 18 世紀自然神論者（deist）聲稱的，造物者神在創造萬物後就「度假去了」，又或者是祂願意向有限的存有，以人們能理解的方式加以開示？

若說造物者神以如此智慧的方式設計宇宙，如此有目的的眷顧人性發展並維繫其生命，撒手放任理智的人類在地球亂撞，卻又吝於開顯意義，這對信徒而言，是全然無法理解的。當然，造物者全然沉默不語也是有可能的，但這可能實在不大。造物者神在有目的、友善、人性、理智的環境中，藉著祂的啓示，以人們能理解的溝通方式開釋永恆目的，這不是更有可能嗎？個人當可從神聖的來源、作品中感受神向人的自我揭示。

為何神的自我揭示是基督啓示？

爲何在眾多宗教中，如印度教、佛教、伊斯蘭教等選擇基督的天啓？[9] 克萊馬（H. kraemar）指出，若人們對神示的立場是採「博雅」（liberal）的態度，那他將把所有的宗教都視爲是來自神的天啓。克萊馬承認世界各宗教雖有其積極貢獻，但也指出對宗教採取博雅立場，未免「野心太大」（big-heartedness），基本上會混淆對眞理的考量。對克萊馬而言，博雅立場的回答是想要對此問題全面回答，但對此一眞理問題反而繞道而過（by-passed）。[10] 要回答此一問題，克萊馬提醒我們注意「基督教獨特明確，有別於其他宗教的是耶穌基督存在的事實，而不是一些教義。[11] 如果上述提點無誤，我們可以追問，佛教是否

> 若說造物者神以如此智慧的方式設計宇宙，如此有目的的眷顧人性發展並維繫其生命，撒手放任理智的人類在地球亂撞，卻又吝於開顯意義，這對信徒而言，是全然無法理解的。

獨尊佛陀（Buddha），伊斯蘭教獨尊穆罕默德（Muhammad）是神的事實？這問題有點機巧，但卻是明確的：

> 佛教基本上是從苦痛、無常、暫時性的生命解脫中「成道」（a way）的方式，佛陀發現此一方式，並弘法於世。佛陀等於是第一個成道的發現者，其信徒可以學習其成道方式，但此目標必須透過個人修行。[12]

伊斯蘭教則要人們懺悔、改宗和無條件的臣服於阿拉，唯一全能的真神。穆罕默德是阿拉派來的使節，在伊斯蘭教中享有尊榮顯赫的地位。依照《可蘭經》（Koran）的說法，「阿拉將天啟的任務派在（sent down）穆罕默德身上，穆罕默德是天啟的『訊息者』（Messenger）與『承載者』（Bearer），並不是天啟本身的一部分，更遑論是天啟本身。」反之，克萊馬繼續指出，耶穌基督很明確，耶穌本身就是位格神，祂本身就是天啟的實體（substance）。這種立場與佛陀、穆罕默德或孔夫子有明顯的不同。祂在人面前同時是唯一（the）真理、唯一成道，以及唯一生命的化身。[13]

從基督教的觀點來看，縱使其他各大宗教都享有尊榮，但在意義探究問題的回答上，從最深處或最本質的層面來看，都是錯誤的。非基督教的宗教觀常可發現人可自我救贖（self-redemptive），教義可自我證成（self-justifying），這些都有違基督教揭示的重點。這些教義並不能準確描述人性本質——「人的偉大之處及不幸，人的潛能極致及墮入撒旦邪惡深淵，人處於天使與猿猴之間。」[14]

由於未能說明人類欠缺自我救贖的能力，非基督宗教並沒有充分正視原罪的問題，我們在探討自然特性的緊張時業已指出此項問題。當然，眾多非基督宗教也不是完全忽略罪的討論，但「只是次要的、附帶的問題，並沒有居於核心待解決的地位。」由於看待終極或根本目的方

式使然，這些非基督宗教無法正視最重要的人性原罪問題，也因為這些宗教拒絕原罪、不認真看待人無法自行解決的事實，他們或「淪為某種程度的逃避現實者」。[15]

　　為何基督天啓就是造物者神的自我揭示？因為唯有基督教提供一個可充分說明人類窘境的架構。東方宗教的非個人化，無法說明個人在吾人生命的本質，以致無法充分回答人的存在及其歸宿。* 東方宗教的終極目的是人失去自我和人格時，求涅槃（nirvana）之境，或是一些非個人的神祕方式。東方的神是非人格性的，我們也說過，人格無法來自於非人格的源頭。在另一方面，古希臘和羅馬所發展的神祇概念也是不精確的，因為他們的有限性與宇宙的無限本質是衝突的。

> 為何基督天啓就是造物者神的自我揭示？因為唯有基督教提供一個可充分說明人類窘境的架構。

　　基督天啓揭示的不僅是真理，而是唯一真理。李維斯（C. S. Lewis）評論此點時曾指出，耶穌基督要嘛就是像祂所昭示的神聖，或者就是瘋子、世界最大的騙子、來自「地獄的惡魔」（Devil of Hell）。耶穌基督若不是神或救世主，那就是絕對真理的大敵。離開祂的主張，人們就不會把耶穌視為道德的「偉大人類教師」（great human teacher）。祂做了許多石破天驚的昭示。在李維斯看來，耶穌不會讓我們騎牆游移，我們不是接受就是拒絕其無上的話語。[16]

---

* 作者在此以基督教有明確的神，可以解釋一切事物本源，視為基督教優點。基督教並以人的原罪立論，說明人不能只靠自身，必須仰賴上帝的救贖，佛教或中國儒家思想，則不訴諸於此一終極神，認為成道仍得靠個人修為。不少東方人反而認為，不窮究終極的上帝，並不是缺點。讀者可以持更多元的角度去思考。值得我們注意的是，西方宗教將個人委身於上帝的救贖，歷宗教改革及啓蒙運動後，反而在世俗的民主生活方式中，更為重視獨立自主。反觀東方，雖不訴諸權威之終極神，但在集體主義下，並不一定更重視個人的獨立自主。部分學者仍然認為西方晚進民主或資本主義的生活方式，也能從基督教義之轉換中，覓得源頭。值得有興趣的讀者從思想史的角度，加以探究。

聖經對實體的詮釋架構

　　基督徒接受透過耶穌所傳遞的聖經作為造物者神向人類的自我揭示，人們能透過此一天啓進一步觀察探詢實體的本質，也能提供基督教育運作的形上學架構。聖經世界觀的梁柱由下列要素構成：

1. 活生生的神，造物者是存在的。
2. 神創造了完美的世界與宇宙。
3. 神用自己的形象造了人。
4. 罪是由撒旦魔王（Lucifer）所創，撒旦忘卻自身也來自神造，卻妄圖取代神的位置。
5. 撒旦散布罪惡於人間，讓人墮落，並失去了部分神的形象。
6. 人若沒有聖靈的協助，是無法透過自身改變其本性，無法征服與身俱來的原罪，也無法回復所失去神的形象。
7. 神將引領人的救贖。人類經由耶穌基督的誕生、死亡、化身及復活等，得以回復到原初的狀態。
8. 聖靈致力於計畫將墮落之人回復到神的形象，祂召喚信徒成立社群——教會。
9. 基督將於人類地球終結時，再度降臨，並——
10.將人類世界（即其信眾們生活的世界）回復至永恆亞當的時代。

基督形上學與教育

　　基督教育必定是建立在基督教的實體觀之上。基督教是超自然的宗教，反對各種形式的自然主義及任何沒有把神安放在人類教育經驗中心位置的各類思想體系，也反對人文主義認為人可以靠自己的智慧與善意自我救贖的想法。基督教育，必須實際上，而不是名義上，真正建立在聖經的形上學立場。

　　基督觀點的形上學為基督教育立下基礎，也因為有神，基督教育體

> 基督教育，必須實際上，而不是名義上，真正建立在聖經的形上學立場。

制得以建立，以神爲核心賦予教育意義。其他教育體制各有立論基礎，並不能取代基督教育；基督實體觀的信念也會使信徒爲建立基督學校而奉獻其時間與財力。

基督形上學也提供一脈絡架構，以決定在學校課程中應該學習的科目，基督教的實體觀爲課程的選擇與強調提供標準。的確，由於基督教有獨特的形上學觀，基督課程也有獨特的強調。尤有進者，基督教育也從其世界觀中賦予所有教材意義，而所有教材都可看到與造物者神的存在與目的之關聯。

基督教育的每個層面都由基督教的實體觀定奪。基督教形上學的預設不僅證成與決定了基督教育的存在、課程與社會角色，也明示了學習者的本性與潛能，建立最好的師生關係型態，並提供教學方法的標準，這些主題我們將在第 10 章討論。

基督教的知識論

知識論探討人類如何認知知，因之，知識論與人類存在最基本問題之一是息息相關的。假如我們的知識論立場有問題，那據以建構的知識體系就會出錯，更嚴重的話，就會扭曲眞理。在探究知識和眞理的過程中，各派哲學都會對知識的方法發展一套層級，並認定其中之一是最權威的基礎，可用以判斷其他方法所獲致結論的有效性。西方文明過去 150 年來最廣爲接受的知識判準厥爲科學的實徵發現，科學上的發現也最被人重視。有些人士甚至認爲，除非經過科學「事實」的認可，否則都不是眞的。

聖經是主要知識來源

對基督徒而言，聖經是最主要的知識來源，也是最精要的知識權威，所有其他的知識來源都必須經過聖經之光的考驗或檢證。聖經知識權威之角色有如下之假定：

1. 人類生活在一超自然的宇宙中，無限的造物者神向有限的人類心靈以其能理解的方式揭示自身。

2. 人類是上帝根據自己的形象造出，雖然經歷墮落，仍保有理性的思考能力。

3. 雖然人類與生俱來的限制，語言不完美也不精確，但人仍保有與其他智性存有（包括其他人與神）溝通的能力。

4. 神願意向人揭示自身智慧，也願意在人代代相傳過程中，繼續保障這些揭示的智慧精華。

5. 經由聖靈的指引，人類有能力充分的理解聖經以獲致真理。

聖經是宇宙至真（Truths）的來源，若非經由天啓，人類根本無法獲得。聖經啓示的真理來源，其所處理的都是「大哉問」（big questions）的課題，諸如：生死的意義，世界來自何方？未來會變成什麼樣子？罪的問題是如何引起？又要如何處理等等。聖經的目的在於使人「因信耶穌基督而有得救的智慧。聖經所提供的教義（doctrine, teaching）、督責（reproof, rebuking）、使人歸正（correction, correcting）和教導（instruction, training）人學義（righteousness）：叫屬神的人得以完全（perfect, thoroughly）。」（提摩太後書 3：15-17，欽定聖經版）（以上根據和合版中譯，英文部分，括號內前者是欽定聖經版，後者是和合版用詞）。當然，聖經並沒有窮究所有知識的來源，也不打算成為「神聖的百科全書」（divine encyclopedia）。聖經雖留下許多問題懸而未決，但藉著聖經提供的視野與形上學架構足以形成完整的脈絡，以回應有限的人性最根本的問題，人們可以據以繼續探究未決的問題並獲得統一的答案。

> 聖經並沒有窮究所有知識的來源，也不打算成為「神聖的百科全書」（divine encyclopedia）。聖經雖留下許多問題懸而未決，但藉著聖經提供的視野與形上學架構足以形成完整的脈絡，以回應有限的人性最根本的問題，人們可以據以繼續探究未決的問題並獲得統一的答案。

聖經並沒有嘗試去論證其主張，也無法用其他體系知識論的方法加以「證明」。聖經從神創造世界細說從頭（創世記 1：1），希伯來書則指出我們必須接受藉著信仰，才能了解神從無（ex nihilo, out of nothing）中創造諸世界（希伯來書 11：3）。神並不想完整說明創造人類的一切，這是因為受制於人類理解的限制。然而，有關人類墮落及救贖方式，在人類理解能力內，神已無所不言。神雖然沒有去「證明」什麼，仍有「證據」引導人們對其可靠性懷抱信心。有些證據來自於考古學的發現、實現的預言，以及帶給人們內心和生活方式的滿足。[17]

神在自然世界的啓示

對基督徒而言，次於聖經的重要知識來源是自然，包含人們日常生活面對的自然，以及透過科學研究的自然。我們所處的世界處處彰顯造物者神的啓示（詩篇 19：1-4；羅馬書 1：20）。神學學者把來自聖經的啓示稱為「特別的天啓」（special revelation），而把自然看成是「一般啓示」（general revelation）。其實，這兩種啓示都透露相同的訊息，因為二者都來自祂。

人們觀察自然因果，也會發現一般自然書籍的詮釋有問題。人們不僅看到了愛與生命，也看到了恨與死亡。易犯錯的人們觀看自然世界，常常歪曲終極實體或得出矛盾的訊息。保羅使徒也提及一切受造之物都深受墮落之苦（羅馬書 8：22）。善惡之間的緊張結果，也說明了單憑人對自然世界所做出的一般啓示，這種知識來源不足以正確認識到神及終極實體。科學的發現以及日常生活的經驗仍得在聖經啓示所提供

的知識架構下，才能詮釋得宜。

　　人類對自然的研究當然可以豐富其對周遭環境的理解，也會提供許多聖經未曾討論的問題，但人類對於科學的探究力量也不宜高估。誠如季伯倫（Frank Gaebelein）所言，科學人並沒有創造出科學事實，他們只不過是揭露並發現原先已在那裡的事物。季伯倫接著說，持續的科學研究「成果」（hunches）將使人體會掌握更多的真理不是僅靠運氣，真理其實是神彰顯其恩典所揭露的一部分。[18]

　　人類是真理的發現者，不是原創者，科學探究的整幢大廈是建立在「先驗」的原則上。「人們對自然懷抱信心，認為自然是秩序的、理智的向人類之探索開放——這是今天很奇怪的假定，當人站在科學之外斷然說存在沒有意義。」[19]

理性的角色

　　基督徒第三個重要知識來源是理性。人既是神按照自身形象而造，就自然擁有理性。人類能抽象思考、具反省能力，也能從事因果推理，即使歷經墮落，理性已然弱化，但未完全毀損。神要人與祂「共享理性」（reason together），關注自身的窘境及回應之道（以賽亞書 1：18）。

　　基督知識論中，理性主義的角色顯而易見，但對基督的信仰卻非理性的產物。人們並不是自行系統思考而獲致對神、人性、罪惡與救贖本質的正確觀念，進而掌握基督真理。基督教是天啓的宗教，未經天啓協助的人類理性會被蒙蔽，會遠離真理之途，僅是不完全的真理代理者罷了。基督徒們不會用最完全的理性者字眼看待自己，他們只是擁有理性而已。雷蒙（B. Ramm）正確地指出，理性並不是宗教權威的來源，而是理解真理的一個模式，若此，「體會真理要靠權威，而非理性。」[20]

　　在認識事物方面，知識論中的理性層面很重要，但不是唯一。理性的功能是協助我們從聖經的特別啓示及生活中的一般啓示中來獲得真

理，並使人們以此延伸至未知的知識領域。在聖經知識論中，理性發現的知識仍得時時經由聖經的檢視。上述原則也一體適用於學校教授的知識與其他權威而來的知識，對所有知識的檢測可比擬成是把它們置於聖經的架構內。

知識論額外的一些觀察

以下試著為讀者再歸納排序基督教的知識論觀點。首先，聖經的觀點是所有的真理都是神的真理。因此，區分宗教與世俗真理是謬誤的二元論。神是創造者及原創者，所有的真理都來自於祂。[21]

> 聖經的觀點是所有的真理都是神的真理。神是創造者及原創者，所有的真理都來自於祂。

再者，基督真理是真正存在於宇宙之中，以上兩種立場是建立在基督教學術自由的概念。假如所有真理是神的真理，基督教是真正存在於世上，那基督徒們完全可以追求真理，毫無畏懼終極衝突。

第三，知識論中的確有許多衝突的論點，如自然中存在的緊張、惡勢力持續不斷侵蝕聖經、扭曲人的推理、讓人類自以為可恃其不精準和墮落的自我去追求真理。除此之外，每一項理論與每所學校體制都有知識系統作基礎，用以在更大的社會中形成並詮釋意義。這些知識論有對有錯，即便這些知識未獲承認，它們一直都在。[22] 攻擊知識論的論點是重要的，因為假若人們被知識論誤導，也會在其他領域中迷失。

第四，宇宙中有絕對的真理，但人類處墮落之境，僅能掌握到一部分。換言之，神是全知全能，基督徒們僅能參透一二，這為基督徒信眾的人性中留下進步的空間。[23]

第五，聖經並不太關注抽象真理，真理涉及生活。認知（knowing），從聖經最完整的意義來看，是寓知識於日常生活中。所以，基督教的認知觀是積極主動的經驗，而不是被動等在那裡。[24] 我們因此能發現，聖經中將認知到基督真理與認知到基督作為人類救世主的差異加

以區分，前者代表的是理解眞理，後者卻是將神的眞理用在對我們生命
的救贖上。

第六，對基督教而言，其他知識來源可視爲有用的輔助，這些知識
來源能夠也應該爲基督教所用，而這些知識來源也應該在聖經架構的光
照下加以審視。

第七，接受聖經的知識論也得同時接受聖經的形上學，反之亦
然，我們在第 2 章中已說明原委。任何形上學—知識論的學說，都是信
仰—選擇，它也必定是生活方式的整體承諾。

基督知識論與教育

基督教的眞理觀及其涉及的形上學，共同成爲基督教育存在的基
礎。形上學與知識論接受了聖經作爲權威的來源，使聖經在基督教育中
居於核心位置，並提供知識架構據以評估各學科教材，特別直接影響課
程的設計。第 10 章中，我們還會指出，聖經的啓示在基督教育中，同
時是各學科的基礎，也構成其間相關聯的脈絡。既然基督知識論的主
題是人們認知的一切，當然也就直接影響各教學方法論的選擇與實際應
用。

基督教的價值論

基督教對價值領域的指導原則仍植基於其形上學和知識論。易言
之，實體觀和眞理觀直接導致價值觀。基督倫理學與基督美學都立基於
聖經的神創教義，造物主刻意的創造了有倫理與美的世界，才滋生倫理
價值與美感價值。聖經彰顯的終極意義是啓示了上帝的特質及價值，構
成了基督教價值諸原理原則。

基督教形上學立場所影響的基督教諸價值觀與其他各類世界觀最大

的不同是，對現世的規範採取截然斷裂（radical discontinuity）之態度。大多數非基督教都認為人類現今所處狀況與事務是在一常態情形，基督教師則認為人類處墮落之境，遠離了與神、其他人、自身與周遭環境的正常關係。聖經認為原罪及其導致的結果改變了人類的本性，影響了其觀念、價值的成形過程。

由於是成長於現今不正常的世界，人類甚至於不覺得有何異常，他們常珍視錯誤的事物。人們之所以容易善惡互混，是因為他們原先的參考標準就出錯。基督再度降臨，就是希望為現世人類提供一個與人類窘境截然不同的參照架構，以翻轉其價值。

或許，有關基督教截然不同的價值陳述見諸於當年的「山中聖訓」（Sermon on the Mount）。基督價值之所以截然不同，是因為基督開釋人類真實的家是在天上，而非人間。耶穌當然沒有否定現世生活的價值，祂還昭示有些人間事物更有價值，這些價值中的極致理應成為人類現世活動的基礎。

基督教學的一項啟示是基督徒的生活是建立在不同的價值之中，包括人們在現今不正常的罪惡世界，經由上帝觀念導引到正常之境，始能認清當今社會秩序之標準是如何使其反常。基督價值當然必須建立在基督原則上，雖然其與世俗價值重疊，但絕不僅是非基督價值的延伸而已。

倫理學

倫理學本質與罪的對立面

基督徒可能會提問：「最大的罪愆是什麼？從聖潔神的觀點來看，罪大惡極的罪是什麼？是謀殺、不貞、憤怒、貪婪或酗酒嗎？」都不是，聖經的回答是驕狂（pride）。驕傲連繫著自我中心、自負（self-sufficiency）、不健康的自戀——這些心態都會使人們相信只憑自身的善、力量與智慧就可以成事，不必求助於造物主神。

　　由於驕傲與自負，晨星路西法（Lucifer）淪為撒旦，夏娃成為罪惡人類之母，當耶穌十二門徒為誰才最得耶穌真傳而爭論不休時，他們也無法得到耶穌的福祉（以賽亞書 14：12-15；以西結書 28：13-17；創世記 3；馬太福音 18：1 ）。李維斯認為「驕傲會導致其他所有惡行：它完全悖離神的心智。」[25] 它是一種使人相信不是上帝，而是自己才是宇宙中心的心態。驕傲與自負是罪惡的本質，這種驕狂帶來的第一惡果就是人們背棄上帝的權威。

　　惡的根源可在人的自我中心內發現。惡的對反是善，就可在「他者中心」（other-centeredness）覓得根源。這也是基督回答何者才是「最大」誡命提問的答案：

> 　你要盡心、盡性、盡意愛主──你的神。這是誡命中的第一，且是最大的。其次也相仿，就是要愛人如己。這兩條誡命，是律法和先一切道理的總綱。（馬太福音 22：37-40）

　　基督教的本質及基督倫理學是要終結驕傲、自我中心、自負，藉由耶穌基督建立新的關係，我們得以採納有別於自負等的不同原則，從而獲得新生（羅馬書 6：1-6；馬太福音 16：24；加拉太書 2：20；約翰福音 3：3、5）。聖經勾繪的自然人圖像是無希望的，因其只固著於對自我的愛。[26]

　　人們需要的是心靈的轉化或形變（transformation, metamorphosis），將自我釘在十字架上，追求精神重生，如此才能成為神的新子民，神的屬性將成為人存在的中心（羅馬書 12：2；腓立比書 2：5-8；哥林多後書 5：17）。在這過程中，我們從原先對抗神的立場轉換到臣屬於神意下生活。保羅指出，這種新生是日復一日的經驗，耶穌叮嚀這種轉換的完成有賴聖靈的力量（哥林多前書 15：31；約翰福音 3：5）。

　　讀者需特別注意，基督教倫理學之理念並不是讓個人透過世俗自

我精進的模式以改善自我，而是透過改信聖靈以聯繫倫理自我。由於人的本質使然，透過人本身的自我精進，必然使人更陷入驕傲、自負中而無法自拔，故基督教呼籲人們倫理的重生，不能是我精進的模式〔穆迪（Dwight L. Moody）曾指出，我們未曾得見有凡人能透過自己的努力而進入天國〕。

我們也必須體認基督倫理學終究是積極的力量，帶領著人們從狹隘的自戀死胡同中轉入敬愛神之途，我們人類跟隨神，要用主動與服務的態度表現在內心及外在生活上。

神的品格：基督倫理學的基礎

聖經倫理學的絕對基礎是神，沒有任何標準或律法超越神之上，聖經所載的律法也是建立在神的品格上。舊約新約中彰顯神的屬性是愛與正義（出埃及記 34：6-7；約翰一書 4：8；啟示錄 16：7；19：2），愛可以看成是律法的總結，正義則界定其內涵。[27] 聖經歷史是一聖愛及實踐正義的靈光乍現，可視為神向人罪惡自我意志世界的開示。

> 我們也必須體認基督倫理學終究是積極的力量，帶領著人們從狹隘的自戀死胡同中轉入敬愛神之途，我們人類跟隨神，要用主動與服務的態度表現在內心及外在生活上。

「愛」的概念，就像「善」一樣，若不加以定義，並沒有太大意義。基督徒們從聖經中覓得愛的意義，因為在聖經中，神就是愛的化身，祂啟示了自身，具體向人展示了人心智可以理解的愛的方式。讀者可以研讀哥林多前書第 13 章所描述耶穌的行動與態度，以體會基督之愛（路加福音第 15 章對此也提供深刻洞見），也可以參考十誡所揭示的意義。讀者即使簡短瀏覽，也可感受聖經中的聖愛概念與尋常人們口中之愛的深刻差異。聖愛是要對別人提供最佳的愛，即使是敵人亦然。波威爾（J. Powell）指出了愛的真諦是施比受更重要，[28] 他掌握了聖愛的本質。

倪格倫（A. Nygren）的重要研究，在探討人類之愛與聖愛之時，

也同樣歸結「在愛欲（Eros，人類之愛，是尋求從其關注的對象中獲得回報），與博愛（Agape，聖愛，是藉由給予其關注的對象中發現喜樂）之間，這兩種截然不同之愛很難真正的整合。」愛欲始於貧乏與空虛，企圖透過神或其他人，以獲得願望的滿足；博愛則是「豐富神聖的恩典，慷慨施予他人愛。」[29] 若此，基督之愛與一般所想人類之愛，也是截然斷裂。

亨利（C. Henry）極恰當寫到「基督倫理學是服務倫理學。」[30] 在聖經字裡行間可發現最基本的倫理是基督的兩項最大誠命——愛神與愛人（馬太福音 22：37-40）。有些基督徒認為十誠才是基督倫理學最基本的陳述，我認為他們錯了。十誠更明顯的呈現了愛是律法的實現（羅馬書 13：9；加拉太書 5：14），我們可以把十誠看成是愛的律法的輪廓與具體陳述。前四誠說明了人必須愛神的責任所在，後六誠則是人必須愛其他人的具體說明。從某一角度來體會，十誠可以看成是愛的律法的負面表列，十誠企圖用具體的方式提供人們明確的準則。

作為倫理基礎，負面表列（是指你不可以如何如何）的一些問題是，人們會去詢問，何時可以停止去愛其他人，何時可以解除此限制等等。彼得詢問何時可以停止原諒別人，無憐憫的僕人比喻就是一個例子。彼得的兄弟得罪他，他就像一般人一樣，詢問耶穌他可以原諒到什麼時候，七次可否之提問（馬太福音 18：21-35）。耶穌反諷的回答是七十個七次，基督之愛是沒有期限的。我們不能放鬆，表現「真實的自己」而停止愛他人，一次都不可以。這是愛神愛人兩大誠命的訊息。

積極的基督之愛是心靈與內心的一種態度，在基督徒生活中，要永遠敞開，這是與神和其他人不斷增生的關係。就像神不斷尋找祂迷失的羊、耶穌為當時還是祂敵人的我們而死一樣，我們必須用無私的愛尋求與他人的互動。

愛神愛人的觀點也可留意聖經的律令——「所以你們要完全，像你們的天父完全一樣」——也同樣適用在愛敵人的情境中（馬太福音 5：

43-48，欽定版聖經）。完全（perfect）的愛，正如神界定的愛，是基督倫理的理想。耶穌用綿羊與山羊的寓言表達同樣的道理，甚至於這是最後審判的唯一依據（馬太福音 25：31-46；雅各書 1：27）。但這不應解釋成做慈善工作就可得救，基督徒們關懷他人及分享利益是因為自己接受了聖愛的眷顧，因為在我們生活中，已肯認、接受及占有神對我們的愛，我們自然應該主動對他人回應此一具體之愛。人們對他人回應愛，適足以證明是本乎神的恩典與信仰（以弗所書 2：8-10）。在這些文本中，我們可以體認敬愛神不能用任何方式與愛其他人分離。

律法論與反道德教條論

基督徒們過基督生活當發生倫理爭議時，不臣服於兩個極端的倫理陷阱——律法論與反道德教條論，著實困難。律法論認為我們現在應視聖經及其揭示的律法，一如法利賽人在耶穌在世的時候。律法論者視聖經為倫理的規則手冊，可以為每一個案例提供準則。在律法論看來，規則極其重要，人們必須接受法律的仲裁，不容打折（錯就是錯，不要尋求特殊情形的法外施恩）。與律法論對立的是反道德教條論，拒絕任何道德律法，普遍原則沒有立足之地。

福爾摩斯（A. Holmes）把律法論界定成「無例外的絕對主義」（unlimited absolutism），而反道德教條論則是「無例外的相對主義」（unlimited relativism）。[31] 耶穌拒絕無例外的絕對主義。他在世行教時，不斷指責法利賽人奉行千年來的法律，既不愛神，也不愛人。一個明顯例子是耶穌對安息日禁食的權變，馬可福音第二、三章有生動的描繪。耶穌立下的原則是「安息日是為人設立的，人不是為安息日設立的。」人如果在安息日為了救其他人而違反律法，這本身就是合法的（馬可福音 2：23-3：6）。也就是說，耶穌強調人比律法重要，某些情境，人可以違反律法。耶穌絕不是無例外的絕對主義者或律法論者。

不過，也不能把耶穌歸到無例外的相對主義者或反道德教條論者。祂在山中聖訓中強調，祂不是要違反律法；耶穌在世的末期，宣

示必尊天父律法，門徒們也必須如此（馬太福音 5：17；約翰福音 15：10）。

福爾摩斯把企圖調和律法論與反道德教條論二種極端立場，名之為例外的相對論（limited relativism），[32] 此一折衷立場可見諸當代的情境論理學（situation ethics）。當代情境倫理學的倡議者弗來契（J. Fletcher）認為情境倫理學的旨趣是「事情對錯與否，取決於情境。」他指出，所謂善的行動是大愛及關心的行為。[33]

情境倫理學拒絕律法論，允許例外的倫理相對性，有其可取之處，但最大的問題是同時也拒絕了道德原則與規則，讓相對主義氾濫到每一個特定的道德問題上。[34] 如此一來，情境倫理學也錯誤地詮釋了基督之愛。如我們之前所言，聖經並沒有將愛與道德律區分開；反之，聖經一直反覆將二者整合，認為愛是律法的實現與總和。聖經的立場也拒絕例外的相對論或情境倫理學，因為它們無法為道德確立疆界。

如果主張不是所有的行為價值與規則都是絕對的，它依循人們的需求，偶有例外，並不是律法論者的無例外的絕對論，此第四種立場比較符合聖經的觀點，暫稱之為例外的絕對論（limited absolutism）。此一立場可以讓愛在對神的態度、行動及十誡中保有認知的內涵，也同時將律法置於基督之中，讓這不受時空影響的普遍原則可應用到不同的情境。因此，例外的絕對論可以在律法論和相對論的危險中執兩用中，「將相對論限定在律法中」，得以解決爭議。依照福爾摩斯的看法，例外的絕對論允許下列相對的型態：

1. 普遍性原則在獨特情境時，可以有相對性（例如耶穌開釋的例子，在安息日時可工作，或做其他應該做的事）。

2. 倫理原則的理解與應用的因時制宜，可以有相對性（如聖經時代的奴隸制與一夫多妻等等）。

3. 不同文化的差異使然，可以有道德的相對性，但並不是道德原則的不同（如聖經時代的求婚方式與婚姻儀式與我們現在的差

異）。

　　福爾摩斯繼續詮釋聖經倫理學例外的絕對論立場，絕對不變的要素是：(1) 神的品格永恆，祂制訂的律則不是要人們當成是獨斷的條規，而是爲人類生活提供智慧指引；(2) 愛的律則與十誡中呈現的道德律、山中聖訓的詮釋，以及先知和使徒們的著作應用在不同的歷史情境，這些都是不變的。[35]

倫理學額外的一些觀察

　　在我們結束探討基督倫理學之前，簡要歸納幾項重點。首先，聖經的倫理立場是主內派（internal），而非主外派（external）。* 耶穌曾指出心存恨念或淫蕩之想法與這些行爲一樣不道德，祂也指出，心裡所充滿的，口裡就會說出（馬太福音5：21-28；12：34）。從聖經觀點來看，個人外在行爲是其內心態度的結果。薛佛說：「想法眞是回事，恨意不僅會導致謀殺，恨意在道德上就是謀殺。」[36] 若此，聖經倫理學較之心理學行爲論者所提供的各種塑造模式實更爲深刻。聖經倫理學超越了外顯的行爲與其行爲後果，直入人們內在想法和動機。就此而言，聖經倫理學也是高要求標準的倫理。

　　再者，聖經倫理學是建立在個人與神和他人的人際互動上，涉及彼此之間的實際關懷，不能滿足於只是法律或機械式的關係。當然，人們相互之間也應該有法律規範，但超越於此，也必須是個人式的關懷關係。

　　第三，聖經倫理學是建立在每個人都是神依照自身形象而造的事實，人能從事因果推理，進行道德抉擇，個人因此能在例外的絕對論架

---

* 倫理學之主內派以康德的義務論爲代表，認爲道德行爲不假外求，本身有其客觀價值，重視個人內在存心動機，孟子的善端亦如是。主外派以效益主義（utilitarianism）爲代表，認爲道德判斷之標準，在於行爲的後果，與動機無涉。讀者可參考吳俊升之《教育哲學大綱》（臺灣商務印書館）之相關章節，也可參考本書附錄二之說明。

構下過著有德的生活。倫理行誼是超越賞善罰惡式塑造的守規矩或守法
（如天堂地獄觀），是理智的過程。「未經思考的道德」（unthinking
morality）在語意上是個矛盾的詞語（意指道德在概念使用上就蘊含著
理智思考）。

第四，基督道德不僅關心人類之善，更期待能止於至善。李維斯
在其書中舉了很有趣的反例，某位教師問學校的一位男孩心目中對神的
想法，小男孩回答，「神是那種處心積慮，一天到晚窺探人們是否耽於
逸樂，不讓人快樂的傢伙。」其實，基督倫理學不是要阻礙人類良善生
活，若以機械隱喻為例，「實際情形是道德規範是提供人類機械運作順
暢的導引，每一個道德規範的用意是要保護以避免故障、過勞或摩擦
等，讓機械得以運作。」[37] 我們要以積極的態度，而非像小男孩消極
的心態，來看待基督倫理學。這種立場的必然推論就是基督生活中主要
勉勵我們藉由重生以過新的生活方式，而不是槁木死灰的沉溺過往生活
方式。太多的基督徒們都從消極的觀點看待道德，基督徒的成長絕不是
消極的不作為，而是要主動在日常生活中力行。基督倫理學是積極倫理
學，基督生活若要反映基督倫理觀，要體現積極、主動的經驗。

最後，基督倫理學之功能是救贖與回復。人類墮落後，人變得與
神、其他人、自我與周遭環境疏離，倫理生活的角色正是要讓人以回復
關係的方式生活，帶領人們回到當初被創造時的完整地位。

基督倫理學與教育

基督倫理學可以為基督教育提供豐富啟
示。舉例言之，倫理學可以用來規範教學方
法，教師（或家長）對律法論或反道德教條
論之間緊張性所持之立場，就會有助於他們
思考班級紀律是要建立在權威控制、放任無
為，或道德原則脈絡下的個別學生責任之上。

同樣地，基督倫理學的他者中心和服務

> 基督倫理學之功能是救贖與回
> 復。人類墮落後，人變得與
> 神、其他人、自我與周遭環境
> 疏離，倫理生活的角色正是要
> 讓人以回復關係的方式生活，
> 帶領人們回到當初被創造時的
> 完整地位。

導向對於基督教育的社會功能，以及學生間、教師間、師生間合宜關係的教育議題，都可提供重要的啓示。除此之外，更重要的是倫理學揭示的熱愛上帝的品格，直接涉及基督教育打造品格的教育角色，教育的重要任務既然是協助學生發展似基督的生命，這也就構成基督教育的核心。總之，基督倫理學有別於知識論，爲基督教育提供另一重要哲學基礎的梁柱，因此也廣泛影響教育各個層面。

基督美學

人類是美的存在

個體不僅能欣賞美，他們生來就是承繼著神創造的一切。人們幾乎在各個年紀都會透過藝術作品美化環境，從聖經的觀點來看，這是因爲人們是由造物主神依自身形象而創造。神不僅創造，而且創造美的事物。否則，祂盡可製造出無色的地球，沒有鳥語花香的環境，人類和其他生命形式都在此沒有愉悅精緻的環境下生活。美的存在，本質上就透露了上帝的一些屬性，也說明了美的事物是相似於祂。人類是美的愛好者，他們因著與神獨特的關係，而尋求創造美的一切。神創造人與神造其他事物最大的不同是，其他萬物是從無中造出（希伯來書 11：3），而人是神依既定的形象塑造出來。

基督藝術中的美與醜

創造本身是好事，但這不是說所有人創造出的都好，都美麗、典雅。人類雖由神依其形象造出，但他曾墮落，與神疏離，對實體、眞理、價值產生扭曲，也是不爭事實。而處於當世之時，人們仍處於各種分離、疏離、精神生命的死亡狀態，可想而知，創造出的藝術形式不只是彰顯眞善美等，也可能呈現爲反自然、謬誤或扭曲等事物。地球是善惡衝突的場域，也影響人類生活的每一層面。藝術由於深受情感影響及涉及人類存在的複雜深度，其衝突也特別明顯，也有巨大力量。

基督美學領域涉及的主要問題是，藝術諸形式的素材是否只能處理

美好的事物，或者是能否包含醜陋及怪異風格等的爭議。假如我們以聖經當範本，很難說聖經只處理善及美好事物，善惡都恰如其分的在聖經加以討論。只單面強調善美是浪

> 藝術形式不只是彰顯真善美等，也可能呈現為反自然、謬誤或扭曲等事物。

漫式的美學實踐，遠離了真實的人生，基督教面對的是真實的生活，所以基督教絕不會只談善美。薛佛指出基督世界觀有大主題及小主題。[38] 小主題討論的是人悖離了神、逸出常軌的世界，結果人遠離了神，只見到自己無意義的一切。小主題描述的是人性罪惡及挫敗的面向，大主題是其對立面。聖經形上學高舉的立場是神存在的事實，人不是全迷失了，生命並不荒謬；人是重要的，是上帝依其自身形象而造。

　　假如藝術只強調大主題，既不見容聖經，也不真實。[39] 這絕非聖經的藝術，只是浪漫主義的餘蔭，缺乏「真實生活問題」的寫照，聖經當然拒絕把此視為真藝術的正當性。在另一方面，若只侷限小主題的人類迷失、陷溺和偏態等，那也不是聖經藝術觀的原意。

　　聖經同時處理大小主題。聖經是很寫實的生活書，毫不留情呈現人類陷溺的全貌。不過，聖經呈現人類墮落面，本身並不是目的；反之，罪、惡、醜的呈現，是要說明人類原罪生命有賴神恩典拯救的迫切需要及其效果。聖經如實呈現美醜關係，基督徒們將能透過信仰，看到神是真善美的化身，而能辨識美醜。

　　基督美學中，藝術形式中的美醜關係的全部問題是關鍵所在，這從保羅立下的原則，人類看見神而獲得改變的過程，可看出來（哥林多後書 3：18）（該節原文：我們眾人既然敞著臉，得以看見主的榮光，好像從鏡子裡返照，就變成主的形狀，榮上加榮，如同從主的靈變成的）。美學有著倫理學的承載，人們所讀、所見、所聽、所觸，對日常生活都有影響。因此，美學在基督生活中居於核心位置。美學的影響是核心的，因為基督藝術的使命及終極任務，正是要完整發展基督生命，讓基督徒浸淫在所有美以及和諧的生活中。

藝術和基督責任

路可馬克（H. Rookmaaker）提及：

> 藝術作為神的創造，有自己的意義所在，無須證成，其
> 存在之理由是神給定的責任，因此能實現許多功能，這是神
> 創造事物豐富性與整體性的證據。藝術能作為溝通方式、代
> 表高尚價值、妝點環境，或恰如其分的表現美的事物。藝術
> 用在教堂，再自然不過，如受洗盆的裝飾、各式溝通服務儀
> 式的銀質器皿等等。但藝術的應用不限於此，藝術幾乎可用
> 在各式各樣的活動。然而，所有這些應用的可能總加起來，
> 也沒有「證成」藝術本身。[40]

> 美學的影響是核心的，因為基督藝術的使命及終極任務，正是要完整發展基督生命，讓基督徒浸淫在所有美以及和諧的生活中。

路可馬克稱藝術在藝術層面以外無須證成，這是對的。許多神造之美在藝術本身以外，沒有其他功能。我們可看到耶和華諭曉猶太人時，要猶太人建造教堂時要盡善盡美（for beauty）（歷代志下 3：16，欽定版聖經；出埃及記 12：34，此兩篇節新國際版並未出現 beauty 字眼，和合本中文版則有華美字眼）。

但在另一方面，路可馬克認為藝術有許多功能性的目的，他也沒說錯。其中一項潛在的目的是為了溝通，他說「藝術家，幾乎毫無例外地，努力透過其作品表達一些想法，很少只是為了藝術的要素本身而自娛。」他接著說，藝術不必然是實體的摹本，反而「常是實體的詮釋。」[41] 畫家、詩人、音樂家，以及其他類藝術家的素材及技法都代表其世界觀——他們心目中對何事是有意義、深刻、重要等的想法。有些藝術作品反應疏離、無意義、荒謬與失落等等，其他藝術工作者則表現另類的觀點。

有些藝術作品比諸另一些作品更清楚呈現其創作者之世界觀。對藝術創作者或消費者選擇文學、音樂或視覺藝術而言，藝術並不中性。[42] 人們是在一個文化、哲學和感知的脈絡中，加以選擇和創造藝術。西韋德（C. Seeveld）寫道：

> 簡而言之，藝術述說的是人們心中所想、眼中所見的世界。藝術常是述說其服務對象所持的立場，因為藝術常是神聖的奉獻，不訴諸教條卻又帶著可畏的感染力，為某事帶來榮譽、榮耀與力量。[43]

理解藝術不中立的事實在基督教育中極其重要，因為人們在當代文化和社會生活中，無時無刻不在吸收藝術的訊息。

沃托斯多夫（N. Wolterstorff）認為從聖經的觀點來看，可以把基督藝術家們視為是服務神及其他人的「責任僕人」（responsible servant）。[44]這種觀察特性的確恰當勾繪了基督的才能教學及聖經他處的提點，我們每人要為他人的健康與幸福負責。

我們可以說基督之愛是美學、藝術及倫理行為的基礎。如果愛意味著幫助其他人，讓他們的世界更美、更和諧、更適於人居，那根據路可馬克的詮釋，藝術家的獨特天賦就有驚奇的天職。基督藝術家的天職與責任是「創造天籟之聲、形體、故事、裝飾等，使環境對人有意義、充滿愛與喜樂，讓生活更美好、更有價值。」[45]為了達成此一目的，藝術家必須見證造物主神的愛，當祂發展人類之感知（美學）官能時，是超越於生存的必須之上。美及藝術在我們生活中所扮演的角色是協助人們，經由提升感知情感、品味及鑑賞作品意義的能力，讓人性更完整。人性是美學的存有，他們的生活及教育不能忽略美學帶來的正面成效。

美學額外的一些觀察

基督美學並沒有用狹義的「宗教」立場把基督藝術侷限在宗教主題中，渠等認為宗教歸宗教，世俗歸世俗。反之，基督教認為每件存在的事物都是神創，都可對藝術產生啓示。確切說來，每一個基督藝術創作者和藝術作品的消費者都有一信念體系，以引導他們看出藝術素材、技法有別於他者，是神愛世人及神造之美的見證。或許，藝術的創作和消費部分可訴諸於品味，然而，除了品味以外，我們也得體認藝術價值無法孤懸，而是直接涉及人們的形上、知識及倫理信念，是這些哲學信念形成了人們的藝術品味，提升他們的藝術鑑賞標準。

聖經美學觀並不會把特定的藝術表現形式視為「基督教」專有，聖經的藝術形式是展現在更大的當代文化中。藝術形式會改變，藝術也可表現在不同的文化和技法模式中，但仍應高舉不變的神愛訊息。聖經美學觀也不會把詩、古典音樂等「高級藝術」與日常生活的對象二分；反之，聖經觀點一直想突顯神對於人們生活中的每一個藝術層面都會感興趣。

或許，聖經觀中最美的是那些有助於回復人們與造物主神、他人與其自我良善關係的作品，而惡、醜、不美的作品則是阻礙此回復過程的作品。基督美學的終極目的是華美的品格，基督徒們最普遍的挑戰，以及基督藝術家獨特的任務就是發展藝術的形式及美學的環境，使得基督教育能成為墮落之人回復神創地位的代理機構。

基督美學與教育

美學價值與教育之關聯比一般人最初的設想實更為密切。以信念為例，人們對於聯繫著與藝術表現形式中對美醜看法所持守的信念，以及從美學到倫理行動中用以評估視覺藝術、音樂、文學等類型應否納入課程標準之關聯等信念，都有助於如何看待藝術創作及其在教育中的價值。學校以外，這些信念也能為人們觀賞電視、從事書報閱讀等休閒活動時，提供選擇與理解之標準。

神造的美麗世界之事實對整體教育環境的美學意涵無庸贅言，因此，學校建築、學生服儀，乃至課後作業的細節，無一不在學校的美學關注範圍內。基督教育可以同時讓學生體會其日常生活及所謂「高級文化」的美學角色。除了認知美學外，基督倫理學也賦予基督教育協助學生體會其利用美學豐富教育環境的責任。對基督教育工作者而言，輕忽美學，就是忽略教育重要面向，因為從聖經觀點，忽略美學正意味著對人、對神的看法失之精準。

基督教哲學與教育

本章論基督教哲學是第三篇論「哲學和基督教育」的重頭戲，因為本書假定了哲學信念對任何社會團體而言，都可為教育實踐的良善範圍提供基本判準；雖然哲學信念並不是唯一教育實踐的決定因素，政治、社會、經濟勢力都會修正哲學在日常生活的影養力。

基督學校的存在，在更大的文化視野下，提供了一般公立學校以外不同的哲學假定與教育邊界。例如，基督教視聖經為主要可靠的知識來源，視耶穌為耶和華上帝及拯救者為真的信念實體，使得人們願意投諸時間精力與資源創設以基督形上學和知識論為核心的基督學校。

這些信念不僅說明了基督學校的存在，也為課程選擇、教學方法和營造師生關係提供了標準。哲學信念中的倫理學與美學也幾乎影響到基督教育的每一個層面，舉凡音樂、文學科目的教材選擇、制訂，或執行學校或班級規則、班級經營，以及在班級或運動場上的競爭角色等等。

教育實踐深受哲學信念所影響，當教師、父母和其他教育工作者想要向年輕人傳遞其世界觀，面臨實際衝突時，會產生沒有必要的困擾。健全的教育方案要在外在環境許可下，謀求與其哲學信念的和諧。

教育環境的條件既然隨著時空而改變，教育工作者自覺支配其行動

的信念就很重要，這樣他們在運用其世界觀下的教育原則時，才能保持靈活彈性。應用哲學信念於教育實務中既是教師選擇的自由，也是其責任之所在，這項責任與選擇正是教學專業的一部分。

> 教學不是為涉及的人去學一套公式，也不是基督品格藍圖之亦步亦趨，教學毋寧是要求教師展現責任思考與行動的藝術。

教學不是為涉及的人去學一套公式，也不是基督品格藍圖之亦步亦趨，教學毋寧是要求教師展現責任思考與行動的藝術。為了實踐教學藝術，教育工作者必須理解心理學、社會學和哲學對人類的整合啟示。此一理解，對父母及專業教育工作者而言，都是重要的基礎。

⊘ 討論問題

一、本篇對基督形上學的討論遺漏什麼？試著發展一套架構，看看你會如何處理基督教形上學主題？

二、請討論知識論對基督學校運作上的啟示。

三、身為一名教育工作者，請討論基督倫理學是如何（或應該）影響你的日常教學工作？

四、為什麼美學在基督教（或非基督教）環境中有其衝突？

五、在基督哲學中，為什麼過度強調競爭有其問題？

⊘ 註釋

1. 有關基督教形上學的人類學觀，完整的討論可以參考第 10 章學生本質一節的討論。

2. Francis A. Schaeffer, *He Is There and He Is Not Silent* (Wheaton, IL: Tyndale House, 1972), p.1.

3. 見 Viktor E. Frankl, *Man's Search for Meaning: An Introduction to Logothera-*

py (New York: Washington Square Press, 1963)。存在主義式的啟示更進一步點出了納粹集中營環境下的一些問題。

4. 或許悌塔司（H. Titus）要我們留意之處也是類此觀點，他認為信念的真或假不在於人們的願望，因為願望的想法會導致人去思索不在那裡的事物。「然而，忽略存在的事物等同於陷入險境。」*Living Issues in Philosophy*, P. 335.

5. Herman Harrell Horne, *The Philosophy of Christian Education* (New York: Fleming H. Revell Co., 1937), p.163.

6. James, *Essays in Pragmatism*, p.109.

7. 本章並沒有充分的篇幅探討神學對於意義問題回應的根本問題。假如自然進化論的基礎問題是生命如何從無中生有，那超自然主義的根本問題必然涉及第一因的成因，用另一話說，即神從哪裡來之提問。我個人對此問題做了相當的討論，見 "How Did the Galaxies Come into Existence?" *These Times*, September 1, 1978, pp.8-12.。

8. 有助於讀者對惡的問題及其結果之討論，見下列諸著作：Norman L. Geisler, *The Roots of Evil* (Grand Rapids, MI: Zondervan Publishing House, 1978); John Hick, *Evil and the God of Love*, rev. ed. (New York: Harper & Row, 1978); John W. Wenham, *The Enigma of Evil: Can We Believe in the Goodness of God?* (Grand Rapids, MI: Zondervan Publishing House, 1985); John S. Feinberg, *The Many Faces of Evil: Theological Systems and the Problem of Evil* (Grand Rapids, MI: Zondervan Publishing House, 1994).

9. 對此一議題非正式的討論見 Hendrik Kraemer, *Why Christianity of All Religions?*, trans. Hubert Hoskins (Philadelphia: The Westminster Press, 1962). See also the discussion of "Revelation Outside Christianity" in Leon Morris, *I Believe in Revelation* (Grand Rapids, MI: Wm. B. Eerdmans Publishing Co., 1976), pp.148-59.

10. Kraemer, *Why Christianity of All Religion?* P. 39. 讀者在此可能會發現，我是從形上學的關注中帶到知識論。如之前提及，形上學和知識論無法單獨談而不涉及其他。你對實體之理解，不可能不涉及你的真理觀和如何獲得真理的方式。反之亦然。

11. Ibid., p.80.

12. Ibid., pp.81-82.

13. Ibid., pp.82-83.

14. Ibid., pp.94, 99.

15. 前揭書，p.99。有關世界不同宗教對「罪」概念的比較分析，見 Bernard Ramm, *Offense to Reason: The Theology of Sin* (San Francisco: Harper & Row, 1985), pp.58-61.

16. C. S. Lewis, *Mere Christianity* (New York: The Macmillan Company, 1960), p.56.

17. 讀者無須混淆專業基督徒的實際生活與世俗組織之差別。

18. Frank E. Gaebelein, "Toward a Philosophy of Christian Education," in *An Introduction to Evangelical Christian Education*, ed. J. Edward Hakes (Chicago: Moody Press, 1964), p.44.

19. Arthur F. Holmes, *Faith Seeks Understanding: A Christian Approach to Knowledge* (Grand Rapids, MI: Wm. B. Eerdmans Publishing Co., 1971), p.32.

20. Bernard Ramm, *The Pattern of Religious Authority* (Grand Rapids, MI:Wm. B. Eerdmans Publishing Co., 1959), p.44.

21. Arthur F. Holmes, *All Truth Is God's Truth* (Grand Rapids, MI: Wm. B. Eerdmans Publishing Co., 1977), pp.8-15.

22. Roy A. Clouser, *The Myth of Religious Neutrality: An Essay on the Hidden Role of Religious Belief in Theories* (Notre Dame, IN: University of Notre Dame Press, 1991); Richard J. Edlin, *The Cause of Christian Education*, 2d ed. (Newport, AL: Vision Press, 1998), pp.41-54.

23. H. Richard Niebuhr, *Christ and Culture* (New York: Harper & Brothers, Torchbook Edition, 1956), pp.238, 234.

24. Donald Oppewal, Biblical Knowing and Teaching, Calvin College Monograph Series (Grand Rapids, MI: Calvin College, 1985), pp.7-9.

25. Lewis, *Mere Christianity*, p.109.

26. 生活中，真偽常相伴而生，健康的自愛與不健康的自戀，亦然。耶穌提倡健康的自愛，這也是黃金律（你們願意人怎樣待你們，你們也要怎樣待人）及第二誡命（愛人如己）的基礎（馬太福音 7：12；22：39；路加福音 6：31）。除非我先愛我自己，否則無法愛他人。健康的自愛來自於神愛我，而不是我的內在善。因為唯有神愛我，我才重要、有價值；若沒有神愛，我將一無所有，也沒有存在意義。神愛他人，一如神愛我，因此我要盡全力愛人。在神眼裡，他人就和我一樣有價值（或無助），曲解的自愛排除了神，

讓自我居於中心，也排除了愛與服務，淪爲驕傲與自私的根源。

27. Holmes, *Faith Seeks Understanding*, p.97.

28. John Powell, *The Secret of Staying in Love* (Niles, IL: Argus Communications, 1974), pp.44, 48.

29. Anders Nygren, *Agape and Eros*, trans. Philip S. Watson (Philadelphia: Westminster Press, 1953), p.232.

30. Carl F. H. Henry, *Christian Personal Ethics* (Grand Rapids, MI: Wm. B. Eerdmans Publishing Co., 1957), p.219.

31. Holmes, *Faith Seeks Understanding*, p.93.

32. Ibid.

33. Joseph Fletcher, *Situation Ethics: The New Morality* (Philadelphia: The Westminster Press, 1966), p.124.

34. Holmes, *Faith Seeks Understanding*, p.94.

35. Ibid., pp.97-98.

36. Francis A. Schaeffer, *True Spirituality* (Wheaton, IL:TyndaleHouse, 1971), p.111.

37. C. S. Lewis, *Mere Christianity*, p.69.

38. Francis A. Schaeffer, *Art & the Bible: Two Essays* (Downers Grove, IL: InterVarsity Press, 1973), p.56。在此，「小」、「大」之術語用在討論音樂時，二者並無關係。

39. See Leland Ryken, *Culture in Christian Perspective: A Door to Understanding and Enjoying the Arts* (Portland, OR: Multnomah Press, 1986), pp.264, 15.

40. H. R. Rookmaaker, *Art Needs No Justification* (Downers Grove, IL: InterVarsity Press, 1978), p.38.

41. H. R. Rookmaaker, *Modern Art and the Death of a Culture* (Downers Grove, IL: InterVarsity Press, 1973), pp.231, 236.

42. Rookmaaker, *Art Needs No Justification*, p.45.

43. Calvin Seeveld, "Christian Art," in *The Christian Imagination: Essays on Literature and the Arts*, ed. Leland Ryken (Grand Rapids, MI: Baker Book House, 1981), p.390.

44. Nicholas Wolterstorff, *Art in Action: Toward a Christian Aesthetic* (Grand Rapids, MI: Wm. B. Eerdmans Publishing Co., 1980), pp.67-91.

45. Rookmaaker, *Modern Art and the Death of a Culture*, p.243.

chapter 10

基督教育哲學

　　基督教是建立在明確且唯一的實體、知識和價值觀之上，教育的具體成形是來自於這些信念的世界觀上。基督教育，不僅僅是一個術語，更應看成是基督教哲學基石下，有關學生潛能、教師角色、課程內容、教學方法，以及學校社會功能的本質觀。

　　本章重點無法窮究基督教育全貌，也無法彰顯實際教學方法應用的細節，我的目的是探究一些建立在基督教世界觀下的教育原則。當教育工作者選擇或使用特定教育技術，或在特定教育情境實際加以應用時，這些原則可視為指引。

　　本章目的也不在於區分社會中不同的教育角色，我把焦點放在學校。當然，由於父母和教會工作者也可視為是教師，本書對於學校的詮釋，很多地方也適用在家庭及教堂。家庭、教堂和學校各自照顧相同的孩子。學校、家庭等雖有不同情境，孩子的本性及需求沒有不同；家庭和教堂各有課程和教學型態，二者亦如學校一樣，肩負社會功能。因此，父母、教堂工作者、教師們亟需對其教育功能的互賴性質懷抱更大的視野，並發展相互之間欣賞、溝通的有效管道。基督教育（Christian education）的範圍廣於基督教的學校教育（Christian schooling），所以，學校的基督徒教師，與他們在家庭和教堂中建立合作的立足點是重要的。畢竟，家庭、教堂、學校致力的是最有價值之目的，每一個神的孩子，理想上都建立在相同的原則上。

學生的本質與基督教育之目的

伯克瓦（G. C. Berkouwer）曾寫道：「『人是什麼？』是神學和哲學上關注的核心問題。」[1] 這也同樣是教育思想中的核心問題。學校最重要的組成是學習者：這些學習者是誰？他們最核心的本性是什麼？他們的理性、積極層面、消極屬性是什麼？學生的本性是善、惡，或是中性？學生的需求是什麼？學校又應如何回應這些需求？不同的教育或社會理論，對這些問題各有關鍵性的答案。誠如楚布納德（D. Elton Trueblood）說道：「除非我們清楚人是什麼，否則我們無法弄明白其他更多事。」[2]

人的本質與神的形象

尼伯爾（R. Niebuhr）曾指出最主要的特性，「基督徒對人的看法，主要是站在神的立場上，而不是從人們自己理性官能的獨特性或他們與自然的關係。」[3] 聖經對人類最重要的提點是「神就照著自己的形象造人」（創世記 1：27）。人性與造物主神（Creator-God）是處於奇妙獨特的關係，由於神是依照自己的形象造人，也使得人與其他動物世界有巨大鴻溝。人不僅是高度發展的兩足動物，每個人更是來自神的形象，也因此領受著神性。愛與理性是神的特性，也是人恆常的特質。

人的獨特性置中於神揀選人的這一事實，神在地球俗物中揀選人此一生物參與管理和問責（創世記 1：28）。人由上帝所創，領受著管理的神聖天職，唯有人才能成為上帝在世上唯一的輔佐、先知與牧師，表現在人性的行為上。人類也被上帝賦予拓展其能力，能過內外兼修的心靈生活，也能透過其共通及個別的意識傳遞人類共同的世界及個別的經驗。聖經揭示，神使人有能力溝通，並與祂發展個別的關係，祂的形象延伸到每一個別的人上。神同時將自己心智、精神及身體的模樣賦予在

人上。然而，伯克瓦指出，「考量到人只能領受神的部分形象，聖經也不全然保證。」[4]

人被創造出的圖像是具有愛、善、可靠、理性、正直的特性。基督教並沒有提出太多的看法以正視人不再具有完整的愛、善、責任、理性或正直。人類社會一般人及個別的人際關係，前述的良善常受侵略、疏離、殘忍及自私所破壞。

人類業已改變，創世記第 3 章中勾繪了人類改變導致墮落的窘境。人類拒絕神，選擇自己的路，導致人變得疏離，並與神遠離（創世記 3：8-10），與配偶疏離（創世記 3：11、12），與自身的疏離（創世記 3：13），與世界的疏離（創世記 3：17-19）。人的形象從各個層面都崩潰，人選擇自外於生命的本源，因此，終至臣屬於死亡（創世記 2：17；3：19）。

> 學校最重要的組成是學習者：
> · 這些學習者是誰？
> · 他們最核心的本性是什麼？他們的理性、積極層面、消極屬性是什麼？
> · 學生的本性是善、惡，或是中性？
> · 學生的需求是什麼？學校又應如何回應這些需求？
>
> 不同的教育或社會理論，對這些問題各有關鍵性的答案。誠如楚布納德（D. Elton True-blood）說道：「除非我們清楚人是什麼，否則我們無法弄明白其他更多事。」

我們須留意即使人的形象受損，也被極大的扭曲，但並沒有澈底毀壞（創世記 9：6；哥林多前書 11：7；雅各書 3：9）。誠如克爾文（John Calvin）指出，墮落之後，人的形象依舊「殘留」（residue）。「墮落的天性」中「部分亮點依然閃耀」[5]。因此，雖然人們曾因為墮落而導致扭曲與沉淪，他們依舊是人。薛佛（F. Schaeffer）指出，「人的成就，證明了其並非一無是處，雖然人們終究常常表現出沉淪陷溺的樣態。」[6]

人類的本性歷經墮落之後，呈現矛盾衝突的情形，一般人交織在善與惡的力量之間，同時在善的渴望與惡的追逐中。即使人們本性誘使他們選擇惡，人們仍受善的牽引。若不從墮落的觀點，實無從理解人性這

種兩難的現象。

　　聖經的啓示，人性源自於神，歷陷溺後已說明了人性潛在的善惡。個人生活在非常態的世界中，他們彼此之間分離，遠離了神。墮落的人性更蓄勢待發的悖離反抗造物主，人性中也有自然傾向將其自身置於神的位置，力抗宇宙律則（羅馬書 8：7）。人的目的是要展現其自主性，很不幸，這種悖離性及自視爲神的欲望，正是墮落的溫床。

　　處於墮落的人們自己無法認清其窘境，因爲人類本性自欺使然（耶利米書 17：9）。人性當今最大的迷惑是對自己眞實處境的無知，忽視了無法獲得協助改善的可能性。聖經揭示了處墮落之境的人拒絕神，致使自身無法發現造物主。

人形象的回復與教育的救贖、洗滌角色

　　幸運地，陷溺的人性並沒有處於全然無助的地步，神開啓了另一扇門，指引人們從陷溺中走出，更新且回復祂的完美形象於人身上（歌羅西書 3：10）。這也是基督降身入世的理由。神第一次應許人回復與洗滌見諸創世記第 3 章第 15 節，亞當和夏娃最先被救贖。舊約聖經記載犧牲服務的完整應許方式，已預示了日後耶穌基督作爲神的羔羊，犧牲自己以去除世人的罪惡（約翰福音 1：29）。耶穌肉身降世，把墮落的人從罪惡中拯救出來（完整可見約翰福音 3：16、17）。

　　詮釋基督工作最好的術語莫過於救贖（atonement, at-one-ment）和「洗滌」（reconciliation）。祂的任務就是盡可能倒轉墮落後的結果，使人能與神和諧，與他人和諧，與自欺的自己和諧，與自然萬物和諧。[7]

　　在此微言大義中，愛的兩大戒律可視爲是個人與神、個人與其他人斷裂關係回復的強調。除此之外，基督教學強調自我省察、原罪告解的必要，人們信賴祂的正直，藉此方法校正自我。這種回復關係將使地球最終回到當初伊甸園的情境成爲可能。聖經植基於神學的訊息，點出了

當人性回復到與自然和諧的時刻（以賽亞書 11：6-9）。假如人們進入罪惡中，導致墮落與周遭關係的疏離，那福音的本質就是要重建這些關係。全部救贖的過程就是經由聖靈的代理者，將神的形象回復。教育正是神致力於回復及洗滌的臂膀，可視爲一種救贖的活動。

　　學生的天性、條件與需求，爲基督教育哲學及指導教育工作者邁向基督教育提供了重要的觀點。所有的學生都是神的孩子，都必須被視爲具有無限潛能的個體，學生的最大需求就是認識到耶穌基督即上帝和救世主。基督教育的救贖、回復及洗滌目標可用來評價基督教育涉及的各個層面，包括教師角色、課程重點、適切的教學方法，以及爲公共教育提供基督取向教育的理由。

> 假如人們進入罪惡中，導致墮落與周遭關係的疏離，那福音的本質就是要重建這些關係。全部救贖的過程就是經由聖靈的代理者，將神的形象回復。教育正是神致力於回復及洗滌的臂膀，可視爲一種救贖的活動。

　　威霍特（J. Wilhoit）指出，聖經的「人性觀與世俗的教育理論目標並不相同，是〔因此〕基督教要全盤採用這些世俗理論的主要困難。」[8]基督取向的教育必然關注到人類的需求及條件，我們在檢視教師任務時，會重新回到基督教育目的。

一些有關學生天性的教育考量

　　人性探討中除了前述有關 *imago Dei*（神的形象）的核心立場外，基督取向教師對學生的看法仍有其他幾個重點必須注意。首先，聖經視每個人爲一完整的個體，並不把人勾繪成二元或多元風貌，因此，並不像柏拉圖觀念論般地，嚴格區分身體與心靈（soul）。當神整合塵土與氣息，亞當於焉成爲有靈的活人（創世記 2：7）。聖經強調時刻來臨時的身體復活，而非「沒有身體的精神」（約翰福音 5：28、29；帖撒羅尼迦前書 4：16、17；哥林多前書 15：51-54）。

　　全人的理念對神而言是重要的。身體不比精神重要，反之亦然，

影響到個人的某一部分，也會影響到全身。觀乎耶穌復活的發展，人的精神、社會、身體和心智均衡發展，應以耶穌復活發展爲理想（路加福音 2：52）。當今人性發展面臨的兩難，部分在於墮落後的人們所處之境缺乏健康與其身體內部各個部分之關聯。因此，教育的救贖功能在於回復每個人各個部分的健康以及整體發展。人形象的回復包含社會、精神、心智以及身體等各分枝，教育亦如是。

再者，假設人被視爲全人，他們必然受制於心智，而非動物的欲望或習性。要成爲神的形象，人們能理性的從因到果的推論，能爲選擇負責，並能尋求精神歸宿。根據聖經，人們在神特殊啓示的協助及聖靈的指引下，能夠運用理性獲致眞實的選擇自由和從事道德抉擇。這種選擇的自由當然不是人可以不靠神生活，全然自主；而是人的確可以選擇耶穌基督作爲上帝，遵循祂的原則而活，或是以撒且爲師，臣服於罪惡與死亡的律則中（羅馬書 6：12-23）。

李維斯（C. S. Lewis）指出，神讓人的自由意志之所以可能，不是因爲它不會出危險的差錯，而是因爲即使自由意志可能爲惡，這亦說明了確切的一件事，「自由意志使任何值得擁有的愛、善、愉悅成爲可能。」[9] 人們沉湎於欲望或性慾遠大於受聖經觀點的節制，人們的行動選擇也遠勝於動物或機器的受限性，但是很不幸，人們常常選擇向動物和機器看齊。

第三，基督教育工作者必須肯認與尊重每個個體獨特性的價值。耶穌的宣教生活，無論是對其門徒或是其他信眾，都涉及祂與每一個個體的關係，是我們永恆學習的範本。相反地，猶太教的法利賽人（Pharisees）、撒都該人（Sadducees），甚至於耶穌自己的門徒都把「他者」（others）視爲「一群」（the herd）。觀念論或浪漫主義的問題部分在於他們對於個人獨特性與個別性曖昧不明。[10] 基督哲學教育工作者審視學習者時，一項鮮明的特色是他們不會忽視人類個別性的重要。

這種對個別性的肯認與尊重並不意味著基督教育哲學忽略群體的重

要。門徒保羅撰寫哥林多書關注到聖靈的恩賜時，同時高舉社會整體和個人的獨特價值（哥林多前書 12：12-31）。保羅的論點之一是當社會整體的個別成員其重要性和獨特性受到尊重時，身體（社會集體）才會健康，教育機構及教堂都一體適用。循此觀點，健全的班級不是毫無節制的個人主義，而是在尊重團體的脈絡下尊重個人。

第四，人類墮落後，其種族問題未變，人性自彼時起也一直處於善惡勢力的拮抗。溯自種族問題引入罪惡之後，兩類人性滋生，一部分個體依然對抗神，另一類人則接納基督為救世主。在歷史長流裡，人類所處的窘境雖會變化，但萬變不離其宗的是善惡間的巨大衝突。事實上，人類今天面臨與摩西、保羅同樣的誘惑與挑戰，那是因為時空地理的藩籬不影響人類問題的不變本質。聖經歷久彌新，不斷向人們揭示普遍訊息，聖經在教育上的價值正是其直指罪惡問題之核心及其回應之道──這是全人類都必須面對的課題。

基督教觀點下的學生都可視為上帝之子，每位學生都是上帝形象的容受器，基督也為他們而犧牲。因此，每位學生都有無限及永恆的可能性。每一位學生，都是耶穌為了他們的重生而讓自己被釘在十字架上付出的代價，這是唯一評估學生價值之所在。

基督教信仰的教育工作者能理解人類發生衝突問題之所在，能體會每個學生都是上帝王國的入幕之賓，應該得到我們竭其所能提供的最優質教育。基督教育工作者能見到外表行為華麗下的一切，能正視人類問題的核心──罪，其遠離神的品格與生活。用最完整的話來

> 基督教觀點下的學生都可視為上帝之子，每位學生都是上帝形象的容受器，基督也為他們而犧牲。因此，每位學生都有無限及永恆的可能性。

說，基督教育就是救贖與洗滌。基督教育透過為學生規劃各式的活動與方案，尋求學生社會、精神、心智、體魄等均衡發展。基督教育的目的與目標是回復上帝的形象於每一位學生上，洗滌學生以回復其與神、同儕、自我與自然世界的關係。

基督教師的角色

教學是聖職之型態

　　既然基督教育的功能之一是回復、洗滌與平衡神的形象於學生上，教育當視爲是救贖的活動，若此，教師的角色，就帶有聖職的意義，他們是洗滌罪惡的代理者。

　　新約聖經很明確的界定教師唯一神聖的天職（以弗所書4：11；哥林多前書12：28；羅馬書12：6-8）。[11] 尤有進者，聖經根本沒有區分教學（teaching）與宣教（pastoring）的差異。保羅寫信給提摩太時，指出作爲監督者的主教（bishop）或牧師（pastor），必須是個「好教師」（提摩太前書3：2）。保羅寫給外邦以弗所人時，並曾仿希臘人的架構指出牧師與教師可以是同一人，神所賜的，「有使徒，有先知，有傳福音的，有牧師和教師」（以弗所書4：11）。布魯斯（F. F. Bruce）評注此一段落時指出，「這兩個詞，牧師（牧羊人）與教師，代表的是同一等級的人。」[12] 從另一個角度，牧師與教師各有稟賦，重點是這兩類稟賦若想發揮其功能，不能各自爲政。牧師不僅照顧教堂整體信眾的靈魂，他還必須透過言教（precept）與「身教」（example），兼顧每一信眾與教堂法人本身。教師也同樣不只是傳遞眞理，他也必須對學生行監護人之責，持續照顧學生。基督教師的功能正是爲學生扮演牧師之角色。

　　當今牧師與教師主要的角色差異是晚近社會勞力分工使然。21世紀的社會，基督教師可以看成是在「學校」的脈絡中宣教的人，牧師則是在「更大的宗教社群」中的行教者。我們必須深刻體認，即使當今在上帝的葡萄園國度中，教師與牧師各司其職，他們二者的功能在本質上是相同的。

　　清楚又完整的將牧師與教師稟賦整合，可以在基督機構體系中看

出。基督體系中的「他」（He）常是指「師傅」（master），在希臘文中，這個字接近 *didaskalos*，最常被譯爲「教師」。[13] 在教學方法和人際互動上，基督可以視爲是最好的教學典範。[14] 從把視基督爲教師的觀點來看，傳遞福音的研究將會非常有助於世俗教室內教學運作的知識。除此之外，這些研究直接使吾人接觸基督教育之目的與目標。

基督教師作爲洗滌之代理人

基督教學的主要目標

前面對基督教育目標之描述，路加福音有清楚的說明。路加福音第 15 章記載了遺失的羊、遺失的錢、遺失的兒子之寓言，頗能清楚呈現基督教師的角色，教師要能尋回那些深陷罪惡之境的迷途者。這些迷途者可分成三類：(1) 遺失之羊（這些迷途者知曉迷路，找不到路回家）；(2) 遺失之錢與年長兒子（他們沒有足夠的靈性知曉自己迷途）；(3) 遺失的年輕兒子（這些人知道自己迷失，也知道路回家，卻反抗著不願回家）。教師是一個搜尋者，尋覓那些迷途的學生。根據稅吏撒該的經驗，耶穌揭示祂教學之職的中心原則是「人子來，爲要尋找拯救失喪的人。」（路加福音 19：10）

路加福音第 9 章中也記載了耶穌行教的經驗。耶穌一行向耶路撒冷方向去，撒瑪利亞人因此拒絕接待祂。當此之時，門徒雅各與約翰非常生氣，向耶穌詢問是否可引天國之火毀滅這些罪惡之人，耶穌的回答是「人子來不是要滅人的性命，是要救人的性命。」（路加福音 9：51-56，欽定版聖經）

基督生活及基督教育的主要目標也見諸馬太福音的主要篇章，聖母瑪麗亞將要生下一個小孩，「將自己的百姓從罪惡裡救出來」（馬太福音 1：21）。相同的思想也見諸約翰福音，「神愛世人，甚至將祂的獨子賜給他們，叫一切信祂的，不至滅亡，反得永生。因爲神差祂的兒子降世，不是要定世人的罪，乃是要叫世人因祂得救。」（約翰福音 3：

16、17）。

　　基督教師作為洗滌之代理人，他們是那群「尋找及拯救迷途者」的有志之士。他們也致力於彰顯基督精神，透過耶穌的犧牲，帶領學生重回上帝國度，並回復神的形象。

　　教學遠勝於傳遞資訊，不是將知識塞入學生腦袋中。[15] 教學也不只是在世謀一技之長，教師的主要功能要像布道大師（Master Teacher）一樣，是神的代理者，從事救贖的神聖計畫。

> 基督教師作為洗滌之代理人，他們是那群「尋找及拯救迷途者」的有志之士。他們也致力於彰顯基督精神，透過耶穌的犧牲，帶領學生重回上帝國度，並回復神的形象。

　　賴恩（E. Rian）留意到，許多教育哲學家的著作，無論其哲學或宗教立場為何，「率多同意，若依據保羅以降及清教徒的宗教改革觀，所謂『罪與死亡』的問題，其實是人的問題，無涉於教育過程及教育目的之問題。」但這樣的立場會導致「教育的錯誤以及個人和社群的挫敗。」從人性墮落窘境的觀點來看，賴恩高舉「教育即改宗」（education as conversion）。20 世紀初俄亥俄衛斯理大學（Ohio Wesleyan University）校長魏區（H. Welch）也持同樣的看法，他提及，「把學生從罪惡中贏回到正直是……基督學院的最高成就。」[16] 當然，這也適用在小學及中學。簡而言之，基督教育的目的在於救贖及洗滌，以此成就其為基督徒。

一些次要的基督教學目的

　　回復與神疏離關係後，接著也要療癒（healing）與其他類的疏離關係，這可視為基督教育的次級目標。我們已反覆強調，教育是神的救贖計畫，基督教育扮演的角色就是幫助人們從救贖中拉近與神「融為一體」（at-one-ness）的關係，也與其他人、自身、自然世界融為一體。

　　在此脈絡下，基督教學的關注點是療癒斷裂的關係。療癒與神、他人、自身斷裂關係所準備的方式如品格發展、職業準備、學生社會、情緒、身體健康等，都是為了獲致基督教育的次級目標。

　　基督教師的主要目標在於培養學生的基督品格發展。艾維（C. B. Eavey）討論品格教育作為教育主要目的時，論及「基督教育的根本目的在於將學生帶入基督之中以救贖。在神人（man of God）成就完美時，神人必是完美無疑；沒有重生，也就沒有神人。」[17] 換句話說，真基督品格也只能在獲得重生的人們身上發展。基督教以外之經驗也可能獲致良好的品格發展，如優質的人文主義，甚至於法利賽主義（pharisaism）的良善面，但這與基督教模式的品格發展並不一致。

　　神會期待透過基督教師展現聖靈動態力量重新所結的累累果實——仁愛、喜樂、和平、忍耐、恩慈、良善、信實、溫柔、節制（加拉太書 5：22-24）——進入每一個學生的生活。神發願教師們協助學生更像祂，內化祂的品格在學生生命裡。教師作為品格教育的模範角色，最為關鍵。[18]

　　基督教育另一重要的次級目標是教師要發展學生具有基督徒心靈。基督教育工作者協助學生發展基督徒的實體觀，以及運用基督的世界觀架構知識時，絕不侷限於只傳遞知識。葛力克（Gene Garrick）指出次級知識獲得的特性時，寫道「沒有重生，就不會有真的基督心靈，因為聖靈知識要從神聖的心靈中體會與應用。」（哥林多前書 2：1-16）[19]

　　我們在本章下節課程探究單元中，會花更多的篇幅討論基督心靈的發展，讀者在此只需體會，基督徒不會把知識的獲得——即便是基督教知識——本身視為目的。在傳遞知識及發展基督心靈的同時，基督教師不會忽略一事實，即他們教導學生的終極目標是著眼於為神及神的後繼者提供更好的服務。

　　其他教育的次級目標尚包括協助學生促進身體和情緒的健全發展，與他人維繫和諧的人際關係。人際的和諧關係，特別與教育作為一洗滌概念息息相關。聖經明白揭示，人若真愛上帝，他也一定會愛與關心他人如己，愛神與愛人二者是並行的（馬太福音 22：36-40）。

　　最後一項基督教育次級目標是爲學生進入職場世界而準備。然而，正如其他各個層面的基督生活，職業準備也不能與重生、品格發展、基督心靈、身心健康、社會責任感等課題分離。基督徒的生活是一個整體，每個層面彼此相關，形成完整的人。基督教師將會努力使學生將世俗的工作準備置入更大的爲上帝服務的視野脈絡中，這也會帶領我們思考基督教育的終極目的。

基督教學的終極目的

　　耶穌的生命是爲人性而服務。祂來到我們世間，引領我們向善，祂的追隨者也有同樣的使命。教育的終極目的（也就是最終成果）正是爲此準備來教化學生。循此思考，魏區歸納「爲教育而教育與爲藝術而藝術同樣糟；不過，文化委以強化鼓勵人們爲他人服務，使智者爲無知者服務，使強者爲弱者服務」，就是教育的最高目的。魏區進一步說，「基督品格若沒有表現在服務上，就不配冠以基督之名。」[20]

　　圖 10-1 說明了勸人改信上帝、品格發展、獲致基督心靈的成熟、健全體魄、職業準備等等，都不是爲了自身的目的，每一項都是個人爲

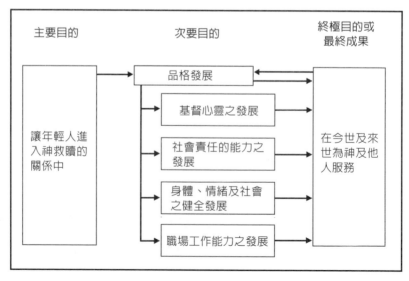

圖 10-1　基督教育形塑的教學目標

了服務其他人類的精要。正如人類墮落後，神療癒人的疏離關係，基督
的慈愛與基督式的品格就是服務他人。

　　教師應該協助學生認清，人們常讓教育的重點方向走回頭路。下面
的話不是你我耳熟能詳嗎？「我接受完整多年的教育，社會應酬償我薪
資。」「我成就非凡，應過更好的生活。」即使某些自認為是基督徒的
人，也常明示或至少暗示上述想法。很不幸，這完全背離基督教的終極
目的。

　　個人利用社會提供的教育資源圖一己之私利，在道德上也是錯
的。康茲（G. S. Counts）曾從世俗人文的立場提出類似的看法，他說：

> 　　大學教育的好處應課以社會責任的想法理應被強調：我們
> 太常強調大學教育的金錢價值；我們太信服訓練能使個人成功
> 的好處；我們太矯飾大學應為低成就受剝削者廣開大門。高等
> 教育理應承擔更多的責任……此一至理應銘印在每一個高等
> 教育受教者上。不管合不合時宜，是社會服務，而不是個人
> 晉升，才是大學訓練的精神。

如果康茲世俗的觀點也認可服務的事實，那基督徒就應更為明確的獻身
服務。

　　馬太福音僕人才幹的比喻揭示的訊息是，人們的天賦能力愈高，發
展機會也愈大，他們彰顯基督形象的責任也愈艱鉅（主人外出各給僕人
們一些錢，有些僕人會努力再賺更多，有些則原封不動保存，耶穌讚賞
前者）。他們要有信心為那些有心智、精神、社會、情緒、身體需求的
人服務（馬太福音 25：14-26）。

　　基督教師不僅要言教服務理念，更有身教的責任以豎立楷模。在此
脈絡中，史創克絲（G. Stronks）、布藍伯格（D. Blomberg）及其同僚
的慧見有助吾人體認。他們認為基督學校的主要任務在於「幫助學生釋

> 基督學校的主要任務在於「幫助學生釋放『神賜天賦』（God-given gifts），學生可藉此發現其服務人群的位置。」

放『神賜天賦』（God-given gifts），學生可藉此發現其服務人群的位置。」[22]

總而言之，基督徒所強調的服務是對上帝慈愛的反應，而不是像人文利他主義，侷限於慶幸自身的良善。基督徒們感謝上帝的救贖，鼓舞他們立志成為神愛世人所施的洗滌罪惡的管道。

圖 10-1 中我們還可看出，品格教育固然是服務的基礎，然而，服務也可反過來提升品格進一步的發展（讀者可留意品格發展與服務的箭號是雙向的）。就此觀點，二者是並行的，相互貢獻。品格發展不可能脫離服務，其理至明。

教師必須時時耳提面命學生，服務不是畢業後才開始，而是信仰後從此內化於基督教徒的生活中。教師們無論是在教堂、家庭或學校，都要提醒他們的學生，服務不侷限於所屬社群。易言之，基督教學的關鍵功能不僅協助學生內化上帝之愛，更要將其彰顯於外。教師是上帝回復、洗滌人性罪惡計畫的代理者，必須努力協助學生自行體會此計畫其角色之所在。

教學的重要

對年輕人的教學不僅僅是教會行政活動，而是整個最有效的宣教型態，因為這影響到全體年輕人，也是他們最受影響的年紀。[23]

我們也深知，在所有教學功能中，父母是扮演最關鍵、影響力最大的角色。[24] 季伯倫（F. Gaebelein）對此最有感悟，他認為所有社會的教育力量中，沒有比家庭更重要的了，「父母其實是最有影響力的教師，無論他們是否承認。」他接著指出，弔詭的是，現代家庭雖比過去有更好的休閒，卻遠遜於過往年代家庭的生活品質。「這意思可由齊馬曼（C. Zimmerman）的一句話來說明，『即使沒有原子彈或氫彈，我們必須承認一事實，家庭生活裂解，沒有文明能夠殘存。』」[25]

　　無論是基督徒或非基督徒，我們的社會必須承認家庭是最主要的教育機構，父母是最重要的老師。因此，學校和教堂是教育的輔助代理機構，其角色是支持家庭的工作。家庭、學校、教堂三方齊心，將會為孩子達到最好的教育效果。

　　正式學校教育體系中，教師在促進年輕人成長的教育專業發展中，影響力最大。是教師──而不是督學、校長、課程專家、諮詢人員──處於成人世界與兒童世界相逢的位置。其他處於非教師位置的力量，如理想的課程規劃、最新的教學工具，卓越的組織高層等則較為邊陲，除非他們在師生相逢中能提供優質的人際關係。

　　很不幸，西方社會並沒有充分認識到教師的關鍵性角色。有哪些其他成人團體有機會在全年的180天中，每週30小時與所有年輕人相處？然而，離開教室以外的地方卻常被視為是升遷，事實上，教師離開教育工作崗位，能獲得更好的社會地位與薪資所得，這吸引許多優秀教師轉換跑道，彼得原則（Peter Principle）[26] 有更進一步的說明。

　　這種工作升遷的整套情境應該倒轉，社會及教育體系所提供的職位中，應該讓最優秀的人帶領最受影響的年輕人面對成人世界。就此觀點，負責規劃課程的專家或協助層峰司財政的人員們，才應該「晉升」到教室中，那裡他們被賦予信賴的責任來照顧神的孩子。如此修正後的專業價值，應把最關鍵性的教學角色視為最高階，使最受影響的學生們在開始面對學校或持續終身學習時，能有積極態度。最優秀的人與最理想的教學條件應該在學生受教的初級階段建立。

　　如果教學條件能夠達到理想，很多現在面臨的教育問題都有可能獲得改善。強調教師在教育的中心角色，並不是要放棄行政的必要性。校長的角色可以由教師、卓越的教學教師，能理解且在教學領域中表現優秀中的一位來擔任。這樣的校長才能成為教師頭，能隨時回應教室真實情境的問題與挑戰。其他在教育行政領域中的非教學功能，可以在教育世界的周邊中貢獻其技術與專業。[27]

或許，欲損壞教育作為洗淨以回復學生具有上帝形象的潛在代理角色，其首要方式是逐步侵蝕或漠視父母的角色，繼之，讓教學——特別是初等教學階段——成為二流的專業活動。若有上述兩項打擊，將會阻礙教育發揮真正的功能。基督教育的挑戰是正視教學在神職工作中成為真正潛在、重要的關鍵型態。

基督教師的資格

假如教師在一般教育過程中站在中心的位置，那基督學校中，其教師也同樣居中心位置。銘記於此，季伯倫寫到「沒有基督教師們，就沒有基督學校。」[28]

何謂基督教師？這些教師的資格是什麼？因為基督信念涉及個人內在的確信與承諾，而唯有神才可以理解人們的內在思想，所以，這些問題並不容易回答。不過，人們的外在生活方式多少代表了其內在的信念，也反映其既定的價值。

基督教師的資格與我們先前討論學生應均衡發展的各個層面息息相關，基督教師們也要具備精神、心智、社會和身體的基督特質要求。

首先，基督教師要有基督精神的要求。尤有進者，「自然人」必須經歷一精神死亡的型態（創世記 3），其最大的需求是獲得精神上的重生（約翰福音 3：3、5）。艾維寫道，「唯有人們從基督中獲得新生，他才能向他人傳達神的恩典，或將神的恩典滋養他人。」如此一來，那些在基督教育服務的人員：

> 本身必須過基督的生活且必須領受聖靈，基督教育不只是人的活動，更是個人在基督中與神相遇。人們體驗到了基督，因此獲得了重生，並逐漸朝向他們所相遇的位格神（Person）的形象成長。[29]

　　基督教師的首要資格就是他們要與耶穌有個人的救贖關係，如果他們的精神生命能與神所啓示的意志和諧，他們才會虔敬爲神奉獻，他們日常所行才能爲學生提供模範且使學生蒙受其益。

　　基督教師也必須像學生一樣，不斷要求自己心智的成長。他們基督素養的要求一點也不會低於其他世俗公共生活的要求。相反地，由於基督教師受到更廣的目標、更高的動機所鼓舞，他們會自我期許超越一般的專業水準，也會努力超越專業資格的起碼要求。基督教師們要能從基督教世界觀中來審視其專業的教材，並能充分溝通。基督教師們在觸發眞正的思考，關於所授專業學科與人類存在的終極意義之關係時，要能引導學生超越所授學科的狹隘視野。這種素養與心智，即便不是最重要，也是重要的基督教師資格條件。

　　第三個重要的基督教師要素是其社會溝通能力。基督當年對其「學生」傳播福音，非常有趣且值得好好研究。基督並沒有把「祂」的教學孤懸於學生之外，祂致力於將教學與學生的社會關係結合。

　　今日社會關係的結合，其重要性不亞於過去，教師最重要的天賦能力之一是要具備聯繫學生學習與遊戲的能力。如果教師已成功的營造校內的和諧關係，將此延伸到校外關係也至關重要。教師與學生的關係會讓教師明瞭二者的關係。

　　基督生活的一些社會品格，對教師工作的各個層面都特別重要，諸如圓融、耐心、憐憫、洞悉他人遭遇的問題、表達對他人關切之能力、獲得別人尊敬信賴的能力、有求必應、彈性、無私等等。就教師的社會資格而言，教師必須是人類本性的學生——無論是對自己或他人。

　　第四項教師資格是身體健康。基督教師身體健康將對其工作有益，他的工作就是要使他人健康，若教師沒有健康的身體，很難具備反映基督形象和煦的特質和脾氣。因此，基督教師要在神所立基的自然世界及祂的話語所遵循的健康律則下，尋求日常生活的健康與平衡。

　　基督教師不斷持續精進提升個人教學資格與他們致力於學生的目標

──在身體、心智、精神和社會方面回復神的形象，並無二致。我們所體認的基督生活的平衡將會形成教師專業活動的基礎。

> 從基督教的觀點來看，教學真可視為珍愛神的孩子的一門藝術。

無論是在家庭、教堂或學校，教師會體認到他們的工作充滿挑戰、要求與回饋。教師若能成就其目標，會是一種巨大貢獻的特殊工作。從基督教的觀點來看，教學真可視為珍愛神的孩子的一門藝術。

課程內涵

何種知識最有價值？

斯賓塞（H. Spencer）在 1854 年所發表的「何種知識最有價值？」[30] 是哲學信念討論課程內容最具關聯性且最具啟發性的論文之一。該文的標題也同樣是論文處理的中心問題所在。對斯賓塞而言，這是教育領域中「問題的問題」。斯賓塞認為「我們若欲發展理性的課程，必須先弄明白到底什麼才是我們最想知道的……我們必須定奪知識的相關價值。」[31]

斯賓塞根據人類活動的重要性，提出五類具層級的知識體系，由高而低分別是：(1) 與人類自我生存直接相關的知識；(2) 與人類自我生存間接相關的知識；(3) 與生育養育有關的知識；(4) 與政治和社會相關的知識；(5) 構成生活品味與休閒的知識。[32]

斯賓塞的論文是從自然進化論的觀點分析人類事物，他最終對此大哉問「何種知識最有價值？提出明確的回答──共通的答案是──科學。這是綜合各方面考量後的結論。」斯賓塞對於其解答的說明涉及科學（廣泛涵蓋社會及實踐科學與生理和生命科學）與其主張人類最重要五種活動序階的關係。[33] 他的回答是那些占人類生活邊陲的活動之課程也應站邊陲位置，而對人類生活最重要的活動，理應站在課程安排中

最重要的位置。[34]

建立在聖經上的基督教觀當然不會同意斯賓塞建立在自然的形上學和知識論的結論，然而，基督徒們必定可以正視到斯賓塞的論證中更大的議題。基督徒們若能理解在基督的學習機構中課程發展的理性原則，這非常重要。范達倫（Mark Van Doren）說，「沒有課程的學院失去意義，但學院充斥無意義的課程更無意義。」[35]

基督教育工作者也會如同斯賓塞一樣去弄明白到底「什麼才是我們最想知道的」議題。斯賓塞的回答讓我們直接能體會知識在課程發展上之關聯價值。基督教育工作者們可以藉著研究斯賓塞之論文及其方法，在明確的世界觀下，獲致課程設計重要工作之實質慧見。

真實、能運作的課程必定是從形上學、知識論的基礎上發展，且與之一致。因此，不同哲學立場的根本真理會強調不同的課程取向，這項事實說明了基督學校的課程觀將不是對世俗社會課程的調整或適應。聖經的基督教是獨特的，立基於基督教育的課程也是獨特的。

> 基督教育工作者也會如同斯賓塞一樣去弄明白到底「什麼才是我們最想知道的」議題。斯賓塞的回答讓我們直接能體會知識在課程發展上之關聯價值。

課程發展另一項重點是要建立一套課程整合架構。懷德海（A. N. Whitehead）曾指出現代課程方案深受缺乏整合之苦：

> 取代單一的整合，我們常教授學生的學科，代數，無以為繼；幾何，無以為繼；科學，無以為繼；歷史，無以為繼；系列語文從未精通；最後，可能是最灰暗的文學，念念莎士比亞劇本，帶點哲學註解、分析一下情節與人物特性，記憶了事。能說這份課程清單代表人們所知的生活中心而反映人生嗎？說的最好聽，充其量宛如神正在構思創造世界時，腦海中快閃而過的內容目錄，尚未加以整合。[36]

　　問題的難解之處在於，我們尚未真正體認到不同學科整合在一完整課程架構的意義與需求，就急著提出完整架構。我們生活在一知識分殊的世界，的確很難看出個人生活經驗領域與整體的關係。這也是史諾（C. P. Snow）提出兩個文化的對壘——意指科學和人文鴻溝的討論——的重點和意義。[37]

　　我們的世界，各學科領域的學者無法相互溝通，因為他們無法體會其學科與整個真理關係的意義性。以哲學素材為例，說得複雜點，我們發現存在主義者和後現代主義者拒絕外在意義；分析哲學家們則建議，既然我們無法發現意義，就應該把重點放在界定語詞的意義，精確語言的表述。

　　在課程領域或全部的教育經驗中，找尋意義是 20 世紀主要的探究問題。一些人從古典作品中企求統整，另一些人把重點放在社會、職場及科學的需要上。不過，這些立場不夠廣博，他們的主張常常帶來分裂，而非整合。我們似乎生活在一精神分裂的世界，很多人根本就不認為有外在的意義，另一些人則持科學研究之成果來看待所有事物的意義。現代人已放棄了基督教作為整合的力量，專注在他們個別而非整全的知識。如此一來，當個人探詢什麼知識最有價值時，不免陷入零碎片段，這確是問題之所在。

　　基督教育工作者所面臨的問題相當不同，基督徒了解人們最大的需求，知道什麼知識最有價值，他們也知曉聖經的宇宙啟示，遠超越人類的狹隘範圍。聖經不僅顯示了人類的境況，更點亮了治療的明燈。基督徒們更能體會在聖經的光照下，所有的學科都能體現其意義。基督教師面臨的問題不在於他們無法發現統整知識的架構，他們的問題在於如何將所知應用於實務教學。

　　基督學校太常出現的課程現象是「自然觀念混合著聖經真理的補綴」，這也產生了季伯倫所稱的「高階正統的神學，與些許不同於世俗學校所授的非宗教學科教學不易共存的學術分裂」之型態。[38] 基督學

校課程發展者面臨的挑戰是其課程觀要超越世俗瑣碎事物，其目的是清楚地將知識細節整合進入聖經的架構中。

真理的整合

基督教課程基本的主張是「真理就是神。」[39] 從聖經的觀點來看，神是諸事諸物的創造者，當然所有的真理都來自於祂。若不能認清這一點，將會導致很多人習以為常的陷入宗教、世俗錯誤的二元論中。二元論

基督學校課程發展者面臨的挑戰是其課程觀要超越世俗瑣碎事物，其目的是清楚地將知識細節整合進入聖經的架構中。

認為宗教歸屬於上帝，世俗之事無涉於祂。循此二元論觀點，科學、歷史、數學等是世俗的基本學科，而宗教、教會史、倫理學等則是宗教領域。

聖經的觀點並非二元論，聖經裡記載著神創造了萬物、科學和數學的型態，也是神主導了歷史事件。本質上，沒有所謂的「世俗」層面的課程。紐曼（J. H. Newman）說的好，「在思想的層次上要將知識（Knowledge）區分成人性、神性，世俗、宗教等，並斷言人們選擇其一不會干擾另一方，再容易不過了，但這不是事實。」[40]

基督課程中，無論教授的是自然、人文、社會或藝術等都是為了要聯繫與造物者、救贖者耶穌基督的關係。雖然，聖經並沒有載入所有的真理，像核能物理就沒有見諸聖經，但這並不是說核能物理無涉於上帝的自然律，[41] 也不是說核能物理應用在人類生活的結果與道德和倫理意義無關。基督是萬物的創造者——不只是人們選擇稱之為宗教的那些事物（約翰福音 1：1-3；歌羅西書 1: 16）。

所有真理，如果真的是真理，無論是如何被發現，都是神的真理。所以，基督學校的課程必須視為一個整體，不是零碎片段或各主題為政的鬆散「區塊」（gang）。一旦我們認可此一觀點，教育將可展開腳步，邁向「基督心靈」發展的目標前進，我們將可在此一脈絡中，教

導學生運用「基督式地」（Christianly）思考涉及實體的每一層面。[42]

聖經在課程中的策略角色

基督學校整合真理的第二項主張，是在所有課程內容中，廣泛利用聖經作為根本和脈絡參考的文本。從聖經啟示的知識論中，上述主張極其自然。聖經的特殊啟示構成了知識權威的基礎，當然也就形成課程的基礎。我們對知識論的討論中已提及聖經並沒有窮究一切真理的來源，許多真理沒有載入聖經中，不過，這些真理全部在聖經形上學的架構內，沒有例外。福爾摩斯（A. Holmes）說的好，「聖經的教學權威確立了信仰者的中心論點，提供了一套萬物都與神相關的詮釋架構。」[43]

> 我們對知識論的討論中已提及聖經並沒有窮究一切真理的來源，許多真理沒有載入聖經中，不過，這些真理全部在聖經形上學的架構內，沒有例外。

聖經的啟示當然不是知識的全貌，但的的確確提供了所有真理的架構。真理看似衝突，提供人類不完全的知識，但真理本身是不衝突的。聖經所提供的參照架構，可以引導人們，並據此校正其判斷。就此而言，聖經啟示並沒有排除理性和人類的理解，其功能在於導引，為人類的活動和思考提供目的、意義與方向。

對基督教而言，聖經既是知識基礎，也是知識前後脈絡的樞紐，它提供一套思考各個領域的架構。基督教育工作者沿此方向思考就可體會，聖經作為一整合點，所有知識都可在其脈絡前後的詮釋中，整合在一起。聖經之所以可以整合所有知識，是因為神——所有真理來源——提供了整合的觀點。

部分類似基督教育的課程並沒有完全體現聖經的全貌，這並不令人驚訝。聖經最常被學院「宗教系」作為課程資料的來源，有時也會作為端正學生行為的指導書。這類型課程取向的模式見圖 10-2。

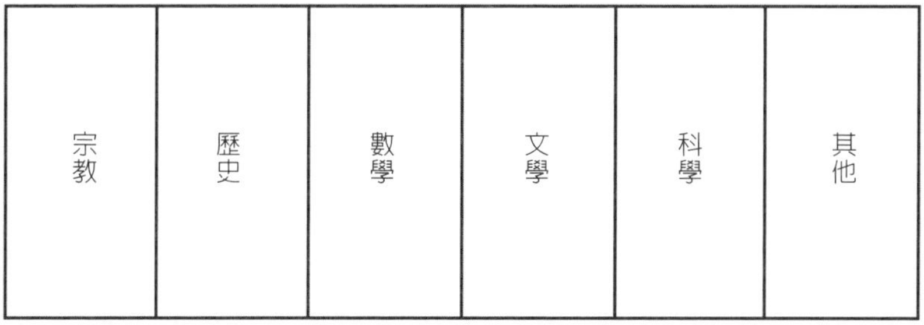

宗教	歷史	數學	文學	科學	其他

圖 10-2　聖經作為所有課程之一的模式

　　此一模式把聖經研究或宗教學看成是各學科中基本、重要，但不是唯一的主題，大體上接受了宗教和世俗二分的立場。從好的觀點來看，聖經在此模式中被看成是「首善者」（first among equals），其缺點如克拉克（Gordon Clark）所言「裏以基督教巧克力外衣的異教徒教育。」[44] 季伯倫也要我們對此基本模式之限制銘記在心：

　　　　讓禱告儀式與研讀聖經在教育中有一席之地，這與讓聖經成為整個課程的核心，或換個修辭說法──聖經如教與學長流之河床，是有巨大差別的。

　　為了校正上述模式之缺失，有些基督教育工作者發展如圖 10-3 之另一極端模式。此一模式之課程完全以聖經和宗教為主，這也會失焦，因為聖經並沒宣稱涵蓋所有的真理來源。在此架構中，歷史和科學只討論聖經涉及的主題，如救贖的科學和強化我們所處世界的異常性，而非要求學生必須了解歷史或科學所有領域的完整「教科書」，此一模式並沒有為所有可能成為真理的領域豎立充分的權威。

圖 10-3　　聖經作為全部課程的模式

　　第三個模式可參考圖 10-4。此一模式把聖經及其世界觀作為提供
所有人類知識的脈絡及基礎所在，使聖經的完整意義進入到課程的每一
領域，並彰顯各單元的聖經意義。此一路線艾德林（R. Edlin）稱之為
「聖經的滲透（permeative）功能」，他用了一些隱喻，「聖經並不是
另一個未更新的人文蛋糕，加上糖霜點綴而已；聖經應像酵母一樣，在
教育大餅發揮作用，當聖經滲透整個學校活動時，藉此為形塑整套課程
立下基礎。」[46] 圖 10-4 擘劃了一個整合的模式，此一模式指出，如果
我們真的體會聖經完整豐富的意義，我們必然會將每一學科置於聖經視
野的光照之下。

　　圖 10-4 學科間的虛線是指學科之間並不是壁壘分明，更不用說世
俗與神聖之間的二元對立。雙頭箭號代表著不僅聖經能有助於我們理解
各課程主題，歷史、科學等課程也同時會闡明聖經的意義。神本身會透
過聖經為人類提供特殊啟示，祂也會透過自然世界，提供一般啟示。
我們唯有透過前者的光照，才能掌握後者之真義，但二者可以相互參
照，因為所有的真理都來自神。課程中的每一個主題都會相互影響，當
這些課程主題整合在聖經的架構中，所有課程都會呈現出最完整的意
義。

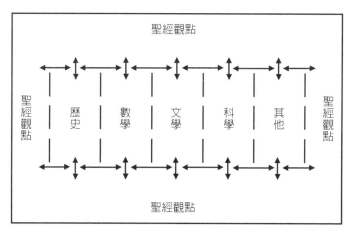

圖 10-4　聖經作為課程基礎及脈絡的整合模式

聖經在課程角色上的說明

　　或許，我們可以開始討論聖經觀點與世俗課程整合中，那些隸屬「世俗」課程的內涵。我們首先要分析的是文學。文學研究以其面對並尋求人類最大問題之解答；表現人類基本的欲望、期待與挫折；發展人類生活經驗的洞見等因素，幾乎在所有學校體系中都占有關鍵位置。文學除了能激發藝術的感受性外，也有助於心理學、哲學、歷史、社會學等的慧見。以上領域中，文學都能提供人類本質、罪以及人類存在的意義與目的等課題的學習素材。

　　文學在所有課程中發揮的影響最大，因為它傳遞一套我們感性認同的機制，也就是文學同時讓我們達到情感和認知的學習層次。文學最完整的意義，其內容也涵蓋哲學與宗教，因為文學也致力於處理哲學、宗教的課題，並尋求解答。因此，課程架構中，文學穩立其中，文學或許也是宗教價值教學

> 文學除了能激發藝術的感受性外，也有助於心理學、哲學、歷史、社會學等的慧見。以上領域中，文學都能提供人類本質、罪以及人類存在的意義與目的等課題的學習素材。

中最具影響力的教育工具。

　　由於文學與宗教的重疊性，文學本身就為基督思想與傳統學科的整合提供了絕佳的範例。基督學校文學課的主要問題是「我們應該學習何種類型的文學作品？」文選的議題，其真實與否，應該不會拘泥於是否在時空中真的發生或只是虛構。許多真實發生的事件並沒有教育的價值；然而，耶穌有時用虛幻的事件反而可呈現精神的教誨（例如，路加福音 16：19-31）。* 研讀文學時，選文若根據聖經詮釋的架構，會更迎刃而解。就此觀點，有些基督教育工作者直接採用腓立比書第 4 章第 8 節作為文選的標準：

　　　　弟兄們，我還有未盡的話；凡是真實的，可敬的，公義的，清潔的，可愛的，有美名的；若有什麼德行，若有什麼稱讚，這些事你們都要思念。

　　此一文本豎立標準字面意義中，可進一步探詢的問題是聖經中的「真實的」（true），「可敬的」（honorable, noble），「公義的」（just, right），「清潔的」（pure），「可愛的」（lovely），「有美名的」（gracious, admirable），「德行」（excellence, excellent），「稱讚」等（praise, praiseworthy）是何義？舉例言之，舊約全書中有部分篇章的故事記載極端為惡之事須如何處理？增添這些為惡之細節對故事之理解似乎沒有必要。（上引文是中文和合本，英文前者是作者本，後者是新國際版用詞）

---

* 新約路加福音記載了耶穌降生及各種神蹟、差遣12門徒、猶大協議出賣耶穌、最後的晚餐、耶穌被釘十字架等事蹟。應該是除亞當夏娃故事外，最為一般人熟悉之聖經故事。文引述章節是「財主和拉撒路」的故事。某日一位名為拉撒路的討飯者，被人放在財主門前，對比世上榮華與不幸。後來，財主死後在陰間受苦，舉目遠望，看到拉撒路反在亞伯拉罕懷裡，得到安慰，財主乃希望亞伯拉罕能使拉撒路復活，去告誡財主陽上兄弟信神的故事。

　　士師記（Judges）19-21 章充斥著許多人性中有關淫亂、謀殺之惡行。我們又要如何說大衛王與其部將之妻拔示巴（Bathsheba）的故事？又或者如何說馬太福音中記載耶穌的家譜，其中列舉了四位女性——三位出身有罪的背景、一位是外邦異教徒？為何選擇他瑪（Tamar）、喇合（Rahab）、拔示巴，而非耶和華後裔中賢德之女性。有趣的是拔示巴在馬太福音第 1 章中甚至於未提其名，只以烏利亞（Uriah）之妻載入。馬太福音高舉這些人物的不貞與謀殺罪行，這些似乎不須斷章取義。

　　人們不禁疑問，既然聖經是文學的模範型態，為何三不五時強調這些罪行的故事？答案在於一項事實，即聖經總是將這些故事置於人類本性、惡的結果、善惡力量的抗爭等的詮釋架構上。這些故事最常用來說明：其一，是人性沉淪至罪惡生活的警惕；其二，神拯救人類的意願與能力。馬太福音第 1 章耶穌家譜之後的書寫，是要讓人們銘記在心，耶穌降生是為了將祂的子民從罪惡中拯救出來（馬太福音 1：21）。馬太福音有關這些罪行是要說明神拯救「祂的子民」的能力——喇合、他瑪、烏利亞妻、摩押女路得（Ruth the Moabites）。神可以透過耶穌拯救謀殺者、通姦者、妓女以及外邦人——祂竭其所能的拯救所有人。*

---

* 新約馬太福音第一章記載耶穌家譜，簡要記載他瑪、喇合、烏利亞妻、路得等女性之名。這些女性之故事則散見聖經全書中，以下予以簡介。

　創世記38章，他瑪本是猶大長兒媳，長兒死後，猶大要她改嫁另一兒，以為長兒立後，不料次子想到自己所生之子將不歸己，與他瑪行房卻遺精於地，耶和華視此為惡。次子也死。猶大就讓他瑪暫時回父親家守寡，允諾待三子長大，再重新迎娶，但久久沒有下文。有次猶大外出，他瑪蒙面相迎，猶大以為是妓女，就與她同寢，並贈與印、帶子、杖等物。三個月後，眾人傳出他瑪為妓與人通姦行淫，且有了身孕。猶大一怒，本想將他瑪燒死，後來他瑪出示贈物，真相大白。猶大自忖是自己的不是，他瑪其實是要為長子留後，讚其有義，但不再與他瑪同寢。拉瑪生下雙胞，其中一子之後世為撒門。

　喇合，在舊約約書亞記（2：9-13）中記載是一名妓女，後來嫁給猶大支派的撒門，生下波阿斯。舊約路得記中，記載外邦女摩押女路得，先生瑪倫死，孝心侍奉婆婆拿俄米，後來在田中拾穗，被財主波阿斯看見，乃娶路得為妻，生有一子，是大衛的祖父。平凡的外邦女路得，以堅定的信仰，終獲幸福。

　　聖經以類似救贖的方式，並不會多加著墨大衛與拔示巴的罪行以蠱惑淫罪的心靈。反之，此一故事以大衛兒子的生命與死亡暗示著罪行的悲劇結果，最後也導致大衛的悔改（撒母耳記下 11：1-18：33）、寫下訓誨詩（詩篇 51），並展現了神的拯救能力。

　　順著類似的想法，士師記第 19-21 章提供了人類遺留的原罪本質。我們可以學到的教訓是人類並非天性本善，若沒有聖靈指派的管理機構的領導，那人類的生活不免向下沉淪至混亂之境（士師記 19：1；21：25）。

　　基督學校文學教師的責任即在於協助學生批判式閱讀文選，學生將能從閱讀的文本中體會善惡力量衝突的意義。[47] 文學課絕不是進入藝術領域的放鬆分支。艾略特（T. S. Eliot）也觀察到文學的閱讀影響「人類的全貌……雖然我們讀文學可能只為了休閒愉悅，帶有『娛樂』或『美學的愉悅』。不過，閱讀絕非單純只影響於此：閱讀更影響我們的道德和宗教表現。」[48]

　　沒有藝術中立這回事，若在生活中對文學藝術採取價值中立的態度，事實上會產生牽制正向的有害結果，會使我們在生活上避開基督與撒旦善惡衝突的價值課題。任何事物若阻止我們在神面前面對人類自身境遇的問題，阻止我們接觸拯救者神的光照，都會有助於惡的勝利。基督學校文學課的功能不在於「學到」古往今來偉大作家的文學作品，而是透過他們的作品，能更清楚瀕臨善惡衝突危機的課題，能對此有更強

撒母耳記下第 11 章，記載所羅門王父大衛王在爭戰時，睹其部將烏利亞妻拔示巴美貌，竟然設計害死烏利亞，娶拔示巴為妻。英雄大衛在此無疑也觸犯邪淫、害人之重罪。

作者在此從世人原罪及救贖的觀點，說明聖經記載此類涉及通姦、邪淫，甚至亂倫故事之信仰與教化意義。當代學者也有人從文化學的觀點，指出這些故事反映的是人心靈深處的神話原型（一如希臘神話）。也有女性主義的學者，認為過往聖經或傳統政治、經典，也是成書於男尊女卑的時代背景，今日必須以更平等之觀點加以解構（可參考第 5 章後現代主義一章對後設敘述之批評）。

的感受性。

對基督教育工作者而言，文選的問題不在於文選內容多接近客觀，而是在於我們形上學、知識論、價值論基礎下，哪些文學教材最能達成讓學生回復神的形象的學校教育目標。

總之，基督學校文學課程兩項最基本的任務是選文與詮釋。當我們企圖尋求整合宗教觀點與課程各層面時，這兩項任務都極其重要。

文學課的宗教詮釋功能歷來有兩種方式，呈現在圖 10-5 的 A、B 中。圖 A 課堂上取材的重點在文學的品質，聖經或聖經的理念相機呈現。這種方式最適合在非基督學校，但想傳遞一些基督理念以豐富課程的一般機構。

B 模式則是把文學課完全置於聖經視野中，彰顯的訊息是人的普遍性與個人的兩難。此模式明確的以聖經的觀點來詮釋文學，包括現世的偏差以及神在世的種種作爲。這種模式運作在基督學校的文學課上，當然會比類似課程在非基督學校更爲豐富。因爲非基督學校受制於無法全面掌握聖經原罪與救贖的視野，也無法做最完整的詮釋使然。不過，這並不是說這類作品的情節或風格不重要，而是因爲它們並不是在聖經脈絡中最重要的文學重點。

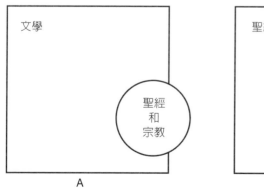

圖 10-5　聖經觀點在文學課的脈絡教學模式

我們再重溫腓立比書第 4 章第 8 節，聖經脈絡下有關「善」、「眞實」、「誠實」的文學形容，是把人性的問題置於神所啓示的善惡衝突之脈絡中。值得注意的是有關基督美學的課程，光譜中的兩端──極端忽視惡或完全稱頌惡──既不眞實也不眞誠，這其實扼殺了正義（justice）的概念。基督教師的挑戰是透過文學課導引學生正視人類及所處世界如實的面貌──罪及苦難，但在神的關愛恩典救贖下，不是沒有希望。

基督教育必須幫助學生超越日常生活的意義視野，誠如葛蕾比爾（V. L. Graybill）寫到，基督學校的文學功能是協助學生「思考」生活的課題，包括他們的自我認同、生活目的、善惡的呈現、正義和寬恕、美醜、性與精神、進取與謙遜、喜樂與苦難、純淨與罪行等等。[49]

李維斯也有同樣的感悟，他寫到「改信上帝後最起碼的好處之一是，至少能正視從小到大所有閱讀過的文學作品遺漏的眞實觀點。」[50]文學課的精髓並不在於文學知識的傳授，而在於發展學生的技術──學生能從聖經世界觀的視野中批判思考及詮釋文學慧見的能力。

世界觀、文化戰爭及在學校的衝突

聖經導向的課程觀在 21 世紀必須面臨的挑戰之一，是幾個浸染當代社會深遠的世界觀，包括後現代的世界觀在內。後現代論者認爲並沒有一套世界觀能眞正反映實體，所有的世界觀或是所謂的巨式敘事都是人爲的建構。但後現代的這種看法，本身也是一種具有鮮明形上預設的世界觀。

或許，深入討論之前，我們有必要先界定何謂世界觀。諾格（D. Naugle）說「粗略說來，世界觀就是個人對實體及基本生活態度的詮釋。」[51]在此意義下，世界觀非常接近哲學本身的意思，關注著實體、眞理與價值的探討。

但本書所界定的哲學與在此的世界觀意義仍有些許差異。爲了方便

以下的討論，我將哲學界定在較世界觀對於眞善美等領域更嚴格的自我覺察。哲學是竭盡所能的探討形上學、知識論和價值論的諸多預設，哲學涉及對最基本問題的探詢。

我所界定的世界觀則反是，世界觀並非嚴格的自我覺察。李波（Harry Lee Poe）下面的話反映了欠缺深刻自我覺察的樣貌：

> 每一門專業領域都有諸多假定，都是在一些未經檢測或挑戰之預設中進行其學門發展，我們一直如此進行。假定和預設已經變成日常生活的一部分，以至於人們習而未查，這些都構成了生活中文化的世界觀，由於「大家都知道」，反而不會再去質疑。世界觀如此根深蒂固，我們甚至於感受不到它們存在。[52]

簡而言之，人們的世界觀是下意識的，是人們接納置身其間、從不挑戰的更大文化的一部分。

李波提及「人們日常持守的流行觀念，根本假定所在……常是基督教挑戰的觀念。」[53] 人們並不會特別體會聖經世界觀的榮耀，且與支配一般人心智的文化調性不合，宗教各有不同，基督教也有不同的派別。社會學家伯格（P. Berger）以「意識的衝突」（collisions of consciousness）稱之，哲學家諾格則名之爲「世界觀的戰爭」（worldview warfare）。[54]

文化戰爭幾乎已成爲當今的重要議題，杭特（J. D. Hunter）特別以專書《文化戰爭：定義美國的鬥爭》[55] 加以敘明。不同的世界觀對於何爲個人、社會、國家的善，各有不同的觀點；社會大眾對於墮胎、同志權益、弱勢優惠待遇（affirmative action）、價值教學等議題之論辯成爲常態。這些並不是表面的爭議，「而是涉及不同道德視野的衝突。」[56]

　　文化戰爭並不會從學校消失；反之，學校會同時成為教育哲學與課程計畫的主要抗爭場域。

　　到底要教授誰的世界觀是爭議所在。要給學生一種固定的觀點或多元並陳？是否部分議題，如性教育，要完整的教授給所有學生？這些議題並非偶然，多部著作都是以此為書名刊行，如《誰的美國？公立學校的文化戰爭》、《他們到底是誰的孩子？美國公立學校的宗教和道德》、《學校戰爭：化解宗教和價值的衝突》[57]。正如齊馬曼的觀察，「學校的這些紛爭，反映的不只是不同教育政策的差異，而是看待世界的不同方式所致。」[58]

　　基督學校和聖經導向的教育工作者在學校討論及推展課程時，文化戰爭與學校抗爭之議題至關重要。所以，基督學校對於師資的培訓必須將文化衝突的世界觀拉高到哲學討論的高度。

　　課程中所引發的關注文化戰爭的意識不只在價值領域，也延伸到科學及其他領域。在學科領域中若有一支配性的文化世界觀長時間呼風喚雨，那拉高關注意識就非常重要。舉例言之，基督教師準備教授生活科學時，就有必要從更大的哲學觀點看待達爾文進化論與神創說（creationism）的衝突。這將能豐富晚近的討論，帶來多樣的思考。

　　很長的一段時間，不少基督徒們僅僅接納大進化論是「純科學」價值中立的發現結果。對他們而言，達爾文的整套論述是被給定的（given），儘管與聖經立場不容，仍是溫和地納入聖經架構中。

　　科學教師的養成，研讀類似智慧設計論（intelligent Design）（請不要與神創說混淆）的領域是重要的。溯自 1980 年代以降，來自頂尖大學的一些學者，有些有宗教背景，有些是宗教不可知論者，不約而同的從其立場指出達爾文的進化論世界觀既沒有科學的支持，其形上立場也不中立。智慧設計論者發展出的知識與其邏輯，已經讓廣被接受的進化論世界觀倍受挑戰。設計論者造成的文化衝擊是一群傑出學者們在一場學術聽證會中，讓傳統神創說無法招架。我們必須留意，不是所有的

智慧設計論者都支持神或宗教，但他們都認可智慧設計者的必要性，這種觀點也就為聖經的造物者說背書了。

教育哲學的文本不容我在此細說智慧設計論或進化論的個中原委，我在此要強調的是，基督徒們必須仔細檢視不同立場的證據，不要無視於事實，全盤接受某一支配性的世界觀。

讀者在相關課程想了解智慧設計論者挑戰主流進化論的話，可以參考丹頓（M. Denton）（其非基督徒）的《進化論：處於危機中的理論》，柏克萊加州大學教授強森（P. Johnson）的《審判達爾文》，雷哈大學（Lehigh University）生物化學學者巴黑（M. Behe）的《達爾文的黑箱：生物化學對進化論的挑戰》，丹姆斯基（W. Dembski）的《智慧設計論》，威爾斯（J. Wells）的《進化論的圖像》等書。[59] 前已述及，這些學者不一定全有宗教的信仰，但他們全都從科學及形上學的立場對大進化論提出論戰。

除了前段對智慧設計的讀本外，從聖經觀點發展及實施科學課程的代表性作品是麥葛瑞斯（A. McGrath）的《科學神學》（*A Scientific Theology*）三部曲，分三冊出版，分別討論自然、實體及理論。[60] 這些作品代表的是 21 世紀初世界觀衝突下影響各個領域冰山一角的提示。

我並沒因為進化論是當世學校文化戰爭中最主要的爭論點，而多所著墨；相反地，我把重點放在以其爭議作為一個例子，即人們在進入課程抗爭中，他們必須多方閱讀那些挑戰聖經觀點的、幾乎未被質疑的主流支配性世界觀。基督學校的課程發展者及推行者也必須以同樣的方式加以培訓，他們才有能力更能辨析這些建立在不同哲學架構下課程教科書的基本爭議。這對於生活科學的課程尤為重要，因為人們常未審慎檢視，就不加批判的接受這些領域的主流世界觀。

基督教與課程根本的重新定位

我在前兩節主要說明兩個重點。其一，我們花了相當時間討論基

督學校文學課程的整合,其目的在於以聖經的視野爲基礎,爲脈絡,去
掌握文學的深刻意義。我們也可用同樣的方式設計其他領域的課程;其
二,我們檢視世界觀的本質,及其在課程領域中所引發的文化和教育衝
突。

　　基督教育工作者可以從上述討論中捕捉到的教育啓示是,基督學校
的所有課程教學的主題,並不是把非基督學校的教材加以修正,而是要
將這些主題置於基督教哲學的架構中,從根本上(radical)重新加以定
位。* 因此,基督學校的歷史課著重聖經透露的訊息,當神下凡人間預
言之救贖目的。聖經可看成是提供一套解釋架構來體會亞當的墮落、耶
穌二度降臨等歷史事件。聖經並不是歷史的全部,而應該被看成是一部
救贖史。當然,在一般歷史以及聖經之間仍有關於預言及考古學的交
會,然而,基督教的歷史學者了解二者交會的特定觀點不是重點,聖經
的主要教學功能仍在於提供一個理解的脈絡。

> 基督學校的所有課程教學的主題,並不是把非基督學校的教材加以修正,而是要將這些主題置於基督教哲學的架構中,從根本上(radical)重新加以定位。

　　其他在基督學校中的課程,舉凡生活、生理、社會科、體育或農業等都一體適用。聖經在這紛亂的世界中提供一整體架構,因爲各學門恐流於枝微末節。聖經提供的架構,可提供一般學者忽略、未能正視其細節意義的聖經詮釋意義。就此觀點,聖經是我們所有知識整合的中心觀點。

　　季伯倫討論基督教概念與各領域學科的關聯性時,特別指出,整合
時仍須留意避免一些危險的陷阱,他說:

---

* 很多學者將radical譯爲「激進」,但激進一詞在中文有貶義,許多批判教育學
　的學者認爲應該從根本上重構資本主義的民主生活方式,部分學者因此譯爲
　「基進」。作者在此,籲請以基督精神全盤反思世俗課程,譯者爲顧及中文文
　意流暢,直接以「根本」行文。本書其他脈絡,也兼用「基進」一詞。

未能從學科內實事求是，勉強建立關係，是錯誤的整合。縱然是出於基督徒的熱心，用意良善，但硬扯關係，愛之適足害之，反而給一般人壞印象，誤認為建立神的真理與一般學科的整合只是傳教的圈套而已。

基督工作者需要的是勿拘泥課程關聯性的問題，更體會日常教學課程關聯之限制。布魯納（E. Brunner）在此的建議非常適用，其從原罪中帶入我們思考人性的扭曲，布魯納認為神學、哲學、文學等領域最適切，因為這些領域最接近人與神的關係，也是人性墮落後改變最大的，也最需建立與基督教的關聯性，這些課程也與基督教的相關最高。不過，我們從人文科轉到自然科學與數學科時，有關原罪問題幾乎消失殆盡。所以，基督學校教授像數學等所謂客觀學科之教師，對其學科與聖經關聯的教學細節，不必強與教授心理學、文學、歷史等科目教師有效的經驗一致。[61]

季伯倫並不是說像數學等課程與基督教沒有關聯，而是關聯性較小。[62] 基督學校教師仍可運用聖經觀點，但不要用不自然的方法為整合而整合。

從某一觀點來看，數學或物理科學與基督信念的整合，較之文學與社會科學與基督教的整合，實更為重要。這是因為學生常未批判地認為數學、科學等課程是「客觀」、中性、功能取向的科目，沒有哲學的預設、實體的偏見，無涉宇宙論的啟示。其實，恰恰相反，數學及這些所謂「硬」科學的研究，也完全棲身於偏見與預設，這類課程與聖經的整合也益形重要。

數學一如基督教一樣，也立基於未被證明的公理（postulates）。此外，宇宙的秩序、經驗觀察有效性的假定也是形上學和知識論的預設，這些支持科學的假定卻被許多西方現代人及東方文化所拒絕。以明

顯的方式教授這些假定給學生是重要的，因爲一般學生對這些假定常習而「不察」（invisible），認爲這些就是事實，因而學生在成長階段，會對數學、科學產生未加批判的信念，而取代了科學和數學實體的創造者。這樣的整合在小學、中學、大學初期都極其自然，因爲這些層級的課程爲進階的課程如理論機械、進階微積分提供了智性的脈絡。

基督學校的數學和科學教師們也要有創意的運用自然的方式，來整合其學科與宗教的關係。例如，當教授極限單元、日常生活的數論，從音樂、結晶學到天文學等，都與基督信念有關。數學精確的世界也是神的世界，數學並非外在於神的眞理架構。[63]

平衡的課程

基督學校課程的議題除了個別課程與聖經的整合外，另一項重點是當回復到學生被神創造似神的原初形象時，學生各層面如何平衡發展的議題。我們前面討論人類墮落後的學生本性時，提及人的神似形象相當程度的在精神、社會、心智及身體各層面都毀損了。我們也能體認教育基本上是救贖和回復的代理，是神尋訪、運用人類教師，以回復每一個人在墮落前的地位。

因此，課程整合必須促成回復的平衡，不能只關注心智或其他單一層面，要致力於發展全人。每個學生除了心智以外，身體、社會、精神層面都必須考量。在基督學校中，精神、社會層面與心智發展同受重視；不幸的是，身體層面最常被忽視。

> 課程整合必須促成回復的平衡，不能只關注心智或其他單一層面，要致力於發展全人。

身體與心智層面的平衡之所以被忽視，植基於過去歷史的傳統，特別是古希臘的觀念論傳統。希臘哲學帶給後世西方教育世界的不僅是反身體的偏見，也沒能正視職業在教育上的價值。在基督教會最初興起的幾個世紀，基督教會是與希臘思想混合（作者在此應是指本書之新士林哲學），導致西方教育傳統有部

分非基督思想的成分。

　　聖經的立場並不反職業導向，耶穌曾被培養成木匠，以色列王保羅（Saul, Paul）從事買賣帳篷的生意，雖然他早年並不以此爲生。聖經也並不反身體，神創造物理世界，並說一切所造的都「甚好」（very good）（創世記 1：31）。新舊約都沒有把把精神與肉體二分，兩約也都有肉身復活的概念（但以理書 12：2；帖撒羅尼迦前書 4：13-18）。保羅明確的指出身體的確是神的廟宇，人們應該利用身體榮耀其創造者（歌林多前書 6：19，20；10：31）。

　　假如個人是要回復到其完整性，基督教育絕不能忽略身體和心智的平衡，現代科學也支持這項論點。對年輕基督徒而言，強健的身體是重要的，因爲身體是腦的寓所。有健全的腦，才能回應精神的抉擇。人們的某一部分受影響，都會影響到整個人。每個人都是一個整體，如果人們想要獲得完整發展及潛能發揮至極，基督學校的課程就應該滿足所有需求。所以，作爲整體發展的一部分，基督學校也必須完善每個人職業發展的角色。

非正式及懸缺課程

　　基督學校的教育經驗絕不侷限於學校正式課程及教師課堂內的教學內容，學校仍然有極具影響力的非正式課程。這些非正式課程有時是以課外活動的方式呈現，在組織及活動方式上非常多元，舉凡俱樂部、音樂團體、運動競技、工作經驗、學校出版品等等。如果學校沒有對其學生、顧客或其他人提供正式、非正式雙管齊下的基督訊息，那這些基督學校的非正式課程就必須與學校目標一致，一如正式課程，整合至基督理念中。

　　就像基督生活的所有活動都在基督原則之下，基督學校的所有活動也必然在聖經的訊息內。基督徒們無暇片刻脫離，甚至於在生活中不會想要自外於愛的責任與基督的統治。他們絕不會說：「我這星期已善盡

對基督的責任，我要放鬆一下作我自己。」基督精神的要求是個人完全
為聖靈所擁有，同樣地，基督教育體制也籠罩在基督之下，教育體制內
的所有活動也整合在聖經的原則中，為的是回復與重生。

基督學校的非正式課程中有兩項主要任務──活動的選擇與其執行
準則。活動的選擇一直是基督學校的重要議題。當然，會有些活動適用
於公立學校，但並不適用於基督學校。

基督學校的課外活動課程的選擇原則也見諸聖經之中，保羅使徒如
是說：「無論做什麼，或說話，或行事，都要奉主耶穌的名，藉著祂感
謝父神。」（歌羅西書 3：17）。這項規則相當普遍化，幾乎每項健全的
活動都涵蓋在內，只排除那些無法彰顯基督榮耀、不感謝神的活動。[64]
季伯倫也注意到聖經作為基督學校課外活動的普遍、有效的選擇指導原
則，並不死板，他說：

> 這是因為聖經提供原則，沒有列出明確「邊界線」（bor-
> derline），這使得聖經不退流行。當然，聖經用明確的語調反對
> 全然的罪惡，但卻用疑問的口氣，允許在不同的時空加以權
> 變。聖經以可遵行的原則取代嚴苛的規則，羅馬書第 14 章彰
> 顯了此一論點。[65]

在非正式課程活動領域，教師和學生都必須真誠的從聖經中尋覓指
導原則，並為這些原則負責，然後在基督學校中選擇並執行這些方案和
活動。朝此方式努力，不僅能豐富非正式課程，亦且，當我們逐步接近
此一態度，且將我們活動與救贖訊息加以整合並身體力行時，也能強化
個人和學校生活。

從基督教的觀點來看，我們必須認清，學校課程活動並非中性
的，活動要不是重生、回復，就是牽制、破壞。聖經是最主要的標
準，用以協助我們在基督教育中明智地抉擇各項活動。下決定的問題不

在於「這活動或那活動有錯嗎？」而是「這項活動能有助於基督品格的達成嗎？是否這些活動能使參與者更樂於分享，有禮貌，肯助人，寬大地對待他人？或者是讓參與者變得更自我中心及好爭辯？是否這些活動能與神、他人、自己及所處環境建立更好的關係？抑或產生更破壞性的關係？這些活動在重生的過程中，是否能有助於社會、心智、身體和精神的平衡？還是造成參與者偏頗或過度單一的發展？」當我們評估基督學校和生活在正式和非正式課程各個層面時，這些都是重要問題。

除上述正式和非正式課程外，尚有帕茲米諾（R. Pazmiño）與哈利斯（M. Harris）所稱的「懸缺課程」（null curriculum），哈利斯認為懸缺課程是學校課程方案中「遺漏的部分」，她說，這非常重要，因為：

> 這項活動能有助於基督品格的達成嗎？是否這些活動能使參與者更樂於分享，有禮貌，肯助人，寬大地對待他人？或者是讓參與者變得更自我中心及好爭辯？

忽略或缺乏某事並不是中性的，這會使我們考量選項時失衡，懸缺的部分也許可以提供我們額外的選擇或有助於我們拓展視野。懸缺課程包括遺漏的（內容、主題、觀點）和未運用的程序（藝術、遊戲和批判分析）。相反地，〔非正式〕課程並沒有遺漏這些內容和程序，他們仍在那裡，只不過是沒有受到重視。[66]

懸缺課程的理念是重要的，因為它有助於全部教育方案的達成。舉凡課程所遺漏的、迴避的以及缺乏的部分，教育工作者都必須加以審視其與教育目的和整體教育哲學之關聯。基督教育課程中，每種活動都必須有可證成的（justifiable）理由。

價值教育備忘

　　本章前半部，我們花了很多時間討論課程的認知層面，但有關價值的情感領域已隱含其中，將價值議題及道德教育納入思考的前沿是重要的。畢竟，整個教育經驗是載負價值的，如福爾摩斯所云：「教育涉及價值的傳遞。」[67]

　　福爾摩斯的洞見與基督教不約而同，然而大多數人並不如是觀。實證論的文化影響 20 世紀思想深遠，也把教育視為價值中立。建立在實證論基礎的價值澄清運動致力於價值相對化，柯爾伯格（L. Kohlberg）的理論也將價值人性化（humanized）。結果，倫理相對論甚囂塵上，對抗聖經教學的核心。現代文化失去了「就在那兒」（out there）的神，也連帶失去了適用在跨時代、人與人及不同文化間「就在那兒」的普遍價值。納許（R. Nash）評論美國教育時說的好，美國教育的危機不在於缺乏「心智」，而是缺乏「心」（heart），也就是價值危機。[68]

> 現代文化失去了「就在那兒」（out there）的神，也連帶失去了適用在跨時代、人與人及不同文化間「就在那兒」的普遍價值。

　　基督教育工作者必須時時刻刻銘記在心，即 21 世紀初的學校，其價值教育是與倫理相對論並存的事實。如果學生在價值澄清美其名的價值中立概念下，每天面對的大眾媒體其實並不中立，他們有些是非基督的，甚至於是反基督的內容，這糟糕至極。

　　基督教育工作者不會只站在某一立場強調價值的必要。舉例而言，批判教育學者追隨著佛拉瑞（P. Freire）的腳步，高舉對既定價值批判反思的需要，並就此反思加以行動。[69] 基督教育工作者則在聖經的架構下，其策略會優於那些人文導向的訴求，這些人文導向價值觀之形上學、知識論基礎並不適用所有人。帕茲米諾寫道：

　　　　基督教育工作者可以提出較高的價值，因為他們能夠回

答這些問題：人們的終極目的是什麼？人類活動的意義和目標
何在？神的意義是什麼？誰是神？基督徒對這些問題都有確
定的答案，也不可能在上帝啓示的信仰以外尋求。[70]

帕茲米諾也指出價值存在著層級序階，精神價值提供其他價值，如
倫理、美學、科學、政治、技術等之選擇脈絡。[71] 基督教育工作者必
然會發揚聖經價值，以其為目的發展各式正式或非正式課程。聖經的價
值系統就是基督教育的心，建立在聖經基礎的學校體制其價值教學不會
只在乎個人價值，也會反思整個社會。基督學校也常會批判性地反思下
列議題，諸如政府權力的使用、企業及勞力的個人利益動機、貧窮問題
等。循著舊約聖經的預言，基督教育也會正視在不義社會中涉及的正義
議題，因為聖經價值同時關注信仰者的公共與私人的世界。[72]

維繫基督的核心

假如基督學校的任何課程取代了基督的中心位置，根據第 1 條戒律
及十誡（馬太福音 22：37；出埃及記 20：3），我們可斷言，該校已失
去了基督之觀點。保羅也注意到僅是依據律法（lawful）不一定有助於
基督徒的成長（歌林多前書 10：23），基督學校確有可能在正式或非
正式課程中失去了整合的焦點而產生問題。

薛佛關注個人生活時，也注意到這個問題，這個問題也同時可用來
思考基督中小學與大學。薛佛說：

有許多關於平和之假象和整合的觀點是錯誤的，是該
承認了，娛樂活動就是一例。即使我將之安放在神面前，某
些優質的娛樂，也可能錯誤地整合在課程中，淪為不當、破
壞，這與違法娛樂無二致，吾人是否能認清呢？運動本身沒
有問題，有些運動很美，但假如運動成為我的生命整合重

心，就像下坡跑步的競賽，分秒必爭，我生命也就失去意
義。[73]

　　薛佛接著指出，智性的追逐也會提供錯誤的整合觀，即使是正確的
教義研究和統一的神學，也會淪爲智性遊戲，關上了遠離神的大門。[74]
基督徒個人與基督學校的唯一整合觀點就是耶穌基督。

> 假如基督學校的任何課程取
> 代了基督的中心位置，根據
> 第 1 條戒律及十誡（馬太福音
> 22：37；出埃及記 20：3），
> 我們可斷言，該校已失去了基
> 督之觀點。

　　當我們全面審視基督課程的所有複雜面
向時，不要輕忽在知識論、形上學、價值論
及個人生活上善惡勢力的衝突。基督和撒旦
的衝突在課程中也非常明顯，基督學校在某
一方面來看，可視爲撒旦大軍挑戰基督勢力
的戰場，勝負取決於基督學校如何堅持聖經
的立場。如果我們的學校是眞基督，那聖經
觀點必然是所有課程的基礎與脈絡之所在。

教學方法

　　任何教育哲學的教學和學習方法的關鍵，取決於哲學目標及其立
基的知識論——形上學架構。我們留意到一些傳統教育哲學把閱讀、講
述，以及各種符號操作的方式作爲教學方法的核心，那是因爲他們的教
育目標是傳遞認知的知識。在另一方面，愈來愈多的現代教育哲學則強
調經驗的方法，他們讓學生從個人及周遭環境的個人經驗中，獲得第一
手的資訊。

　　基督教育則超越這些認知知識、個人覺察、複製環境成功經驗等方
法之上。當然，基督教育也包含這些層面的學習，只是不僅於此，有更
大的目標，是要洗滌人墮落的自身以迎向神及他人，並重新使人回復神

賦予的形象。基督教育工作者所使用的教育方法，必須把這些卓越的目的考量進去。

這不是說因為基督教是獨特的宗教，基督是獨特的位格（person），所以，所有基督教師都有獨特、原創的教學方法。基督教師們當然也會運用——即使不是全部——其他一般教師的教學方法，他們只不過是特別慎選及強調那些特別有助於培養學生具有基督品格的方法。

教育、思考與自我控制

基督品格發展的中心課題，是要認清人並不是僅靠自身反省的高等動物，也不完全受制於環境的刺激。[75] 聖經的圖像是神照著其形象創造出人，墮落之後，人依然有能力反省。

因為人具有反省的能力，他們能為自己的行動、目的做出有意義的抉擇。基督學校要教育學生自我思考，而不是訓練學生為環境做出反應。本書前面業已論及，動物可加以訓練，然人是神照著其形象所創造，有賴教育。人類學習過程中免不了需要靠訓練，這也是不爭的事實，但通常訓練學生在人類較小的階段或心智受到傷害之時。教育在理想上還是要盡可能讓所有學生早日脫離訓練的層次，達到更能反思的教育歷程。

基督教育的本質是要使學生能自我思考及行動反思，不是唯權威人物的話語或意志是從，這對於心智成長與倫理發展上是必要的。自我控制，而不是外在的強加控制，是基督教育和紀律的核心所在。學生必須被帶領到能自我抉擇並為其抉擇負責之境，不能一直受制於權威人物的勸誘、指導、力量所左右。若此目標達成，學生能內化於思想和行動，也就能促成道德的成熟。他們不會受制於其他勢力，從事道德抉擇時，會向神與其他人的方向前進。

基督教育的目標既是將墮落的人性回復至神的形象，那基督紀律的目標——心智與行為——是自我控制，而非受制他人。神自己就是一

個自創者，祂不是要把人也變成這樣，而是要讓人之發展因為看到神之美，能自覺應該以神的意志為依歸，整合自己的意志。人們因此能在生活中經驗世界，能理性的從事因果推理，並願意選擇回應神的愛。

　　圖 10-6 顯示了從外在操弄內化到個人自制的可行模式，此一模式 [76] 提示了內外在控制關係的一般關係，也說明了基督教育目標要根絕外在控制，導入自我控制的過程。必須達到自我控制的目標，年輕人才能在離開父母師長的引導後，內化基督原則、關係與價值，自我引導去過基督的生活。

> 基督教育目標要根絕外在控制，導入自我控制的過程。必須達到自我控制的目標，年輕人才能在離開父母師長的引導後，內化基督原則、關係與價值，自我引導去過基督的生活。

　　我們以上討論的自我控制模式與回復神的形象息息相關，這對基督學校選擇適當教學方法有重大啟示。這些概念可以為基督教師們在教室內選擇適當的學習或教學方法，提供一篩選的策略。他們將運用這些方法，讓自己成為范布魯梅倫（Harro Van Brummelen）稱道的「有責任的門徒」（responsible disciples）[77]，以成就基督教育目的。

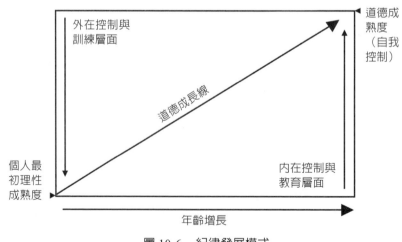

圖 10-6　紀律發展模式

超越認知的承諾與責任行動

前面的討論已清楚闡釋了基督教的認知不是被動的，我們在論及知識論時，也留意到基督教的認知是主動、有機的經驗。所以，基督脈絡下的教學也必須超越被動傳遞知識的策略。沃托斯多夫（N. Wolterstorff）強有力的指出，「基督教育的目的是要改變學生，讓他們有傾向（意願、願意）去做，基督教育目的必定是意願學習（tendency learning）。」他更進一步說，基督學校要超越僅僅教授知識與行動責任能力的技術，學生若沒能發展出「行動的意願傾向」，也能學到這些技術。所以，基督教育的教學方案是要豐富學生適切的傾向，使學生有意願學習是根本目標之一。[78]

歐本沃（D. Oppewal）從聖經生動的知識論中，明示了基督的教學方法。為了不過於理想化，歐本沃在邁向生動的學習經驗中，建立了三階段教學方法。第一階段是「審視」（consider），當學習者接觸新資訊時，繼之，是「選擇」（choose）階段，是對新資訊充分理解後的澄清與回應選擇。若說第一階段是面對事實的「實然」，那第二階段就是強調這些事實涉及的「應然」層面了。第三階段是「承諾」（commit）階段，學生「超越理智的理解」，超越道德和其他的考量，在實然與應然下邁向行動的承諾。歐本沃指出對行動的承諾是聖經認知和教學的起碼要求。[79] 只要有機會，無論何時，行動承諾是基督取向教學的根本。

聖經和教學方法

除了上面的考量外，作為基督教知識來源的聖經，舊約和新約都提供了耶和華行教過程的豐富資訊。即使隨意翻閱舊約，關於古以色列人浸淫在一完整的教育環境，用以協助其公民在精神、理智、社會、身體成長的紀錄，俯拾即是。此一建構的教育環境提供的終生學習經驗，從出生開始，假日、安息年、禮拜、歷史紀念、藝術、家庭教育、共同和

個別閱讀摩西五書（創世記、出埃及記、利未記、民數記、申命記）及其他設計等。

> 即使隨意翻閱舊約，關於古以色列人浸淫在一完整的教育環境，用以協助其公民在精神、理智、社會、身體成長的紀錄，俯拾即是。

聖經指示的很清楚，教育環境要以喚醒年輕人的探究心及好奇心的方式行之。興趣的培養是來自於審慎的教導，例如，逾越節高度象徵當初希伯來人在埃及遭受的苦難，摩西論及，服務將會促使年輕人詢問「你所說的服務是什麼意思？」家庭長者就可自然的進行機會教育，讓有意義的生活經驗豐富年輕人的心靈（出埃及記12：25-27；13：3-16；申命記6：20-25）。

舊約聖經教學法的主要原則是不強加在未準備好的學生上，反之，舊約教學法強調在自然的機會中把握相關的主題，才會促成學生心靈內在生動的改變。古以色列人全部教育脈絡的核心是獻祭制度（sacrificial system），這指向了生命、死亡及基督的任務。此一制度表現在其盛會、美、謳歌生命的奇妙，是古代世界主要的學習目標。無疑地，從中設計的教學方式將同時產生理智與促發學生之好奇心。

耶穌使用的教學方法

新約聖經中的耶穌行教事功是學習和教學方法論的核心。當我們有心傳播基督訊息時，無論是在校內或校外，只要仔細揣摩聖經耶穌的教學技巧以及祂如何與人相處，都可從中學到許多適當的教學方法。本節簡短的討論充其量只是耶穌方法的概覽而已，基督教師們可以在相關福音中，自行演繹及分析祂的方法，必然可以獲得更多啟示。

查克（R. Zuck）指出，「耶穌是成功的教學大師」，是因為「祂捕捉觀眾興趣的驚人能力」、「耶穌教學時，觀眾都渴望學習。」[80] 耶穌特別善用寓言（parables）、實物（object lesson），以及挑撥的問題（provocative）。

耶穌最明顯的教學方法是他的開釋（illustration），寓言和實物就是祂開釋最常用的教學型態。耶穌在新約聖經裡眾多的教學事例中，馬可福音有 25%，路可福音有 50% 是用寓言的方式。寓言體有具體的好處、訴諸想像，能引起信眾內在興趣。普萊斯（J. Price）寫道，「從事實和論證中退卻的人們會從故事中入門，不僅如此，他們會記憶深刻，深受影響。」[81]

耶穌寓言的魔力之一是完全取材於信眾的日常生活，如迷失的羊、播下的種，以及細心照顧遭強盜洗劫的撒瑪利亞人（路加福音 10：25-37）。耶穌以人們日常生活的經驗使他們深受感動，這喚起了人們的興趣、觸發其心靈、使人們對故事印象深刻，當人們將寓言故事與日常生活對照時，能感受其教誨。

耶穌也是舉世偉大的說書者，其寓言不僅是平鋪的說教，更常設計成讓信眾自行推演出結論。以好的撒瑪利亞人故事為例（路加福音 10：25-37），耶穌最後詢問誰才是遭強盜洗劫的鄰舍。耶穌說完了整個故事，讓其「學生」自行引出教誨。耶穌這麼做或許反能刺激其信眾主動思考。

第二項鮮明的開釋是耶穌常利用實物宣教。讀者回想耶穌在山丘上對眾人開釋勿憂慮時，隨手摘了一朵小百合，審視其美，所羅門最華麗的衣服還不及呢，神對飛鳥植物都眷戀，何況人，何必為外在衣裳憂？「你們這小信的人哪，野地裡的草，今天還在，明天就丟在爐裡，神還給它這樣的裝飾，何況你們呢！」（馬太福音 6：30）。耶穌也用銀錢與律法學和法利賽人討論納稅問題，用實物就很容易讓人明瞭（馬太福音 22：15-22）。

耶穌反覆運用的另一項方法是提出精彩的問題。研究福音的學者曾統計去掉重複之後，耶穌共提問了 213 個問題。[82] 耶穌留下的開示話語並不多，這麼多的提問實在令人嘆為觀止。他利用提問引領人們回歸精神真理，讓人們許下承諾，並與其毀謗者論戰。教師在課堂上設計教

學、諮商技術、班級經營等都可取法耶穌的提問方式。

關於提問的問題，我們教師有時會面臨學生的「挑釁」（on the spot）。耶穌宣教時也常碰到。他回應那些毀謗者的方式是反問他們問題。耶穌藉此策略將那些人引入自行回答其原先之質疑，祂的這種教化在福音書中俯拾即是，耶穌善於借力使力，將原先挑釁的問題轉回去，「從此以後，沒有人敢再問祂什麼。」（馬可福音 12：34）

提問問題作為一種學習設計，馬奎爾（J. A. Marquis）如是說，「教學不是告知，絕大部分的告知，無法引出學生的心智反應。所以，我主耶和華習慣不時拋出問題，打斷班上的安逸，讓我們坐下來好好思考。」[83] 基督教師的目標不是要控制，而是要發展學生心靈，善於提問就是發展學生心靈的主要方式。

基督的教學方法結合理論與實際。舉例而言，他在竭力帶領十二門徒的同時，也差遣他們外出將所學應用（馬太福音 10：5-15；路加福音 10：1-20）。這將有助於眾門徒們更能體會日後教學的需求，對成功的案例銘記在心，不至於孤懸理論於日常生活經驗諸事實之外。教育的實務面向經驗會使人不會自以為有學問而沾沾自喜，而這也是最佳的教學設計。耶穌更有志於傳遞有助於日常生活的知識，而不是抽象的知識。在宣教過程中，祂將日常生活、天國的永恆實體、善惡的衝突與理論知識結合在一起。

所有學習與教學方法最基礎的策略因素厥為教師對學生的態度。針對此點，耶穌也有太多值得我們學習的地方。即使一些人很明顯的沒有希望，他仍對眾人懷抱積極態度。失德的婦女、店家主人、罪犯，有時也包容不信任祂的法利賽人。

人們能夠感受到耶穌尊重他們為一個個體，對每個人都懷抱希望，這種體認反過來使人們願意追求更好的生活目的。耶穌對信眾的希望與信任鼓舞信眾追求嶄新、更有價值的生活。耶穌充分發揮「自我應驗預言」（self-fulfilling prophecy）的積極力量。[84]

耶穌當然不會忽略罪惡，祂正面迎戰。不過，耶穌反罪惡之餘，不忘與罪人同在。信徒們能充分感受祂的愛與無盡的關懷，信徒們也能因此關懷自身，這使得信徒們能對耶穌的教導起共鳴。耶穌對其「學生」的教學方式，本身就是一客觀的範型，現代教師若能從中學習並予以實踐，必然能對學生提供最佳之發展。

> 人們能夠感受到耶穌尊重他們為一個個體，對每個人都懷抱希望，這種體認反過來使人們願意追求更好的生活目的。耶穌對信眾的希望與信任鼓舞信眾追求嶄新、更有價值的生活。

基督宣教及基督教學的方法論是以健全的關係為核心。畢竟，教育目的之一若是洗滌，透過楷模、說教之方式以協助學生如何建立與基督關係的原則，當是教學的中心要務。正如耶穌是我們的楷模，我們也要在教導的紀律過程中，成為學生的楷模。

總之，我們要再次強調，基督教師的教學方法，並沒有與一般教師的教學方法有別。基督教師在選擇其教學策略時，要銘記一些脈絡於心中：(1) 教師工作的本質是救贖或洗滌；(2) 掌握學生的需求；(3) 反思教師個人的優點與缺失。如果基督教育要實現其世界觀之角色，那教師不斷在社會環境中鑽研耶穌這位教學大師的教學方法，實屬當務之急。

基督教育的社會功能

文化傳承的教育中心

舊約與新約聖經的核心訊息都揭示教育的重要。亞伯拉罕之所以被神眷顧，是因為神看到了亞伯拉罕一心吩咐其眾子及眷屬信道（創世記18：19）；神也要摩西為以色列人擘劃其生活各階段所需的教育體制。耶穌曾說出「使萬民作我的門徒」（teach all nations）（馬太福音 28：19、20，欽定版聖經）。

　　教育在任何社會都極其重要，因為在所有年輕人成為社會中堅主力時，都必須經由某種教育經驗的培養，社會的未來取決於時下的年輕人。年輕人將主導的社會發展的未來，相當大程度取決於他們所受的教育，掌握教育機構及其教授的內容也就成為恆常的社會課題。康茲在論述此一主題時，如是說：

　　　　形塑教育政策也就是守衛我們從現在邁向未來的大道……。幾世紀來從教育機構創設後，國王、皇帝、主教們都正視到學校的重要，即使是反對陣營、革命者及先知們，也不例外。因此，所有社會中的反對勢力，企圖掌控學校的情形也屢見不鮮。每一個團體都致力於將其認可的文化傳承給自己或別人的孩子；每一個優勢階級也透過教育維繫其優勢地位。[85]

> 教育在任何社會都極其重要，因為在所有年輕人成為社會中堅主力時，都必須經由某種教育經驗的培養，社會的未來取決於時下的年輕人。

　　同樣地，康茲在討論蘇聯教育時也觀察到，革命的失敗常常被視為是肇因於教育沒能成功地為革命服務。革命團體如果沒能使其下一代子女跟上父母腳步，那他們也不會比其眼中的唯心論者更能長存。因此，蘇聯與納粹國社黨都不諱言指出，革命政府要務之一是要將教育置於國家直接控制之下，並使教育成為國家打造新社會的核心推力。[86]

基督教育保守與革命的角色

　　從聖經的觀點來看，基督教堂同時是維繫社會的保守力量，也是促成社會變遷的機構。從保守的觀點來看，教堂致力於傳遞永恆不變的基督真理；但從改革的觀點，基督教自視為回復罪惡世界到神的國度的代

理者。

　　基督的改革訴求在於透過宗教的改宗，使紅男綠女們從原先的生活方式轉換到基督方式，就此而言，基督的革命力道，個人及社會都蒙受其益。轉化、形變、改宗、死亡與重生等術語，代表的是基督力量藉此影響個人生活及其生活中的社會秩序。因此，基督教育和基督學校二者都同時代表基督對社會的保守與革命角色。

　　基督教的保守性包含兩項重點：(1) 傳遞基督真理的遺產；(2) 為青少年在其正規求學階段傳遞基督真理時提供適切的氛圍，包括學校正式課程及同儕團體、課外活動等非正式的教育脈絡。

　　基督教堂和基督信仰者在世上（in the world）有獨特的角色，但不屬於世界（of the world）（約翰福音 17：14-18），從基督的年代至今，對教堂而言，都是困難的挑戰。我們不時可發現過往都有一些隱士或苦行者遺世獨居，另一些人選擇接受非基督之文化規範，卻又無法從該文化自拔，這兩種極端都沒有體現耶穌看似矛盾的啟示。然而，矛盾的兩端在聖經中都各有支持。

　　從世界中隔離的那端在舊約中可以找到端倪，耶穌授命猶太人不可與不道德的文化為伍，也授命保羅不可與不信者同負一軛（哥林多後書 6：14）。啟示錄中也呼籲要從傾倒的巴比倫大城中出來（啟示錄 18：4）。但另一方面，耶穌也會在社會需要的時刻，鼓勵人們融入（約翰福音 2：1-12；馬可福音 14：3-9），要共享喜樂，不能隱藏我們的光或讓鹽失味（馬太福音 5：13-16）。基督徒們常常只貫徹其中之一的教誨，殊不能體會聖經其實是要我們在生活中同時接納這兩種立場，且了解他們的緊張關係。

　　由於有這種二分的矛盾，教堂更要肩負起保障有利年輕人受正規教育時的良善氛圍，諸如教會學校、基督青年團契等。這些代理機構為年輕人提供了慰藉之所，從那裡年輕人可從基督家庭中學到技能、態度、價值、知識，不至於因社會忽略這些價值而有所欠缺，這些活動所

運作的氛圍將有助於基督文化傳遞到下一代身上。父母、教會成員在哲學立場上相信這些方案迥異於一般社會環境，也由於他們認可基督教世界觀在形上學、知識論和價值論的立場，他們也願意以財力支持這些方案。

　　從這觀點來看，基督學校的功能不只是讓不信基督教者改宗信仰（當然也會獲致這種結果）的傳道機構，而是幫助年輕人在基督家庭中與神相遇，並臣服其生活於神的代理機構。此項功能說明了如果學校大部分學生同儕團體不信奉基督價值，那學校傳遞基督價值的效果將大打折扣。基督教育的保守功能正是為豐富基督青年提供保障的環境，讓基督觀點的價值、技能、各層面知識的教學環境得到確保。

> 基督教育的保守功能正是為豐富基督青年提供保障的環境，讓基督觀點的價值、技能、各層面知識的教學環境得到確保。

　　基督教育除了保守的功能外，仍有其革命的角色。基督福音的最大任務是將基督精神帶向全世界，派門徒向各民族傳教，教育所有人留意基督的律令（馬太福音 28：19、20）。福音的宣教將會改變人們的生活，當人們生活在福音的律令及基督哲學的視野下，也因此會改變社會和他們私人間的關係（馬太福音 10：34-39）。

　　基督教堂最常被視為是社會的保守基地，但其實可視為個人及社會信服基督聖靈價值的重生之代理機構。教堂及其學校在先知的預言系譜下，將代表著社會正義，他們的恰當作為將會使正義成真的機會大增。

　　從變遷的觀點，而不是保守的觀點，最能看出耶穌生活的精神。祂是所有改革者（reformers）中的改革者（Reformer），祂的改革層次啟示著聖經中神對人的計畫。聖經並曾以劍（sword）來論道，「神的道是活潑的，是有功效的，比一切兩刃的劍更快」（希伯來書 4：12）；「並戴上救恩的頭盔，拿著〔聖〕靈的寶劍，就是神的道。」（以弗所書 6：17）。這也可明證耶穌是以進取的方法運用其哲學的「武器」。我們可看出，耶穌在其生活中所展現的基督精神，當導引人們邁向更好

生活時，是一種持續挑戰的信心。簡而言之，基督精神是一種革命的信念，不只在於尋求改造世界，更在於將現在的世界秩序帶入更大的目的，以迎耶穌二次降生（馬太福音 24：14；約翰福音 14：1-3）。

基督學校在基督革命任務中當然扮演重要角色，它也培養年輕人從事福音傳播工作，不過，這並不是也不應強調所有人必須入教會任職。基督學校要培養每位學生發自內心的愛神，不管他們將來在哪裡就業。

基督學校可以看成是爲日後基督宣教的行動及任務提供舞臺基礎，基督學校所提供的知識不僅僅是爲了教堂的福音傳教，也提供社區廣泛實務、導引的活動，學生藉此發展其接觸人們傳遞神的訊息之必要能力，也爲日後在世界各地神的教堂中履行個人角色（哥林多前書 12：14-31）。薩奢蘭（E. Sutherland）在書寫神的計畫時如是說：

> 基督學校應該有保育的功能，每位未來的改革者在此誕生、茁壯，畢業離開學校後，能帶著實踐的熱誠，昂步向前，並樂觀自許在改革過程中能居領導位置。[87]

總而言之，基督學校的社會功能同時有保守和革命的層面，兼容並蓄二類角色將有助於培養基督徒們能在世上奉獻又不獨屬於世界。本質上，基督學校要培養教會年輕人爲神、爲周遭所有人服務，而不是訓練他們獲致「高位」和優渥薪資而謀自身利益。高位薪資當然也可能是教育結果，但並不是基督學校的核心目標。

> 基督學校應該有保育的功能，每位未來的改革者在此誕生、茁壯，畢業離開學校後，能帶著實踐的熱誠，昂步向前，並樂觀自許在改革過程中能居領導位置。

基督生活的本質就是服務他人，這當然也是基督教育的深遠目標。當審視信徒在聖經角色的脈絡時，基督教育必將發展基督徒們在世

與他人相處的能力，更重要的使命是基督學校將要教育所有學生成爲未來天國的公民。

第三篇結論

本篇提出了基督哲學的一種立場及引申對教育哲學的啓示。今天，雖然基督教是在世俗自然預設的社會脈絡中運作，但基督教仍是建立在超自然的假定。

我們也指出，基督教育根本的要求之一，是必須建立在基督教對實體、眞理和價值的觀點之上。基督教育工作者必須對這些基本信念瞭然於心，也要體會這些信念如何影響教育實務。

除此之外，讀者也要留意，哲學是主要，但非唯一決定教育實務的因素。社會、經濟、政治脈絡可能修正或偏好某些教育目標，教育工作者將其信念運用在日常生活世界時，也可向這些力量尋求智慧。

基督哲學的核心是造物主神確實存在、善惡的根本衝突、人類的困境、神在聖經中揭露其可信賴性、神的關愛特質等。上述信念觸發了基督教育的明確需求，也對於什麼才是「最最重要」的教育提供了判斷的基礎。

學生及其需求也爲基督教育提供焦點所在，並指引教育工作者將之視爲邁向基督教育之目標。從基督觀點中，每位學生都有無限的潛能。人類既是神依其自身形象而造，縱使墮落，神仍透過救贖的計畫，讓每個人能回復到其原初的情形。基督教育正是神用來回復人的代理方式。

從基督教觀點來看，教育目標是回復神的形象於每一個人上，人類最大的需求就是要知道耶穌基督是上帝及救世主。人除了領受上帝之救贖外，也必須回復與其他人及自身的關係，也唯有如此，人才能眞正擺

脫墮落後那種失落、茫然、疏離的窘境。

　　救贖、回復、洗滌的基督教育目標，也提供了評估教師角色、課程重點以及學校的社會功能等之重點。教師的核心角色是藉著贏造師生關懷的關係、發現其需求，以及以耶穌為師的良善方法「找回並拯救迷失者」。從神的真理觀來看，我們需牢記課程的目標首重人類最大的需求，並用聖經的架構整合各個學科。基督教育的整套課程將會高舉在神的視野下，整合所有的真理、強調基督的世界觀，以及協助學生整合各學科的學習意義。基督教育各學科之學習意義都在彰顯耶穌基督，若失去了祂，那教育和生活也都失去了意義。

　　教學方法自然也是關注人性回復的目標，能夠有效達成此目標就成為選擇教學方法的基礎所在。基督教育氛圍的教學方法核心是營造教師對學生關懷的師生關係，這是耶穌方法的核心旨趣，也是祂擔任教師工作用心之所在。

　　基督學校的社會功能同樣有著救贖和洗滌之目標，其社會功能在於為年輕人提供一保障的環境以認識耶穌，不至於受到社會非基督文化所左右，這反映了保守的面向。然而，當基督學校培養學生知識與能力向廣大的社會分享基督經驗時，其社會功能就具有革命角色的意義了。基督教是一轉化的宗教，能同時讓個人改變，也能促成社會的變遷，基督學校的建立正是希望促成這種改變。

　　基督教育除了協助洗滌學生罪惡、回復神的形象於學生身上外，仍有其他的目標。舉例言之，它也傳遞新知，培訓人們在世工作，但相較於救贖、回復等，這些只能算是次要目標。基督教育機構存在的理由是基督徒相信，若人們自外於基督，生活就失去意義。假如人類贏得了全世界，獲得所有知識，擁有受人尊敬的職業，但失去他們的靈魂，那將一無所有。循此觀點，基督教育比世俗教育涵蓋面更廣，因為基督教育不只為年輕人今生作準備，也為即將來到的世界準備。

◉ 討論問題

一、基督教有何特定對人類本質的看法以形塑其教育觀?聖經對人性有
何獨特之教學「要求」(demand),使基督教育有別於一般教育
哲學?

二、基督教之教學是如何運用宣教的形式?這如何具體影響教師目標?
又是運用何種方式讓吾人體會教育之重要?

三、請討論爲何聖經在基督教育中是如此重要?要如何運用斯賓塞對課
程重要性之提問來協助理解基督課程?當我們說聖經是基督課程的
基礎,或是課程要在聖經脈絡中,這是什麼意思?

四、爲什麼基督教學方法論不是獨特唯一的?我們可以從耶穌行教的教
學中學習到哪些重要的教學方法?

五、爲什麼基督學校同時有保守取向及革命取向的社會功能?其中一種
功能有比另一種重要嗎?爲什麼?

◉ 註釋

1. G. C. Berkouwer, *Man: The Image of God* (Grand Rapids, MI: Wm. B. Eerd-
   mans Publishing Co., 1962), p.9.

2. Trueblood, *Philosophy of Religion*, p.xiv.

3. Reinhold Niebuhr, *The Nature and Destiny of Man: A Christian Interpretation*,
   vol. 1 (New York: Charles Scribner's Sons, 1964), p.13.

4. Berkouwer, *Man: The Image of God*, p.63; see also pp.75-77.

5. John Calvin, *Institutes of the Christian Religion*, book 2, chap. 2: 12.

6. Francis A. Schaeffer, *Escape from Reason* (Downers Grove, IL: InterVarsity
   Press, 1968), p.90.

7. 有關基督教育對洗滌的討論,可以參考 Ronald Habermas and Klaus Issler,
   *Teaching for Reconciliation: Foundations and Practice of Christian Educa-
   tional Ministry* (Grand Rapids, MI: Baker Book House, 1992), see especially

pp.33-46.

8. Jim Wilhoit, *Christian Education and the Search for Meaning*, 2d ed. (Grand Rapids, MI: Baker Book House, 1991), p.61.

9. Lewis, *Mere Christianity*, p.52.

10. Niebuhr, *The Nature and Destiny of Man*, vol. 1, pp.74-92.

11. 對教師教學天職議題的深度思想討論見 Robert W. Pazmiño, *By What Authority Do We Teach? Sources for Empowering Christian Educators* (Grand Rapids, MI: Baker Book House, 1994).

12. F. F. Bruce, *The Epistle to the Ephesians* (Westwood, NJ: Fleming H. Revell Co., 1961), p.85.

13. 欽定版聖經將 *didaskalos* 寫成 master 達 47 次，修正的標準版則是用「教師」（teacher）一詞。

14. 有關耶穌教學方法的簡要討論，見本章之後「教學方法」一節。

15. 「人若能賺得全世界，賠上自己的生命，有什麼益處呢？」（以上是中文和合版，原書是引欽定版聖經，原經文如下：For what is a man profited, if he shall gain the whole world, and lost his own soul.

16. Edwin H. Rian, "The Need: A World View," in John Paul von Grueningen, ed., *Toward a Christian Philosophy of Higher Education* (Philadelphia:Westminster Press, 1957), pp.30, 31; Herbert Welch, "The Ideals and Aims of the Christian College," in *The Christian College* (New York: Methodist Book Concern, 1916), p.21.

17. C. B. Eavey, "Aims and Objectives of Christian Education," in J. Edward Hakes, ed., *An Introduction to Evangelical Christian Education* (Chicago: Moody Press, 1964), p.62.

18. 有關教師作為角色楷模的討論，可參考 Edlin, *The Cause of Christian Education*, 2d ed., pp.120-135.

19. Gene Garrick, "Developing Educational Objectives for the Christian School," in Paul A. Kienel, ed., *The Philosophy of Christian School Education*, 2d ed. (Whittier, CA: Association of Christian Schools International, 1978), p.73.

20. Welch, "The Ideals and Aims of the Christian College," pp.23, 22.

21. J. Crosby Chapman and George S. Counts, *Principles of Education* (Boston: Houghton Mifflin Co., 1924), p.498. (Italics supplied.)

22. Gloria Goris Stronks and Doug Blomberg, eds., *A Vision with a Task: Christian Schooling for Responsive Discipleship* (Grand Rapids, MI: Baker Books, 1993), p.25.

23. 馬丁·路德註解教師工作是最有趣的，路德是這麼說，「假如我放棄了布道及其他責任，我的下一個辦公室非教室莫屬〔sic〕。因爲我知道，除了布道宣教外，它是最有用、最偉大、最好的工作；我眞的不確定我到底喜歡宣教還是教學，因爲很難馴服老狗，也很難讓水牛虔敬，這就是傳教的工作，總是徒勞無功；教育年輕幼苗則不然，雖然過程中有時也會受挫，但年輕人總是較易受影響與訓練。因此，有信心培訓他人小孩應視爲世間最高的美德之一，但父母們很少自行肩負此一責任。」路德也呼籲「遣送孩子入學吧」，見 *Luther on Education*, by F. V. N. Painter (Philadelphia: Lutheran Publication Society, 1889), p.264.

24. 有關聖經立場論及家庭教學的責任，見創世記18：19；申命記4：9、10；6：6、7；以弗所書6：4。

25. Frank E. Gaebelein, "The Greatest Educational Force," *Christianity Today* 8 (August 28, 1964): pp.28-29.

26. 是指在某一層級職位表現傑出者，常常在組織層級中晉升至更高一階的職位，但他們不一定能勝任，見 Laurence J. Peter and Raymond Hull, *The Peter Principle* (New York: William Morrow & Co., 1969).

27. 有關最卓越教師職位問題的完整討論，見我的論文，"Reschooling Society: A New Road to Utopia," *Phi Delta Kappan* 60 (December, 1978): pp.289-291.

28. Frank E. Gaebelein, *The Pattern of God's Truth: Problems of Integration in Christian Education* (Chicago: Moody Press, 1968), p.35.

29. Eavey, "Aims and Objectives of Christian Education," p.61.

30. Herbert Spencer, *Education: Intellectual, Moral, and Physical* (New York: D. Appleton and Company, 1909), pp.1-87.

31. Ibid., pp.10-11.

32. Ibid., pp.13-14.

33. Ibid., pp.84-86.

34. Ibid., p.63.

35. Mark Van Doren, *Liberal Education* (Boston: Beacon Press, 1959), p.108.

36. Alfred North Whitehead, *The Aims of Education and Other Essays* (New York:

The Free Press, 1967), p.7.

37. C. P. Snow, *The Two Cultures and the Scientific Revolution* (New York: Cambridge University Press, 1959).

38. Gaebelein, "Toward a Philosophy of Christian Education," p.41.

39. Gaebelein, *The Pattern of God's Truth*, p.20.

40. John Henry Newman, *The Idea of a University* (Notre Dame, IN: University of Notre Dame Press, 1982), p.19。紐曼寫道「承認神，接著你介紹你所有學科的知識，圍繞著神的事實，接近神，並吸納其他可知覺的事實。」前揭書。

41. 讀者若有興趣科學與宗教交鋒的討論，下列著作，將有助於你理解：Richard H. Bube, *The Human Quest: A New Look at Science and the Christian Faith* (Waco, TX: Word Books, 1971), especially pp.11-131; Charles E. Hummel, *The Galileo Connection: Resolving Conflicts between Science & the Bible* (Downers Grove, IL: InterVarsity Press, 1986); Alister E. McGrath, *A Scientific Theology*, vol. 1, *Nature* (Grand Rapids, MI: William B. Eerdmans Publishing Co., 2001).

42. Harry Blamires, *The Christian Mind* (London: S.P.C.K., 1963); Holmes, *All Truth Is God's Truth*, p.125. On the topic of helping students think "worldviewishly" from a Christian perspective, see Arthur F. Holmes, *Contours of a World View* (Grand Rapids, MI:Wm. B. Eerdmans Publishing Co., 1983); James W. *Sire, Discipleship of the Mind: Learning to Love God in the Ways We Think* (Downers Grove, IL: InterVarsity Press, 1990).

43. Arthur F. Holmes, *The Idea of a Christian College* (Grand Rapids, MI:Wm. B. Eerdmans Publishing Co., 1975), p.26.

44. Clark, *A Christian Philosophy of Education*, p.210.

45. Gaebelein, "Toward a Philosophy of Christian Education," p.37.

46. Edlin, *The Cause of Christian Education*, pp.64-66.

47. 基督觀點有利於讀者閱讀之討論，可以參考 James W. Sire, *How to Read Slowly: A Christian Guide to Reading with the Mind* (Downers Grove, IL: InterVarsity, 1978).

48. T. S. Eliot, "Religion and Literature," in *The Christian Imagination*, ed. Leland Ryken (Grand Rapids, MI: Baker Book House, 1981), pp.148-150.

49. Virginia Lowell Graybill, "English Literature," in *Christ and the Modern*

Mind, ed. Robert W. Smith (Downers Grove, IL: InterVarsity Press, 1972), p.21.

50. Quoted in Frank E. Gaebelein, *The Christian, the Arts, and Truth: Regaining the Vision of Greatness* (Portland, OR: Multnomah Press, 1985), pp.91-92. 有關基督教與娛樂藝術介面的討論，見 William D. Romanowski, *Pop Culture Wars: Religion and the Role of Entertainment in American Life* (Downers Grove, IL: InterVarsity Press, 1996).

51. David K. Naugle, *Worldview: The History of a Concept* (Grand Rapids, MI: William B. Eerdmans Publishing Co., 2002), p.260.

52. Harry Lee Poe, *Christianity in the Academy: Teaching at the Intersection of Faith and Learning* (Grand Rapids, MI: Baker Academic, 2004), pp.22, 23.

53. Ibid., p.22.

54. Naugle, *Worldview*, p.xvii.

55. James Davison Hunter, *Culture Wars: The Struggle to Define America* (New York: Basic Books, 1991), pp.42, 43.

56. Ibid., p.48.

57. Jonathan Zimmerman, *Whose America? Culture Wars in the Public Schools* (Cambridge,MA: Harvard University Press, 2002); Raymond R. Roberts, *Whose Kids Are They Anyway? Religion and Morality in America's Public Schools* (Cleveland: Pilgrim Press, 2002); Barbara B. Gaddy, T.William Hall, Robert J. Marzano, *SchoolWars: Resolving Our Conflicts over Religion and Values* (San Francisco: Jossey-Bass Publishers, 1996).

58. Zimmerman, *Whose America?*, p.2.

59. Michael Denton, *Evolution: A Theory in Crisis* (Bethesda, MD: Adler and Adler, 1986); Phillip E. Johnson, *Darwin on Trial*, 2d ed. (Downers Grove, IL: InterVarsity Press, 1993); Michael J. Behe, *Darwin's Black Box: The Biochemical Challenge to Evolution* (New York: Free Press, 1996); William A. Dembski, *Intelligent Design: The Bridge between Science and Theology* (Downers Grove, IL: InterVarsity Press, 1999); Jonathan Wells, *The Icons of Evolution* (Washington, DC: Regnery, 2000)。有關智慧設計運動發展史的卓越介紹，見 Thomas Woodward, *Doubts about Darwin: A History of Intelligent Design* (Grand Rapids, MI: Baker Books, 2003)。從進化論觀點的重要討論，見 Edward J. Larson, *Evolution: The Remarkable History of a Scientific Theory* (New

York: Modern Library, 2004); Richard Dawkins, *The Blind Watchmaker:Why the Evidence of Evolution Reveals a Universe without Design* (New York: W. W. Norton, 1987).

60. Alister E. McGrath, *A Scientific Theology*, vol. 1, *Nature*; vol. 2, *Reality*; vol. 3, *Theory* (Grand Rapids, MI: William B. Eerdmans Publishing Co., 2001, 2002, 2003)。對於以上三本書的綜合評論可參考 Alister E. McGrath, *The Science of God: An Introduction to Scientific Theology* (Grand Rapids, MI: William B. Eerdmans Publishing Co., 2004)。讀者可特別注意麥葛瑞斯對基督教與科學的卓越整合，不過，他仍未批判地將許多進化論的主張視之爲當然。麥葛瑞斯的著作也是智慧設計論視野的最方便閱讀的作品。

61. Gaebelein, "Toward a Philosophy of Christian Education," pp.47-48. Cf. Newman, *The Idea of a University*, p.54. For Brunner's insight on the topic, see Emil Brunner, *Man in Revolt: A Christian Anthropology* (Philadelphia: Westminster Press, 1947), p.255.

62. 有關紀伯倫對於整合基督教與數學的討論，見其 *The Pattern of God's Truth*, pp.57-64.

63. 對於科學、數學與其他各領域與基督教關係在實務上的整合最完整深入討論的作品見 Harold Heie and David L. Wolfe, *The Reality of Christian Learning: Strategies for Faith-Discipline Integration* (Grand Rapids, MI: Christian University Press and Wm. B. Eerdmans Publishing Co., 1987)。除了上述以自然的觀點整合科學與數學外，教師也會有很多機會在個人的層次上彰顯耶穌精神，將其信念與所授專業科目關係的心得分享給學生，並回應學生對於手邊教材、宗教意義與個人困難之提問。

64. Gaebelein, *The Pattern of God's Truth*, p.87.

65. Ibid., pp.86-87.

66. Maria Harris, *Fashion Me a People: Curriculum in the Church* (Louisville: Westminster/John Knox, 1989), p.69, quoted in Robert W. Pazmiño, *Principles and Practices of Christian Education: An Evangelical Perspective* (Grand Rapids, MI: Baker Book House, 1992), p.112.

67. Arthur F. Holmes, *Shaping Character: Moral Education in the Christian College* (Grand Rapids, MI: Wm. B. Eerdmans Publishing Co., 1991), p.vii.

68. Ronald H. Nash, *The Closing of the American Heart: What's Really Wrong*

with America's Schools ([Dallas]: Probe Books, 1990), pp.29-30.

69. See David E. Purpel and William M. McLaurin, Jr., *Reflections on the Moral and Spiritual Crisis in Education* (New York: Peter Lang, 2004).

70. RobertW. Pazmiño, *Foundational Issues in Christian Education: An Introduction in Evangelical Perspective*, 2d ed. (Grand Rapids, MI: Baker Books, 1997), p.99.

71. Ibid., p.101.

72. Stronks and Blomberg, eds., *A Vision with a Task*, pp.15-38.

73. Schaeffer, *True Spirituality*, p.143.

74. Ibid., p.144.

75. 這並不是說人不常表現動物的行為層次,不幸的是許多人終其一生大部分時間都表現出動物的行為特質(如欲望與激情),只能透過間歇增強來控制。本段之觀點是要指出,如果人們願意選擇接納聖靈的力量,當然會向上提升。

76. 考量此一模式時,要特別注意兩點:(1) 跨時間的年齡增長不必然與道德成熟度相關;(2) 道德發展不是成直線向前的──每個人前後發展有個別差異,也受其生活中所遇的重要成人的技能、奉獻程度所影響。

77. Harro Van Brummelen, *Walking with God in the Classroom* (Burlington, Ontario: Welch Publishing, 1988), p.34.

78. Nicholas Wolterstorff, *Educating for Responsible Action* (Grand Rapids, MI: Wm. B. Eerdmans Publishing Co., 1980), pp.15, 14。本書為意願學習的教學方法暨立理論基礎。

79. Oppewal, *Biblical Knowing and Teaching*, pp.13-17.

80. Roy B. Zuck, *Teaching as Jesus Taught* (Grand Rapids, MI: Baker Books, 1995), p.158,本書及其姊妹作 *Teaching as Paul Taught* (Grand Rapids, MI: Baker Books, 1998) 是當代探討聖經教學方法最完整深入的分析。

81. J. M. Price, *Jesus the Teacher* (Nashville: The Sunday School Board of the Southern Baptist Convention, 1946), p.101.

82. John Sutherland Bonnell, *Psychology for Pastor and People*, rev. ed. (New York: Harper & Brothers, 1960), pp.71-72.

83. John A. Marquis, *Learning to Teach from the Master Teacher* (Philadelphia: The Westminster Press, 1925), p.29.

84. 所謂自我應驗預言是指事先的預言獲得了實現，預言成為期待的基礎。此一理論解釋了許多情境中，即使不是最重要的情境，人們是依其受期待的大小而表現成果。

85. Chapman and Counts, *Principles of Education*, pp.601-602.

86. George S. Counts, *The Soviet Challenge to America* (New York: John Day Co., 1931), pp.66-67.

87. E. A. Sutherland, *Studies in Christian Education* (Leominster, MA: The Eusey Press, 1952), p.72.

第四篇

公立學校的基督教師

chapter 11

教師應如何在公立學校
教宗教理念？

　　公立學校重大的問題之一是所謂「第四 R」──宗教──如何教授，主要的問題在於宗教與非宗教都是生活的一部分，爭議在所難免。基督教的選擇方式是自行創辦教會學校，但是諸多原因使然，這並不適用所有人。畢竟，一般人還是覺得公立學校才是「他們的」學校，而一些基督徒教師也願意在公立學校服務，以履行耶穌在山中聖訓號召為大眾奉獻鹽與光的天職（馬太福音 5：13-16）。

　　教師如何在公立學校提供鹽與光呢？應該教哪一種宗教或非宗教立場？由誰來決定？這些問題非常重要，也不可能全然中立，沃托斯多夫（N. Wolterstorff）如是說：

　　　當今美國社會沒得選擇，勢必會相當程度侵犯到某些團體的宗教自由。對所有宗教或非宗教信仰者，當代社會真的無法做到全然公平或無差別待遇。我們的社會可發現，許多人良心使然，不希望他們的小孩子在宗教或非宗教的環境中，接受宗教教育與活動。然而，另一群人也是良心使然，希望他們的小孩子在教育過程中是在特定的宗教環境，該教

育環境也應該涵蓋其所信仰的宗教活動。公立學校必定行差別對待、強制或反對其中的一方成員。[1]

> 當今美國社會沒得選擇，勢必會相當程度侵犯到某些團體的宗教自由。對所有宗教或非宗教信仰者，當代社會真的無法做到全然公平或無差別待遇。

第四 R 在教育中確實無法全然中立，一方陣營希望公立學校爲其打造信念；另一方陣營則「持懷疑立場，認爲宗教是一種愚蠢的虛幻，其唯一棲身地只不過是在自造的教義窘境下成爲批評的對象。」[2]

宗教爭議的最初思考

我們殆可想見，教師、教育及學校行政人員，不僅僅會對宗教角色困惑，而且會對宗教到底在學校哪些可以做感到不安。用另一個方式說，基督教師們對於如何運用基督教育哲學於公立學校中，也會感到爲難。或許，馬提（M. Marty）的「用關懷（care）處理」是很好的開始。[3]

史創克絲二氏（Julia and Gloria Stronks）認爲基督教師們「會很願意設計課程讓學生認識神的世界及其位置，與此同時，教師們也要牢記國家或州的學校教育目標。」[4] 簡單說來，也就是教師們必須把基督教育哲學的要素轉換到公立學校上。

這種轉換的絕大部分是因爲美國公立學校的教師也要滿足政府的要求，[5] 意味著必須遵行國家、州政府以及地方立法當局的諸多規範，包括憲法第一修正案的宗教條款「國會不得制定國教或禁止信教自由的法律。」修正案精神的所謂不宣揚單一宗教的「建置條款」（establishment clause），與保障信教自由的「宗教自由條款」（free exercise clause），卻燃起了宗教在教育中引發的爭議。太多的宗教，或準確的說，一些不當宗教在學校推展違反了「建置條款」；然而，學校若禁止

宗教言論則會被視爲違反「宗教自由條款」，如何平衡就成爲美國 60
年來或更早以降的主要爭議所在。泰克（D. Tyack）正確的指出由於不
同的社會脈絡變遷，公立學校的宗教定位有必要在「不同世代間重新協
商」。[6]

當此之時，服務於公立學校的基督教師們也會根據其自身體認而
有不同作法。有些教師在追尋其個人信仰的信心時，會謹守相關法律規
範；另有些老師則認爲道德、宗教在此刻益顯重要，「會把道德、宗教
置於法律之前。」[7]

薛瓦茲（J. Schwartz）將公立學校基督教師努力實行其天職界定三
種取向：

1. **濡化（enculturation）的代理者**：教師持此立場，大抵強調宗教
   對善的教化意義，弱化宗教本身的教義觀。
2. **基督的宣教者**：教師們若持這種態度，會盡力提供基督視野以
   突破教會—國家間對壘的限制。
3. **眞理黃金律的尋求者**：有些教師在現代多元社會中，會帶領學
   生討論不同文化間世界觀的論戰。薛瓦茲最稱許此一模式。[8]

爭議所在改變的理由：歷史回顧

美國公立學校宗教爭議在 1830、1840 年代公共教育興起時即已表
面化，公立學校制度創建的大老曼恩（H. Mann），「公立學校絕不能
反宗教，曼恩本身贊成在公立學校閱讀聖經及其他無特別宗派的宗教活
動。」[9]

「無宗派」（nonsectarian）是曼恩回應學校宗教議題的關鍵字，不
過論者指出，曼恩的年代各式宗教概屬新教徒（Protestant）團體，曼恩
所謂的各宗派的教學，其實都是在新教徒同意的範圍內。[10] 當然，也

就是欽定版聖經（King James Version）的閱讀及新教徒共通的禱告儀式等。另一些人不一定同意此一宗教立場，如羅馬天主教（Roman Catholics）就無法接受，他們就自辦學校。

在曼恩無宗派立場的默契下，美國各地區學校自行負責其宗教相關活動，倒也相安無事。然而，隨著 20 世紀 1960 年代宗教人口的巨變，新的挑戰也隨之而來。

卡波（J. Carper）所稱的公立學校「去新教化」（de-Protestantization）發生在 1960 年代初期，在歷經半個世紀變遷之後，美國最高法院針對公立學校閱讀聖經及集體禱告行為做出了一些重要判例〔安吉爾對維塔爾案（*Engel v. Vitale*），1962；安必頓學區對施肯普案（*Abington Township v. Schempp*），1963；莫瑞對卡雷特案（*Murray v. Curlett*），1963〕。*11

1960 年代最高法院的幾個判例下來，戛然中止了聖經及集體學校禱告等可行的宗教儀式之「過去美好年代」。這是必須的，因為除新教徒及羅馬天主教等主要人口外，美國其他宗教人口及不信教者也已多元成長。

---

* 安吉爾v.維塔爾案大意如下，紐約州法律規定，公立學校每日必須在學校朗讀祈禱文，安吉爾等10多位家長，認為干涉了他們子女的宗教自由，提起訴訟，1964年最高法院判定安吉爾等勝訴。安必頓學區v.施肯普案，是另一里程。美國賓州1959年制訂一項法律，要求學生必須每日閱讀聖經至少10節，以及朗誦天父祈禱文（The Lord's Prayer）。家長若不同意子女參加此儀式，必須向學校提出書面申請。安必頓中學有更嚴格規定，且朗誦研讀版本，也有爭議。施肯普等家長指出，雖然學校可以免除，但申請程序，易使其子女在學校被另眼對待，且誦讀版本有違其特定的宗教派別（舊新約與猶太教之間的細部差異）。聯邦地區法院及最高法院都做成了決議，施肯普勝訴。主要理由是學校每日集會的誦讀儀式（雖然家長可申請不參加），已經很明顯的將特定宗教教義儀式引入學校，違反了憲法第一修正案建置條例之精神。以上兩案，反映了1960年代，美國歷經多方爭議後，正式確立公立學校不宜有統一的宗教儀式。有興趣的讀者可以參考張民杰（1999），由最高法院判例看美國公立中學的宗教活動，《教育研究集刊》，43，163-183。

　　1960年代最高法院的幾個判例讓國家公立學校體制迥異於以往。一方面，它促進了基督學校自行辦學風潮；一方面，宗教應「退出公立校園的批評聲浪也鋪天蓋地」。

　　狄非托勒（J. DelFattore）認為這項對宗教的指控並不是事實，當相當的宗教型態離開校園後，重閱相關判例檔案發現，部分大法官們的看法是宗教在公立學校中扮演重要角色。[12]

　　克拉克（T. Clark）法官在安必頓學區對施肯普案的判例文中有關閱讀聖經的意見時，寫道：*

　　　　可以這麼說，教育沒有涵蓋比較宗教或宗教史中涉及文明進階部分是不完全的，也確實可說聖經具有文學或歷史的學習價值。但我們在此的意思並不是說，當把聖經或宗教客觀呈現，成為世俗教育課程的一部分，加以研究，此結果不會與第一修正案相符。[13]

古德伯格（A. Goldberg）對該案的一致意見是：

　　　　政府必須得認知到宗教的存在。的確，第一修正案在相當的情境下，也必須考量宗教存在的事實。我相當清楚……法院也必須認識到教學中，介紹（about）宗教……的正當性，這與在公立學校中教特定（of）宗教是不同的。[14]

---

* 克拉克法官在對安必頓學區v.施肯普案的判決文，是說安必頓學校要求學生背誦新約聖經，涉及猶太校對聖經之詮釋，等於是干涉猶太教等的信仰，並不受憲法第一修正案的保障。但他在判決文中也明確指出聖經在文學、歷史上的價值。本書作者即援引狄非托勒、古德伯格等學者之看法，籲請讀者不要因為判決的結果，就否認閱讀聖經在學校教學上的價值。

> 我相當清楚……法院也必須認識到教學中，介紹（about）宗教……的正當性，這與在公立學校中教特定（of）宗教是不同的。

憲法專家格林沃特（K. Greenawalt）指出，施肯普案的重要性不僅在於聖經閱讀的特別規範，而是開始考驗宗教在公立學校的適切性。「大家可接受法律或實務必須有一『世俗的法律目的，必須同時達成既不強化也能不禁止的目標。』」[15]

1963 年施肯普案判決出爐後，全美學校行政人員協會（American Association of School Administrators）在 1964 年以之作基礎，正式出版《宗教在公立學校》（*Religion in the Public School*），提及：

> 課程中若缺乏宗教，這本身就有著一種對宗教的意涵，它不啻表達了宗教在人類生活中沒有像健康、政治、經濟般真實。刪除宗教也就否定了宗教在人類歷史的重要性——這是明顯的否定。[16]

30 年後全美學校審議協會（National School Board Association Council of School Attorneys）依然秉持類似的想法，他們觀察到教育「若沒有適當的關注宗教的影響和主題，那是不完整的教育。」尤有進者，「若不能理解不同宗教的符號、運作和概念等，那將會降低對人類歷史、文學、藝術及當代生活的知性品味。」[17]

法律社群也廣為同意為了完整、確實及誠實的教育，公立學校的宗教教學是有必要的；但另一廣為流傳的共識是公立學校的宗教教育應區分「介紹宗教」（teaching about religion）與「教特定宗教」（teaching religion）的差別。又如耐可（C. Kniker）提醒每位教師都可自問「在我的宗教和價值討論課上，我是在描述（descriptive），而不是在做規範（prescriptive）嗎？最高法院是允許教師用描述的方式討論宗教的。」[18]

麥克米蘭（R. McMillan）注意到宗教科目在世俗學校中必定只有

世俗，而非宗派或神聖的目標，也表達了類似的概念，他指出若要滿足最高法院判例的聲明，那宗教科目必須「直接貢獻於學生的一般教育，而不能致力於要學生獻身某宗教或要求學生接受特定的宗教立場。」[19]

公平使用理念與學生權對學校宗教推展之意義

1984 年美國最高法院通過的公平使用法（Equal Access Act）對於公立學校的宗教角色爭議有了新的友善轉向，該法案之通過「試圖終結對公立學校的宗教言論自由『普遍性的歧視』。」[20] 該法案具體條文如下：

> 受國家財政支助的公立學校應提供一個有限開放的論壇，學生得以利用這項有限開放的論壇集會，無論其集會的演講內容是宗教、政治、哲學或其他。若拒絕這樣的機會或歧視這樣的集會，都是違法的。[21]

根據此法精神，學校在學生於非課堂教學時間（noninstructional hours）申請與正式課程無關之集會（non-curriculum-related meetings）時，學校的准許與否不能以學生社團集會的內容為前提。假如學校允許棋藝社成立，就不能拒絕聖經研究社的申請。值得注意的是，公平使用法保障的僅在於學生的社團集會，教師得以參加，但他們不能影響該宗教集會內容，教師在場必須是個「非參與者」（nonparticipants）。[22]

公平使用法建立公立學校友善學生宗教自由的橋頭堡後，柯林頓總

統時有了進一步的行政說明，1995 年各學區都受到通知，根據正義與教育部門（Department of Justice and Education）的說法，學校不是「放任宗教的地方」（religion-free zones），除非學生裏脅聽眾，學生享有禱告、從事宗教討論、演講（甚至於改變信仰）的保障；教師不能用鼓動或不鼓勵的方式干預宗教活動；學生得以在口頭或書面作業中自在表達其宗教信仰；當學生修習文學課程時，有權選擇宗教文學；當學校安排的活動過重（substantially burden）致影響學生自由參與宗教活動時，學生得免除；學校要主動教授能使個人融為社會一體的公民價值、德行與道德規範；學生可以配戴與宗教相關的配飾，一如標示其他訊息的穿著；所謂「非課堂教學時間」包括上學時之上課前或上課結束後在校時間、課間及午餐時間；學校要開放學生召開與宗教有關的集會，一如其他非宗教集會。[23]

　　時序進入 21 世紀，公平使用法運作在公立學校的模式已經成為「正統模式」（dominant model），這能有效區分在國家不得助長單一宗教下，個人仍得以在新模式下抉擇宗教行動。公平使用法產生的結果是當學生增添其個人抉擇機會時，公立學校也強化了其面對不同宗教視野的處理能力。如此一來，原先多元社會中宗教問題誰說了算的棘手問題，也就因為公平使用法的頒訂得到部分抒解。這是因為宗教活動不再由教師、行政官員或學校當局主導，而是來自學生自己的抉擇。

　　當然，不是每個人都滿意公平使用法，狄非托勒就曾指出該法也引發「兩邊不討好：有些人士認為公平使用法給學校太多的宗教自由了，另一些人則仍嫌太少。」[26]

　　公平使用法的支持者大概會以此回應，一如那些知道在公立學校有權推展宗教的人士，如史創克絲二氏在 1999 年的評注：

　　　　30 年前，行政官員們會藉著不保障宗教自由來避免興
　　　訟。那時，沒有宗教信仰者會透過法律以對抗加諸其上的宗

教信念：今天，父母更傾向於保障其子女的宗教言論自由。宗
教權發展的結果是雙方都循司法途徑，不是如早年的避免興
訟。在憲法第一修正案揭示建置條款與信教自由條款無可避
免造成衝突的情形下，學校更會積極發展其明確的政策以處
理衝突所在。[27]

課堂內的教師

　　閱讀本章至此，相信許多教師或准教師們可以體會到，要在公立
學校教室推展基督教育哲學時會充滿許多問題及困難。我必須明確指
出，公立學校的基督教師並不像在教會服務的教師擁有自由分享其信仰
的自由。公立學校服務的基督教師若要在教室內彰顯神的榮耀，他們對
於何者可教、何者不宜的紅線必須發展一套敏銳的自覺，俾在國家法律
下滿足學生世俗教育目標之達成。

　　公立學校教師不應迴避宗教，但對於何者允許、何者不允許的紅線要銘記在心。馬提（Martin Marty）的「自然融入」（natural inclusion）與「刻意排除」（unnatural exclusive）兩原則或許值得有心推廣宗教的教師們體會。馬提指出「當教科書課程設計者以及教師們忽略了宗教涉及（或根本無視宗教）

> 公立學校服務的基督教師若要在教室內彰顯神的榮耀，他們對於何者可教、何者不宜的紅線必須發展一套敏銳的自覺，俾在國家法律下滿足學生世俗教育目標之達成。

的歷史事件、人物風範及相關論述而做出未臻完整的說明時，公立學
校的目標也不可能達成。他進一步建議當主題適合時──不是每個地
方，但夠多地方──就可自然融入宗教。馬提以當教師講授公民權利運
動為例，就可「自然融入」。畢竟，很多歷史事件的領導者都受到宗

教原則的鼓舞，如馬丁・路德・金恩「牧師」（Reverend Martin Luther King）。[28] 費尼克斯（P. Phenix）使用「慎思的教材真實相關原則」（principle of genuine relevance to the subject under consideration）之詞，與馬提的「自然融入」異曲同工，二者都期許教師能在公立學校的情境中篩選宗教項目中適合教師引領學生的內容。

　　第二個篩選方式是最高法院所界定的「教特定宗教」與「介紹宗教」的分際。教師要避免進行宗教灌輸。

　　第三個篩選方式是釐清公立學校教師及學生擁有的權限。1984 年的公平使用法賦予學生比之教師更多的宗教權利。舉例言之，學生可以組聖經研習社團、午休時間禱告，以及進行宗教演說，教師則否。同樣地，假如教師指定學生撰寫論文或課堂口頭報告，學生「可以選擇涉及宗教的主題」，但教師卻不能要求學生一定得用宗教主題回應。法律尊重學生的宗教自由權及對宗教議題的演講自由，這也會產生格林沃特指出的有趣現象，「當教師拒絕講授某一宗教主題時，學生反而可以聲稱，在憲法上學校不能特別嫌惡宗教演說，必須與其他演說一視同仁。」[30]

　　除了以上三項篩選重點外，全美學校審議協會所制訂的指引，也有助於學校教師或行政官員處理公立學校宗教角色之爭議：

- 學校對於宗教應秉持**學術**而非**信仰**的立場。
- 學校可以嘗試**喚起**學生宗教意識，但不應強要學生**接受**。
- 學校可以支持宗教的**研究**，但不好贊助宗教的**活動**。
- 學校可以**宣導**多元的宗教觀點，但不可**強加**特定的宗教觀。
- 學校可以**教育**所有宗教，但不可**宣傳**或**汙衊**任何宗教。
- 學校可以**介紹**各種不同宗教信仰，但不應讓學生**順服**某一特定宗教信仰。[31]

　　當基督教師在實際公立學校教學現場時，勢必無法完全整合其宗教信念於教學中，雖則如此，這並不是說他們必須迴避宗教主題。許多學

科素材都與宗教相關，很適合教師融入教學，諸如比較宗教史、聖經文學、[32] 美國文化發展中宗教所扮演的角色等等。[33]

除了前述宗教直接相關的主題外，尚有許多其他教學領域也受宗教影響，但這些主題通常會歸在文化，而不是狹義的宗教上。這些領域在日常生活 [34] 及責任公民的養成上 [35]〔基督徒有時在其他地方會以責任門徒（discipleship）來設想〕作爲課程內涵的核心價值來教授，極其重要。公立學校的教師自然也有必要「協助學生開啓其神所恩賜的天賦」。[36] 雖然基督教師對於核心價值、神賜天賦（God-given gifts）、有責任的公民等概念是源出於個人對宗教的體悟，但他們在公立學校氛圍中，不會站在宗教的立場去看待這些概念。

對公立學校基督教師而言，最困擾的課程領域莫過於自然科學中涉及進化論的主題，教科書是以科學事實，而非超越科學方法的形上學信念方式來呈現。[37] 但即便是這個主題，教師無法將其心目中的眞理暢所欲言，基督教師們依然可以爲學生提供更寬廣的視野。例如，要小學生們在面對地球是如何形成問題之各類解答時，私下記錄他們的意見。某位教師會給學生 10 分鐘書寫其看法，然後課堂上加以討論，這會使基本爭議浮出檯面；另一些教師會刺激學生討論對神創說的敬畏和好奇感或科學的可能性與限制。[38] 這些教學沒有直接灌輸宗教的解釋，卻帶出了基本爭議，並沒有跨越法律紅線。

總之，公立學校的基督教師對於教特定宗教與介紹宗教之間、宗教與教育重疊領域中教師權與學生權分際間，必須時時處於最前瞻的思考。當然還有其他的議題要重視，但前述兩項至關重要，不可不愼。

第四篇結論

第四篇探討了公立學校中涉及的重要宗教教學爭議，這項爭議其來已久，也會持續下去，我們也深知這不可能取悅每個人。

公立學校基督教師挑戰之一，是其個人宗教信仰與國家法律規範下公立學校辦學理念間的平衡。美國最重要的兩項涉及宗教教育的法律實體是憲法第一修正案及公平使用法，二者共同架構了美國公立學校體系對宗教議題何者允許、何者不允許活動範圍的法律規範。

基督教育工作者必須了解公立學校宗教議題的問題所在及其可能性。教學爭議的核心是釐清教特定宗教與介紹宗教之分際，教學內容的選擇可以體會「自然融入」與「刻意排除」之原則。公立學校基督教師的責任即在於體認此一複雜性，盡力謀基督僕人與國家功能的平衡。

◎ 討論問題

一、請討論「教特定宗教」與「介紹宗教」之差別。
二、請總結公平使用法對公立學校推展宗教活動的啟示。
三、公立學校進行教學內容選擇時，「自然融入」與「刻意排除」對教師有何啟示？
四、請在公立學校課程的主題中，擇一探討宗教對該領域之影響。

◎ 註釋

1. Nicholas P. Wolterstorff, *Educating for Life: Reflections on Christian Teaching and Learning* (Grand Rapids, MI: Baker Academic, 2002), pp.194-195.
2. Kent Greenawalt, *Does God Belong in Public Schools?* (Princeton, NJ: Princeton University Press, 2005), p.26.

3. Martin E. Marty with Jonathan Moore, *Education, Religion, and the Common Good: Advancing a Distinctly American Conversation about Religion's Role in Our Shared Life* (San Francisco: Jossey-Bass, 2000), p.49.

4. Julia K. Stronks and Gloria Goris Stronks, *Christian Teachers in Public Schools: A Guide for Teachers, Administrators, and Parents* (Grand Rapids, MI: Baker Books, 1999), p.46; cf. pp.44, 69.

5. 本章主要討論的是美國公立學校的宗教議題，對他國而言，必然有其限制，因爲不同國別之間各有不同的法律規範。然而，美國對公立學校與宗教關係的一般原則，應該在他國脈絡中仍有關聯性。

6. David Tyack, *Seeking Common Ground: Public Schools in a Diverse Society* (Cambridge, MA: Harvard University Press, 2003), p.1.

7. Stronks and Stronks, *Christian Teachers*, p.7.

8. J. E. Schwartz, "Christian Teaching in Public Schools: What Are Some Options?" *Christian Scholars Review* 26:3 (1997): pp.293-305; cited in Stronks and Stronks, *Christian Teachers*, pp.14-16.

9. Arnold C. Mueller, "Religion in the Public Schools," in *Church and State under God*, ed. Albert G. Huegli (St. Louis, MO: Concordia Publishing House, 1964), p.301.

10. Richard C. McMillan, *Religion in the Public Schools: An Introduction* (n.p.: Mercer University Press, 1984), p.87.

11. James C. Carper, "History, Religion, and Schooling: A Context for Conversation," in James T. Sears with James C. Carper, eds., *Curriculum, Religion, and Public Education: Conversation for an Enlarging Public Square* (New York: Teachers College Press, Columbia University, 1998), p.19.

12. Joan DelFattore, *The Fourth R: Conflicts over Religion in America's Public Schools* (New Haven, CT: Yale University Press, 2004), pp.1-4.

13. Justice Tom Clark in *Schempp*, 374 U.S. at 225, cited in Charles R. Kniker, *Teaching about Religion in the Public Schools* (Bloomington, IN: Phi Delta Kappa Educational Foundation, 1985), p.8.

14. Justice Arthur Goldburg in *Schempp*, 374 U.S. at 306, cited in Kniker, *Teaching about Religion*, p.9.

15. Justice Tom Clark in *Schempp*, 374 U.S. at 222, cited in Greenawalt, *Does God*

Belong, pp.19-20.

16. American Association of School Administrators, *Religion in the Public Schools* (New York: Harper Chapelbooks, 1964), p.56, cited in Kniker, *Teaching about Religion*, p.14.

17. *Religion, Education and the U.S. Constitution* (Alexandria, VA: National School Board Association Council of School Attorneys, 1994), p.163, cited in Stronks and Stronks, *Christian Teachers*, pp.95-96.

18. Kniker, *Teaching about Religion*, pp.9, 12.

19. McMillan, *Religion in the Public Schools*, p.213.

20. Stronks and Stronks, *Christian Teachers*, p.23.

21. Equal Access Act, s4071(a), 1984, cited in Stronks and Stronks, *Christian Teachers*, p.78.

22. Stronks and Stronks, *Christian Teachers*, p.79.

23. R. Riley (United States Department of Education) to Public School Superintendents, August 10, 1995, cited in Stronks and Stronks, *Christian Teachers*, pp.80-81.

24. DelFattore, *The Fourth R*, pp.309-310.

25. William R. Hutchison, *Religious Pluralism in America: The Contentious History of a Founding Ideal* (New Haven, CT: Yale University Press, 2003), p.221.

26. DelFattore, *The Fourth R*, p.311.

27. Stronks and Stronks, *Christian Teachers*, p.84.

28. Marty, *Education, Religion, and the Common Good*, pp.66, 67.

29. Philip H. Phenix, *Religious Concerns in Contemporary Education: A Study of Reciprocal Relations* (New York: Teachers College Press, Columbia University, 1959), p. 72. Cf. McMillan, *Religion in the Public Schools*, pp.212-214.

30. Greenawalt, *Does God Belong*, pp.163-173.

31. National School Board Association Council of School Attorneys, *Religion, Education and the U.S. Constitution*, cited in Stronks and Stronks, *Christian Teachers*, p.96.

32. 有關宗教教學及其藝術之討論，見 Kniker, *Teaching about Religion,* pp.18-27; Nicholas Piediscalzi and William E. Collie, eds., *Teaching about Religion in Public Schools* (Niles, IL: Argus Communications, 1977), pp.25-103.

33. 有關社會科學領域宗教議題教學的建議可以參考 Kniker, *Teaching about Religion*, pp.28-35; Piediscalzi and Collie, *Teaching about Religion*, pp. 107-232.

34. 有關價值教學的有用建議可以參考 Stronks and Stronks, *Christian Teachers*, pp.27-42; Gaddy, Hall, and Marzano, *SchoolWars*, pp.197-211.

35. See Stronks and Stronks, Christian Teachers, pp.52, 53.

36. Gloria Goris Stronks and Doug Blomberg, eds., *A Vision with a Task: Christian Schooling for Responsive Discipleship* (Grand Rapids, MI: Baker Books, 1993), p.25.

37. See Philip E. Johnson, *Darwin on Trial*, 2d ed. (Downers Grove, IL: InterVarsity Press, 1993)，本書特別是 147-156 頁，對於進化論的形上學立場之討論，極有助益。也見 Philip E. Johnson, *Reason in the Balance: The Case against Naturalism in Science, Law, and Education* (Downers Grove, IL: InterVarsity Press, 1995).

38. Stronks and Stronks, *Christian Teachers*, pp.68, 50.

作者跋

　　讀者已完成了本書的閱讀，我期待此一成就是您建立個人哲學的開始。建立個人生活及教育的哲學觀，是思想和實踐上不斷向前的歷程。當您對耶穌基督的知識不斷滋長，當您更有效的傳達祂的道路、知識、價值時，您個人的思想和實踐也會不斷豐富、深入，更有意義。有活力的基督徒正是會思考的基督徒。

　　你絕不能自滿自己現在已理解哲學與教育，能夠遊刃有餘於更重要的事。你的哲學觀其實是涉及你是誰及所作所為整合的一部分，你在哲學上的修為及其他生活各層面的努力，經由神的永恆性，將不會停止。基督徒不會停止前進，當你獲致實體、知識、價值的新視野時，當你不斷運用人們最需要的耶穌基督之光教育他們時，無邊偉大的造物者將會持續挑戰你。

參考書目

Adler, Mortimer J. "The Crisis in Contemporary Education." *Social Frontier* 5 (February 1939): 140-45.

_____. "In Defense of the Philosophy of Education." In *Philosophies of Education.* National Society for the Study of Education, Forty-first Yearbook, Part I. Chicago: University of Chicago Press, 1942.

_____. *Paideia Problems and Possibilities.* New York: Macmillan Publishing Co., 1983.

_____. *The Paideia Proposal: An Educational Manifesto.* New York: Macmillan Publishing Co., 1982.

_____, ed. *The Paideia Program: An Educational Syllabus.* New York: Macmillan Publishing Co., 1984.

Alexander, H. A. "After the Revolution, the Normative Revival in Post-Analytic Philosophy of Education," in *Philosophy of Education 1992: Proceedings of the Forty-Eighth Annual Meeting of the Philosophy of Education Society.*

Anthony, Michael J., ed. *Evangelical Dictionary of Christian Education.* Grand Rapids, MI: Baker Academic, 2001.

Aquinas, Thomas. *Summa Theologica.* 3 vols. Translated by Fathers of the English Dominican Province. New York: Benziger Bros., 1947.

Barrett, William. *Irrational Man: A Study in Existential Philosophy.* Garden City, NY: Anchor Books, 1962.

Behe, Michael J. *Darwin's Black Box: The Biochemical Challenge to Evolution.* New York: Free Press, 1996.

Benson, Bruce E. "Postmodernism," in *Evangelical Dictionary of Christian Education,* ed. Michael J. Anthony. Grand Rapids, MI: Baker Academic, 2001.

Berkouwer, G. C. *Man: The Image of God.* Grand Rapids, MI: Wm. B. Eerdmans Publishing Co., 1962.

Bernstein, Richard J. "The Resurgence of Pragmatism." *Social Research* 59 (Winter 1992): 813-40.

Bestor, Arthur E. *Educational Wastelands: The Retreat from Learning in Our Public Schools.* Urbana, IL: The University of Illinois Press, 1953.

_____. *The Restoration of Learning: A Program for Redeeming the Unfulfilled Promise of American Education.* New York: Alfred A. Knopf, 1955.

Blamires, Harry. *The Christian Mind.* London: S.P.C.K., 1963.

_____. *Recovering the Christian Mind: Meeting the Challenge of Secularism.* Downers Grove, IL: InterVarsity Press, 1988.

Bloom, Allan. *The Closing of the American Mind.* New York: Simon & Schuster, 1987.

Bonino, Jose Miguez. *Doing Theology in a Revolutionary Situation.* Philadelphia: Fortress Press, 1975.

Bonnell, John Sutherland. *Psychology for Pastor and People*. Rev. ed. New York: Harper & Brothers, 1960.

Bowers, C. A. *Elements of a Post-Liberal Theory of Education*. New York: Teachers College Press, Columbia University, 1987.

Brameld, Theodore. *Education as Power*. New York: Holt, Reinhart and Winston, 1965.

_____. *Education for the Emerging Age*. New York: Harper & Row, 1961.

_____. *Patterns of Educational Philosophy*. New York: Harcourt, Brace & World, 1950.

_____. *Toward a Reconstructed Philosophy of Education*. New York: Holt, Rinehart and Winston, 1956.

Broudy, Harry S. *Building a Philosophy of Education*. 2d ed. Englewood Cliffs, NJ: Prentice Hall, 1961.

_____. *The Uses of Schooling*. New York: Routledge, 1988.

_____. "What Schools Should and Should Not Teach," *Peabody Journal of Education*, October 1976, pp. 31-38.

Brubacher, John S. *Modern Philosophies of Education*. 4th ed. New York: McGraw-Hill Co., 1969.

Bruce, F. F. *The Epistle to the Ephesians*. Westwood, NJ: Fleming H. Revell, 1961.

Brunner, Emile. *Man in Revolt: A Christian Anthropology*. Philadelphia: Westminster Press, 1947.

Bube, Richard H. *The Human Quest: A New Look at Science and the Christian Faith*. Waco, TX: Word Books, 1971.

Buber, Martin. *Between Man and Man*. London: Kegan Paul, 1947.

Burt, Edwin A. *In Search of Philosophic Understanding*. Indianapolis, IN: Hackett Publishing Co., 1980.

Butler, J. Donald. *Four Philosophies and Their Practice in Education and Religion*. 3d ed. New York: Harper & Row, 1968.

_____. *Idealism in Education*. New York: Harper & Row, 1966.

Calvin, John. *Institutes of the Christian Religion*, 2 vols. Translated by Ford Lewis Battles. Edited by John T. McNeill. Philadelphia: Westminster Press, 1960.

Camus, Albert. *The Myth of Sisyphus and Other Essays*. Translated by Justin O'Brien. New York: Vintage Books, 1955.

Carper, James C. "History, Religion, and Schooling: A Context for Conversation," in *Curriculum, Religion, and Public Education: Conversations for an Enlarging Public Square,* ed. James T. Sears with James C. Carper. New York: Teachers College Press, Columbia University, 1998.

Carper, James C., and Hunt, Thomas C., eds. *Religious Schooling in America*. Birmingham, AL: Religious Education Press, 1984.

Chambliss, J. J., ed. *Philosophy of Education: An Encyclopedia*. New York: Garland Publishers, 1996.

Chapman, J. Crosby, and Counts, George S. *Principles of Education*. Boston: Houghton Mifflin Co., 1924.

Clark, Gordon H. *A Christian Philosophy of Education*. Grand Rapids, MI: Wm. B. Eerdmans Publishing Co., 1946.

Clouser, Roy A. *The Myth of Religious Neutrality: An Essay on the Hidden Role of Religious Belief in Theories*. Notre Dame, IN: University of Notre Dame Press, 1991.

Coleman, James S., et al. *Equality of Educational Opportunity*. Washington, DC: U.S. Department of Health, Education, and Welfare, 1966.

College Board. *Academic Preparation for College*. New York: The College Board, 1983.

Conant, James B. *The American High School Today*. New York: McGraw-Hill Book Co., 1959.

Cone, James H. *A Black Theology of Liberation*. 2d ed. Maryknoll, NY: Orbis Books, 1986.

Copleston, Frederick. *Contemporary Philosophy: Studies of Logical Positivism and Existentialism*. Rev. ed. London: Search Press, 1972.

Counts, George S. *Dare the School Build a New Social Order?* New York: John Day Co., 1932.

_____. *Education and American Civilization*. New York: Teachers College, Columbia University, Bureau of Publications, 1952.

_____. *Education and the Foundations of Human Freedom*. Pittsburgh: University of Pittsburgh Press, 1962.

_____. *The Soviet Challenge to America*. New York: John Day Co., 1931.

Cremin, Lawrence A. *The Genius of American Education*. New York: Vintage Books, 1965.

_____. *Public Education*. New York: Basic Books, 1976.

_____. *The Transformation of the School: Progressivism in American Education, 1876-1957*. New York: Vintage Books, 1964.

Dawkins, Richard. *The Blind Watchmaker: Why the Evidence of Evolution Reveals a Universe without Design*. New York: W. W. Norton, 1987.

DelFattore, Joan. *The Fourth R: Conflicts over Religion in America's Public Schools*. New Haven, CT: Yale University Press, 2004.

Demski, William A. *Intelligent Design: The Bridge between Science and Theology*. Downers Grove, IL: InterVarsity Press, 1999.

Dennison, George. *The Lives of Children*. New York: Random House, 1969.

Denton, Michael. *Evolution: A Theory in Crisis*. Bethesda, MD: Adler & Adler, 1986.

Derrida, Jacques. *On Grammatology*. Baltimore: The Johns Hopkins University Press, 1976.

Dewey, John. *Art as Experience*. New York: Minton, Balch & Co., 1934.

_____. *Democracy and Education*. New York: The Macmillan Company, 1916.

_____. *Experience and Education*. New York: The Macmillan Company, 1938.

_____. *How We Think: A Restatement of the Relation of Reflective Thinking to the Educative Process*. New ed. New York: D. C. Heath and Co., 1933.

_____. *The School and Society*. Rev. ed. Chicago: University of Chicago Press, 1915.

Diggins, John Patrick. *The Promise of Pragmatism: Modernism and the Crisis of Knowledge and Authority*. Chicago: University of Chicago Press, 1994.

Ditmanson, Harold H., Hong, Howard V., and Quanbeck, Warren A., eds. *Christian Faith and the Liberal Arts*. Minneapolis: Augsburg Publishing House, 1960.

Doll, William E., Jr. *A Post-modern Perspective on Curriculum.* New York: Teachers College Press, Columbia University, 1993.

Eavey, C. B. "Aims and Objectives of Christian Education." In *An Introduction to Evangelical Christian Education.* Edited by J. Edward Hakes. Chicago: Moody Press, 1964.

Edlin, Richard J. *The Cause of Christian Education.* 2d ed. Northport, AL: Vision Press, 1998.

Eliot, T. S. "Religion and Literature." In *The Christian Imagination: Essays in Literature and the Arts.* Edited by Leland Ryken. Grand Rapids, MI: Baker Book House, 1981.

Falwell, Jerry. *Listen, America!* Garden City, NY: Doubleday & Co., 1980.

Feinberg, John S. *The Many Faces of Evil: Theological Systems and the Problem of Evil.* Grand Rapids, MI: Zondervan Publishing House, 1994.

Fletcher, Joseph. *Situation Ethics: The New Morality.* Philadelphia: The Westminster Press, 1966.

Foucault, Michel. *The Archeology of Knowledge and the Discourse on Language.* New York: Pantheon Books, 1972.

Frankl, Viktor E. *Man's Search for Meaning: An Introduction to Logotherapy.* New York: Washington Square Press, 1963.

Freire, Paulo. *Pedagogy of the Oppressed.* Translated by Myra Bergman Ramos. New York: Seabury Press, 1968.

Gaarder, Jostein. *Sophie's World: A Novel about the History of Philosophy.* [London]: Phoenix House, 1995.

Gaddy, Barbara B., Hall, T. William, and Marzano, Robert J. *School Wars: Resolving Our Conflicts over Religion and Values.* San Francisco: Jossey-Bass Publishers, 1996.

Gaebelein, Frank E. *The Christian, the Arts, and Truth: Regaining the Vision of Greatness.* Portland, OR: Multnomah Press, 1985.

_____. "The Greatest Educational Force." *Christianity Today* 8 (August 28, 1964): 28-29.

_____. *The Pattern of God's Truth: Problems of Integration in Christian Education.* Chicago: Moody Press, 1968.

_____. "Toward a Philosophy of Christian Education." In *An Introduction to Evangelical Christian Education.* Edited by J. Edward Hakes. Chicago: Moody Press, 1964.

Gardner, John W. *Self-Renewal: The Individual in the Innovative Society.* New York: Harper & Row, 1964.

Garrick, Gene. "Developing Educational Objectives for the Christian School." In *The Philosophy of Christian School Education.* 2d ed. Edited by Paul A. Kienel. Whittier, CA: Association of Christian Schools International, 1978.

Geisler, Norman L. *The Roots of Evil.* Grand Rapids, MI: Zondervan Publishing House, 1978.

Geisler, Norman L., and Watkins, William D. *Worlds Apart: A Handbook of World Views.* 2d ed. Grand Rapids, MI: Baker Book House, 1989.

Giroux, Henry A. *Pedagogy and the Politics of Hope: Theory, Culture, and Schooling.* Boulder, CO: Westview Press, 1997.

Glasser, William. *Schools without Failure.* New York: Harper & Row, Perennial Library, 1975.

Graybill, Virginia Lowell. "English Literature." In *Christ and the Modern Mind.* Edited by Robert W. Smith. Downers Grove, IL: InterVarsity Press, 1972.

Greenawalt, Kent. *Does God Belong in Public Schools?* Princeton, NJ: Princeton University Press, 2005.

Greene, Maxine. *Teacher as Stranger: Educational Philosophy for the Modern Age.* Belmont, CA: Wadsworth Publishing Co., 1973.

Grenz, Stanley J. *A Primer on Postmodernism.* Grand Rapids, MI: Wm. B. Eerdmans Pub. Co., 1996.

Gross, Beatrice, and Gross, Ronald, eds. *The Great School Debate: Which Way for American Education?* New York: Simon & Shuster, 1985.

Gutek, Gerald L. *Philosophical and Ideological Perspectives in Education.* Englewood Cliffs, NJ: Prentice Hall, 1988.

Gutiérrez, Gustavo. *A Theology of Liberation: History, Politics, and Salvation.* Rev. ed. Maryknoll, NY: Orbis Books, 1988.

Habermas, Ronald, and Issler, Klaus. *Teaching for Reconciliation: Foundations and Practice of Christian Educational Ministry.* Grand Rapids, MI: Baker Book House, 1992.

Hakes, J. Edward, ed. *An Introduction to Evangelical Christian Education.* Chicago: Moody Press, 1964.

Heie, Harold, and Wolfe, David L., eds. *The Reality of Christian Learning: Strategies for Faith-Discipline Integration.* Grand Rapids, MI: Wm. B. Eerdmans Publishing Co., 1987.

Henry, Carl F. H. *Christian Personal Ethics.* Grand Rapids, MI: Wm. B. Eerdmans Publishing Co., 1957.

Heslop, Robert D. "Analytic Philosophy," in *Philosophy of Education: An Encyclopedia,* ed. J. J. Chambliss. New York: Garland Publishing, 1996.

Hick, John. *Evil and the God of Love.* Rev. ed. New York: Harper & Row, 1978.

Hilgard, Ernest R., and Bower, Gordon H. *Theories of Learning.* 3d ed. New York: Appleton-Century-Crofts, 1966.

Hill, Brian V. *Faith at the Blackboard: Issues Facing the Christian Teacher.* Grand Rapids, MI: Wm. B. Eerdmans Publishing Co., 1982.

Hirsch, E. D., Jr. *Cultural Literacy: What Every American Needs to Know,* updated and expanded ed. New York: Vintage Books, 1988.

_____. *The Schools We Need and Why We Don't Have Them.* New York: Doubleday, 1996.

Hocking, William Ernest. *Types of Philosophy.* 3d ed. New York: Charles Scribner's Sons, 1959.

Holmes, Arthur F. *All Truth Is God's Truth.* Grand Rapids, MI: Wm. B. Eerdmans Publishing Co., 1977.

_____. *Contours of a World View.* Grand Rapids, MI: Wm. B. Eerdmans Publishing Co., 1983.

_____. *Faith Seeks Understanding: A Christian Approach to Knowledge.* Grand Rapids, MI: Wm. B. Eerdmans Publishing Co., 1971.

_____. *The Idea of a Christian College.* Grand Rapids, MI: Wm. B. Eerdmans Publishing Co., 1975.

_____. *Shaping Character: Moral Education in the Christian College.* Grand Rapids, MI: Wm. B. Eerdmans Publishing Co., 1991.

Holt, John. *Freedom and Beyond.* New York: Dell Publishing Co., Laurel Edition, 1972.

_____. *How Children Fail.* New York: Pitman Publishing Corp., 1964.

Horne, Herman Harrell. *The Democratic Philosophy of Education.* New York: The Macmillan Co., 1932.

_____. "An Idealistic Philosophy of Education." In *Philosophies of Education.* National Society for the Study of Education, Forty-first Yearbook, Part I. Chicago: University of Chicago Press, 1942.

_____. *The Philosophy of Christian Education.* New York: Fleming H. Revell Co., 1937.

Hummel, Charles E. *The Galileo Connection: Resolving Conflicts between Science & the Bible.* Downers Grove, IL: InterVarsity Press, 1986.

Hunter, James Davison. *Culture Wars: The Struggle to Define America.* New York: Basic Books, 1991.

Hutchins, Robert M. *The Conflict in Education.* New York: Harper & Brothers, 1953.

_____. *The Higher Learning in America.* New Haven, CT: Yale University Press, 1936.

_____. *The Learning Society.* New York: New American Library, 1968.

Hutchison, William R. *Religious Pluralism in America: The Contentious History of a Founding Ideal.* New Haven, CT: Yale University Press, 2003.

Illich, Ivan. *Deschooling Society.* New York: Harper & Row, 1970.

_____ et al. *After Deschooling, What?* New York: Harper & Row, Perennial Library, 1973.

James, William. *Essays in Pragmatism.* Edited by Alburey Castell. New York: Hafner Publishing Co., 1948.

_____. *Pragmatism.* New York: Longmans, Green, and Co., 1907.

Jencks, Christopher et al. *Inequality: A Reassessment of the Effect of Family and Schooling in America.* New York: Harper & Row, 1972.

Jervis, Kathe, and Montag, Carol, eds. *Progressive Education for the 1990s: Transforming Practice.* New York: Teachers College Press, Columbia University, 1991.

Johnson, Phillip E. *Darwin on Trial.* 2d ed. Downers Grove, IL: InterVarsity Press, 1993.

_____. *Reason in the Balance: The Case against Naturalism in Science, Law and Education.* Downers Grove, IL: InterVarsity Press, 1995.

Kaplan, Abraham. *The New World of Philosophy.* New York: Random House, 1961.

Kaufmann, Walter. *Existentialism from Dostoevsky to Sartre*. Rev. ed. New York: New American Library, 1975.

Keniston, Kenneth et al. *All Our Children: The American Family under Pressure*. New York: Harcourt Brace Jovanovich, 1977.

Kienel, Paul A., ed. *The Philosophy of Christian School Education*. Whittier, CA: Association of Christian Schools International, 1978.

Kincheloe, Joe L. *Critical Pedagogy Primer*. New York: Peter Lang, 2004.

_____. *Toward a Critical Politics of Teacher Thinking: Mapping the Postmodern*. Westport, CT: Bergin and Garvey, 1993.

Kneller, George. *Existentialism and Education*. New York: John Wiley & Sons, 1958.

_____. *Introduction to the Philosophy of Education*. 2d ed. New York: John Wiley & Sons, 1971.

Knight, George R. "How Did the Galaxies Come into Existence?" *These Times*, September 1, 1978, pp. 8-12.

_____. "Reschooling Society: A New Road to Utopia." *Phi Delta Kappan* 60 (December 1978): 289-91.

_____. "The Transformation of Change and the Future Role of Education." *Philosophic Research and Analysis* 8 (Early Spring 1980): 10-11.

Kniker, Charles R. *Teaching about Religion in the Public Schools*. Bloomington, IN: Phi Delta Kappa Educational Foundation, 1985.

Kohl, Herbert R. *The Open Classroom: A Practical Guide to a New Way of Teaching*. New York: New York Review, 1969.

_____. *36 Children*. New York: New American Library, 1967.

Kozol, Jonathan. *Death at an Early Age*. Boston: Houghton Mifflin Co., 1967.

_____. *Free Schools*. Boston: Houghton Mifflin Co., 1972.

Kraemer, Hendrik. *Why Christianity of All Religions?* Translated by Hubert Hoskins. Philadelphia: The Westminster Press, 1962.

LaHaye, Tim. *The Battle for the Mind*. Old Tappan, NJ: Fleming H. Revell, 1980.

Lambert, Ian, and Mitchell, Suzanne, eds. *The Crumbling Walls of Certainty: Towards a Christian Critique of Postmodernity and Education*. Sydney: Centre for the Study of Australian Christianity, 1997.

Land, Gary. "The Challenge of Postmodernism." *Dialogue* 8:1 (1996): 5-8.

Larson, Edward J. *Evolution: The Remarkable History of a Scientific Theory*. New York: Modern Library, 2004.

Laska, John A. *Schooling and Education: Basic Concepts and Problems*. New York: D. Van Nostrand Company, 1976.

Lewis, C. S. *Mere Christianity*. New York: The Macmillan Company, 1960.

Lucas, Christopher J., ed. *Challenge and Choice in Contemporary Education: Six Major Ideological Perspectives*. New York: Macmillan Publishing Co., 1976.

Luther, Martin. "Sermon on the Duty of Sending Children to School." In *Luther on Education*, by F. V. N. Painter. Philadelphia: Lutheran Publication Society, 1889.

Lyotard, Jean-François. *The Postmodern Condition: A Report on Knowledge*. Minneapolis: University of Minnesota Press, 1984.

MacIntyre, Alasdair C. *Whose Justice? Which Rationality?* Notre Dame, IN: University of Notre Dame Press, 1988.

Maritain, Jacques. *Education at the Crossroads.* New Haven, CT: Yale University Press, 1943.

Marler, Charles D. *Philosophy and Schooling.* Boston: Allyn and Bacon, 1975.

Marquis, John A. *Learning to Teach from the Master Teacher.* Philadelphia: The Westminster Press, 1925.

Marsden, George M. *The Outrageous Idea of Christian Scholarship.* New York: Oxford University Press, 1997.

Martin, Wm. Oliver. *Realism in Education.* New York: Harper & Row, 1969.

Marty, Martin E., with Jonathan Moore. *Education, Religion, and the Common Good: Advancing a Distinctly American Conversation about Religion's Role in Our Shared Life.* San Francisco: Jossey-Bass, 2000.

McGrath, Alister E. *The Science of God: An Introduction to Scientific Theology.* Grand Rapids, MI: William B. Eerdmans Publishing Co., 2004.

_____. *A Scientific Theology,* 3 vols. Grand Rapids, MI: William B. Eerdmans Publishing Co., 2001–2003.

McLaren, Peter. *Life in Schools: An Introduction to Critical Pedagogy in the Foundations of Education.* 3d ed. New York: Longman, 1998.

McMillan, Richard C. *Religion in the Public Schools: An Introduction.* n.p.: Mercer University Press, 1984.

Michalson, Carl, ed. *Christianity and the Existentialists.* New York: Charles Scribner's Sons, 1956.

Moreland, J. P., and Craig, William Lane. *Philosophical Foundations for a Christian Worldview.* Downers Grove, IL: InterVarsity Press, 2003.

Morris, Charles. *Varieties of Human Value.* Chicago: The University of Chicago Press, 1956.

Morris, Leon. *I Believe in Revelation.* Grand Rapids, MI: Wm. B. Eerdmans Publishing Co., 1976.

Morris, Van Cleve. *Existentialism in Education: What It Means.* New York: Harper & Row, 1966.

_____. *Philosophy and the American School.* Boston: Houghton Mifflin Company, 1961.

Mueller, Arnold C. "Religion in the Public Schools," in *Church and State under God,* A. G. Huegli, ed. St. Louis, MO: Concordia Publishing House, 1964.

Nash, Paul. *Models of Man: Explorations in the Western Educational Tradition.* New York: John Wiley & Sons, 1968.

Nash, Paul; Kazamias, Andreas M.; and Perkinson, Henry J. *The Educated Man: Studies in the History of Educational Thought.* New York: John Wiley & Sons, 1966.

Nash, Ronald H. *The Closing of the American Heart: What's Really Wrong with America's Schools.* [Dallas]: Probe Books, 1990.

National Commission on Excellence in Education. *A Nation at Risk: The Imperative for Educational Reform.* Washington, DC: U.S. Government Printing Office, 1983.

Naugle, David K. *Worldview: The History of a Concept.* Grand Rapids, MI: William B. Eerdmans Publishing Co., 2002.

Neff, Frederick C. *Philosophy and American Education.* New York: The Center for Applied Research in Education, 1966.

Neill, A. S. *Summerhill: A Radical Approach to Child Rearing.* New York: Hart Publishing Co., 1960.

Newman, John Henry. *The Idea of a University.* Notre Dame, IN: University of Notre Dame Press, 1982.

Niebuhr, H. Richard. *Christ and Culture.* New York: Harper & Brothers, Torchbook ed., 1956.

Niebuhr, Reinhold. *The Nature and Destiny of Man: A Christian Interpretation.* 2 vols. New York: Charles Scribner's Sons, 1964.

Noddings, Nel. *The Challenge to Care in Schools: An Alternative Approach to Education.* New York: Teachers College Press, Columbia University, 1992.

Nygren, Anders. *Agape and Eros.* Translated by Philip S. Watson. Philadelphia: Westminster Press, 1953.

O'Neill, William F. *Educational Ideologies: Contemporary Expressions of Educational Philosophy.* Santa Monica, CA: Goodyear Publishing Co., 1981.

Oppewal, Donald. *Biblical Knowing and Teaching.* Calvin College Monograph Series. Grand Rapids, MI: Calvin College, 1985.

Ornstein, Allan C. *An Introduction to the Foundations of Education.* Chicago: Rand McNally College Publishing Co., 1977.

Ozmon, Howard, and Craver, Sam. *Philosophical Foundations of Education.* Columbus, OH: Charles E. Merrill Publishing Co., 1976.

_____. *Philosophical Foundations of Education.* 7th ed. Upper Saddle River, NJ: Merrill Prentice Hall, 2003.

Painter, F. V. N. *Luther on Education.* Philadelphia: Lutheran Publication Society, 1889.

Pazmiño, Robert W. *By What Authority Do We Teach? Sources for Empowering Christian Educators.* Grand Rapids, MI: Baker Books, 1994.

_____. *Foundational Issues in Christian Education: An Introduction in Evangelical Perspective.* 2d ed. Grand Rapids, MI: Baker Books, 1997.

_____. *Principles and Practices of Christian Education: An Evangelical Perspective.* Grand Rapids, MI: Baker Book House, 1992.

Perkinson, Henry J. *The Imperfect Panacea: American Faith in Education, 1865-1976.* 2d ed. New York: Random House, 1977.

Peter, J. Laurence, and Hull, Raymond. *The Peter Principle.* New York: William Morrow and Co., 1969.

Peters, R. S. *Ethics and Education.* London: George Allen & Unwin, 1966.

Phenix, Philip H. *Religious Concerns in Contemporary Education: A Study of Reciprocal Relations.* New York: Teachers College Press, Columbia University, 1959.

Piediscalzi, Nicholas, and Collie, William E., eds. *Teaching about Religion in Public Schools.* Niles, IL: Argus Communications, 1977.

Plato. *The Dialogues*. 4 vols. Translated by B. Jowett. New York: Charles Scribner's Sons, 1872.

Poe, Harry Lee. *Christianity in the Academy: Teaching at the Intersection of Faith and Learning*. Grand Rapids, MI: Baker Academic, 2004.

Postman, Neil, and Weingartner, Charles. *The School Book: For People Who Want to Know What All the Hollering Is About*. New York: Dell Publishing Co., 1973.

Powell, John. *The Secret of Staying in Love*. Niles, IL: Argus Communications, 1974.

Pratte, Richard. *Philosophy of Education: Two Traditions*. Springfield, IL: Charles C. Thomas, Publisher, 1992.

Price, J. M. *Jesus the Teacher*. Nashville: The Sunday School Board of the Southern Baptist Convention, 1946.

Purpel, David E., and McLaurin, William M., Jr. *Reflections on the Moral and Spiritual Crisis in Education*. New York: Peter Lang, 2004.

Ramm, Bernard. *Offense to Reason: A Theology of Sin*. San Francisco: Harper & Row, 1985.

_____. *The Pattern of Religious Authority*. Grand Rapids, MI: Wm. B. Eerdmans Co., 1959.

Rian, Edwin H. "The Need: A World View." In *Toward a Christian Philosophy of Higher Education*. Edited by John Paul von Grueningen. Philadelphia: Westminster Press, 1957.

Rich, John Martin. *Education and Human Values*. Reading, MA: Addison-Wesley Publishing Co., 1968.

Rickover, H. G. *American Education—A National Failure: The Problem of Our Schools and What We Can Learn from England*. New York: E. P. Dutton & Co., 1963.

_____. *Education and Freedom*. New York; F. P. Dutton & Co., 1960.

Roberts, Raymond R. *Whose Kids Are They Anyway? Religion and Morality in America's Public Schools*. Cleveland: Pilgrim Press, 2002.

Rogers, Carl R. *Freedom to Learn*. Columbus, OH: Charles E. Merrill Publishing Co., 1969.

_____. *On Becoming a Person: A Therapist's View of Psychotherapy*. Boston: Houghton Mifflin Co., 1961.

Romanowski, William D. *Pop Culture Wars: Religion and the Role of Entertainment in American Life*. Downers Grove, IL: InterVarsity Press, 1996.

Rookmaaker, H. R. *Art Needs No Justification*. Downers Grove, IL: InterVarsity Press, 1978.

_____. *Modern Art and the Death of a Culture*. Downers Grove, IL: InterVarsity Press, 1971.

Rorty, Richard. *Philosophy and the Mirror of Nature*. Princeton, NJ: Princeton University Press, 1979.

Rousseau, Jean-Jacques. *Emile, or On Education*. Translated by Allan Bloom. New York: Basic Books, 1979.

Ryken, Leland. *Culture in Christian Perspective: A Door to Understanding & Enjoying the Arts*. Portland, OR: Multnomah Press, 1986.

_____, ed. *The Christian Imagination: Essays on Literature and the Arts*. Grand Rapids, MI: Baker Book House, 1981.

Sartre, Jean-Paul. *Existentialism and Human Emotions*. New York: Philosophical Library, 1957.

_____. *No Exit*. New York: A. A. Knopf, 1947.

Schaeffer, Francis A. *Art and the Bible: Two Essays*. Downers Grove, IL: InterVarsity Press, 1973.

_____. *Escape from Reason*. Downers Grove, IL: InterVarsity Press, 1968.

_____. *He Is There and He Is Not Silent*. Wheaton, IL: Tyndale House, 1972.

_____. *True Spirituality*. Wheaton, IL: Tyndale House, 1971.

Schofield, Harry. *The Philosophy of Education: An Introduction*. London: George Allen & Unwin, 1972.

Schumacher, E. F. *A Guide for the Perplexed*. New York: Harper & Row, 1977.

_____. *Small Is Beautiful: Economics as if People Mattered*. New York: Harper & Row, 1973.

Searle, John R. *The Construction of Social Reality*. New York: The Free Press, 1995.

Sears, James T., with Carper, James C., eds. *Curriculum, Religion, and Public Education: Conversations for an Enlarging Public Square*. New York: Teachers College Press, Columbia University, 1998.

Seeveld, Calvin. "Christian Art." In *The Christian Imagination: Essays on Literature and the Arts*. Edited by Leland Ryken. Grand Rapids, MI: Baker Book House, 1981.

Shane, Harold G. *The Educational Significance of the Future*. Bloomington, IN: Phi Delta Kappa, 1973.

Shermis, S. Samuel. *Philosophic Foundations of Education*. New York: D. Van Nostrand Company, 1967.

Shor, Ira. *Empowering Education: Critical Teaching for Social Change*. Chicago: University of Chicago Press, 1992.

Silberman, Charles E. *Crisis in the Classroom: The Remaking of American Education*. New York: Vintage Books, 1970.

Sire, James W. *Discipleship of the Mind: Learning to Love God in the Ways We Think*. Downers Grove, IL: InterVarsity Press, 1990.

_____. *How to Read Slowly: A Christian Guide to Reading with the Mind*. Downers Grove, IL: InterVarsity Press, 1978.

_____. *The Universe Next Door: A Basic Worldview Catalog*. 3d ed. Downers Grove, IL: InterVarsity Press, 1997.

Skinner, B. F. *About Behaviorism*. New York: Vintage Books, 1976.

_____. *Beyond Freedom and Dignity*. New York: Alfred A. Knopf, 1971.

_____. *Science and Human Behavior*. New York: The Macmillan Co., 1953.

_____. *Walden Two*. New York: The Macmillan Co., 1948.

Slattery, Patrick. *Curriculum Development in the Postmodern Era*. New York: Garland Publishing, 1995.

Sleeter, Christine E. *Multicultural Education as Social Activism*. Albany, NY: State University of New York Press, 1996.

Smith, Philip G. *Philosophy of Education: Introductory Studies.* New York: Harper & Row, 1965.

Smith, Robert W., ed. *Christ and the Modern Mind.* Downers Grove, IL: InterVarsity Press, 1972.

Snow, C. P. *The Two Cultures and the Scientific Revolution.* New York: Cambridge University Press, 1959.

Soltis, Jonas F. *An Introduction to the Analysis of Educational Concepts.* 2d ed. Reading, MA: Addison-Wesley Publishing Co., 1978.

Spencer, Herbert. *Education: Intellectual, Moral, and Physical.* New York: D. Appleton and Company, 1909.

Spring, Joel H. *Education and the Rise of the Global Economy.* Mahwah, NJ: L. Erlbaum Associates, 1998.

————. *How Educational Ideologies Are Shaping Global Society.* Mahwah, NJ: L. Erlbaum Associates, 2004.

Stretch, Bonnie Barrett. "The Rise of the 'Free School.'" In *Curriculum: Quest for Relevance.* 2d ed. Edited by William Van Til. Boston: Houghton Mifflin Co., 1974.

Stronks, Gloria Goris, and Blomberg, Doug, eds. *A Vision with a Task: Christian Schooling for Responsive Discipleship.* Grand Rapids, MI: Baker Books, 1993.

Stronks, Julia K., and Stronks, Gloria Goris. *Christian Teachers in Public Schools: A Guide for Teachers, Administrators, and Parents.* Grand Rapids, MI: Baker Books, 1999.

Sutherland, E. A. *Studies in Christian Education.* Leominster, MA: The Eusey Press, 1952.

Task Force on Education for Economic Growth. *Action for Excellence.* Denver: Education Commission of the States, 1983.

Thorndike, Edward L. "The Nature, Purposes, and General Methods of Measurement of Educational Products." In *The Measurement of Educational Products.* National Society for the Study of Education, Seventeenth Yearbook, Part II. Bloomington, IL: Public School Publishing Co., 1918.

Tillich, Paul. "Existentialist Aspects of Modern Art." In *Christianity and the Existentialists.* Edited by Carl Michalson. New York: Charles Scribner's Sons, 1956.

Titus, Harold, and Smith, Marilyn S. *Living Issues in Philosophy.* 6th ed. New York: D. Van Nostrand Co., 1974.

Toffler, Alvin. *Future Shock.* New York: Random House, 1970.

————. *Power Shift: Knowledge, Wealth, and Violence at the Edge of the 21st Century.* New York: Bantam Books, 1990.

————. *The Third Wave.* New York: Bantam Books, 1980.

————, ed. *Learning for Tomorrow: The Role of the Future in Education.* New York: Vintage Books, 1974.

Trueblood, David Elton. *General Philosophy.* New York: Harper & Row, 1963.

————. *Philosophy of Religion.* New York: Harper & Row, 1957.

————. *A Place to Stand.* New York: Harper & Row, 1969.

Tyack, David. *Seeking Common Ground: Public Schools in a Diverse Society.* Cambridge, MA: Harvard University Press, 2003.

Unamuno, Miguel de. *Tragic Sense of Life*. Translated by J. E. C. Flitch. New York: Dover Publications, 1954.

Van Brummelen, Harro. *Walking with God in the Classroom*. Burlington, Ontario: Welch Publishing, 1988.

Van Doren, Mark. *Liberal Education*. Boston: Beacon Press, 1959.

Van Til, William, ed. *Curriculum: Quest for Relevance*. 2d ed. Boston: Houghton Mifflin Co., 1974.

von Grueningen, John Paul. *Toward a Christian Philosophy of Higher Education*. Philadelphia: Westminster Press, 1957.

Walsh, Brian J. "Education in Precarious Times: Postmodernity and a Christian World View," in Ian Lambert and Suzanne Mitchell, eds. *The Crumbling Walls of Certainty: Towards a Christian Critique of Postmodernity and Education*. Sydney: Centre for the Study of Australian Christianity, 1997.

Walsh, Brian J., and Middleton, J. Richard. *The Transforming Vision: Shaping a Christian World View*. Downers Grove, IL: InterVarsity Press, 1984.

Warnock, Mary. *Ethics Since 1900*. 3d ed. New York: Oxford University Press, 1978.

Wayson, William W., et al. *Up from Excellence: The Impact of the Excellence Movement on Schools*. Bloomington, IN: Phi Delta Kappa Educational Foundation, 1988.

Welch, Herbert. "The Ideals and Aims of the Christian College." In *The Christian College*. New York: Methodist Book Concern, 1916.

Wells, Jonathan. *The Icons of Evolution*. Washington, DC: Regnery, 2000.

Wenham, John W. *The Enigma of Evil: Can We Believe in the Goodness of God?* Grand Rapids, MI: Zondervan Publishing House, 1985.

White, Ellen G. *Education*. Mountain View, CA: Pacific Press Publishing Association, 1903.

Whitehead, Alfred North. *The Aims of Education and Other Essays*. New York: The Free Press, 1967.

Wild, John. *The Challenge of Existentialism*. Bloomington, IN: Indiana University Press, 1955.

Wilhoit, Jim. *Christian Education and the Search for Meaning*. 2d ed. Grand Rapids, MI: Baker Book House, 1991.

Wittgenstein, Ludwig. *Tractatus Logico-Philosophicus*. Translated by D. F. Pears and B. F. McGuinness. London: Routledge and Kegan Paul, 1961.

Wolterstorff, Nicholas. *Art in Action: Toward a Christian Aesthetic*. Grand Rapids, MI: William B. Eerdmans Publishing Co., 1980.

_____. *Educating for Life: Reflections on Christian Teaching and Learning*. Grand Rapids, MI: Baker Academic, 2002.

_____. *Educating for Responsible Action*. Grand Rapids, MI: William B. Eerdmans Publishing Co., 1980.

_____. *Educating for Shalom: Essays on Christian Higher Education*. Grand Rapids, MI: William B. Eerdmans Publishing Co., 2004.

Woodward, Thomas. *Doubts about Darwin: A History of Intelligent Design*. Grand Rapids, MI: Baker Books, 2003.

Zahorik, John A. *Constructivist Teaching*. Bloomington, IN: Phi Delta Kappa Educational Foundation, 1995.

Zimmerman, Jonathan. *Whose America? Culture Wars in the Public Schools*. Cambridge, MA: Harvard University Press, 2002.

Zuck, Roy B. *Teaching as Jesus Taught*. Grand Rapids, MI: Baker Books, 1995.

————. *Teaching as Paul Taught*. Grand Rapids, MI: Baker Books, 1998.

附錄一
天主教的教育思想：
馬瑞坦思想引論

前言

　　馬瑞坦對國人而言，比諸杜威（J. Dewey）、克伯屈（W. H. Kil-patrick）、赫欽思（R. M. Hutchins）、阿德勒（M. Adler），乃至皮德思（R. S. Peters）、謝富樂（I. Scheffler）等名重一時的英美教育學者，似乎較爲陌生。《十字路口的教育》自出版後歷半世紀，終於讓人們去重溫新士林哲學下的教育主張，也突顯了馬瑞坦對教育的慧見。在一般美國教育哲學書上，馬瑞坦的地位與赫欽思、阿德勒齊名，俱爲永恆主義（perennialism）教育理論的健將，譯者也是由美國教育哲學的教科書上讀到了馬瑞坦的大名，所以特別在《當代西方教育哲學叢書》中選擇了馬瑞坦的著作。一方面鑒於國內尚乏此研究（徐宗林教授曾有專文探討），再者，譯者也是抱學習的態度，希望一窺永恆主義教育經典的堂奧。其實，我並不很適合翻譯這本書，主要的原因是我對天主教哲學的背景並不強。不過，在譯完原書後，我卻眞正體會爲何《十字路口的教育》是一教育經典。經典者也，使人亙古品味而觸發新義。譯者僅在此勾繪其基本要旨，並引出一些值得吾國教育思索的問題，一方面能夠有助於讀者去領略馬瑞坦的教育思想，也希望能鼓舞讀者從教育經典中思考實際的教育問題。

人的教育

從西洋教育史的發展來看，中世紀基督教的文化下，人必須臣屬於上帝，雖然有奧古斯汀（St. Augustine）與多瑪士（Thomas Aquinas）兩大思想家，建構了士林哲學，經由「信仰」與「理性」，人類得以與神溝通，分享上帝的榮耀。特別是多瑪士，以五路證神，啓導信徒以理性的態度來成就對宗教的信仰。但是，整體說來，教育的過程著重在對聖經的傳授，權威的色彩相當重，後來經過文藝復興與宗教改革，到啓蒙時代，理性才眞正從神的庇護中走出。以今日之觀點來看，以神爲本的教育並未成功的「確證」（justification）其爲最利於人類的教育主張，分析學者尚認爲有「灌輸」（indoctrination）之嫌。譯者在研讀馬瑞坦著作時，很驚訝的發現，他雖然承認宗教教育的重要，但並沒有以宗教來束縛人，而是從宗教切入，讓我們重新省思人的本質。人不僅僅只是機械物質組成的肉體，任何企圖用經驗科學的方法所探究關於人的種種知識，並據以擬定教育措施，都是偏頗不足的；人也不只是受制於本能的衝動，而形成潛意識主導人格的佛洛依德式解析。人性是由內在充滿自由生機之愛，渴望獲得神聖力量之召喚而構成。教育之目標正是要鼓舞人性內在的精神自由，藉著知識、智慧、善意、愛，使個體得以展現其潛能。馬瑞坦的人觀，使他對當代物質文明凌駕性靈解放的現象深惡痛絕。

在此引出一個問題，一般來說，基督教是以原罪的觀點來看待人性之本質，頗有人性本惡之看法，這是否與馬氏看法衝突？一般的教育哲學教科書都會化約的指出以人性爲惡，在教育上會強調外在的控制。基督教的原罪觀有其教義上的詮釋，其目的仍是要說明人性受神恩的迫切。換個方式來說，人有種種的七情六慾，正是要透過覺醒以救贖，這種向善的過程，誠爲教育的動力。當然，馬瑞坦在此也並非主張人性

本善，他只是強調人的這種活潑自由的內在動力，正導因於天主的感召。也許我們還可以質疑，人類向善的動力，要不要企求一個外在超驗的力量？東方文化似乎並不企求此一超驗實體作爲人心的寄託或是賞善罰惡的力量（墨子倒有類似的看法），而極端發皇人心之自覺，仁義內在，性由心顯。即使是荀子以人性爲本惡，而強調化性起僞，也並不訴求天。馬瑞坦的人觀相較於原罪論，已降低了許多人性本惡之色彩，其教育觀自然也強調宗教之力量，但也頗合乎世俗生活的要求，更不會發展成類似馬基維利（Machiaevelli）式強調外爍式的人性本惡教育觀。

馬瑞坦以宗教的觀點切入，並非以宗教來約束人的心靈，反而是強調對人心的感召，即使我們沒有特定的宗教信仰，也不宜否定人心向善的特質，與中國儒家思想對照，更可相互啓示。

馬瑞坦成本書之時，正值二次世界大戰，受戰爭影響，而有危機哲學之稱的存在主義，在目睹人類的慘狀之後，也同樣建立人的主體地位，但它卻逐漸導入虛無，後現代主義強調對現存倫理規範的解構，也非常重視以人爲本，現仍在發揮其影響。相較之下，馬瑞坦式的以人爲本保守了許多，他要發揚的是理性的自覺與愛的感召，在以人爲本之下，不放棄倫理學的重要。今日女性主義解放下已有「豪爽女人」之理念催生，在邁向 21 世紀時，我們仍然再度徬徨於人觀的十字路口上，重溫馬瑞坦的教育理念，或許值得有志者掩卷深思。

教育的動力

馬瑞坦並不完全從心理學的觀點，對人類的學習作科學式之探討。他認爲應從學生心靈的本性及教師的輔導藝術二方面來共謀成效。就學生的心靈氣質而言：(1) 對眞理的愛是任何智性的傾向；(2) 對善與正義的謳歌；(3) 對於生存的坦誠；(4) 成就工作的熱忱；(5) 與他

人的合作感。馬瑞坦認爲這些都是學生心靈的氣質。雖然它們可能會受到阻礙，例如對生存的意識沒有得到健全的發展，就可能日後形成兒童各種補償性的情結，生存的意識也常受到自利主義的影響，而受到扭曲。但是無論如何，教育的重點正是要引出並培養學生的這些基本氣質，這正是教師輔助學生的第一規則；再者，要著重兒童精神心靈深處〔馬氏以精神的前意識（preconscious）稱之〕，這不同於佛洛依德的潛意識，佛氏認爲此一潛意識是本能欲望之所居，並能據以昇華成各種人類創作之文明。馬瑞坦認爲潛意識是非理性之領域，而人類精神的前意識是各種理性知識形成的本源。教師們必須致力於發掘這些兒童心靈深處的活力，這無法透過訓練，只有靠教師循序漸進，在尊重學生的前提下，鼓勵學生表達他們內心的感覺。論述到此，我們發現馬瑞坦吸收了經驗主義或是實用—進步主義的教育理念。馬瑞坦在論述教師的第二條規則時，很明確的指出兒童理性的培養必須開始於經驗的事物。許多人認爲馬瑞坦、赫欽思等永恆主義派學者只重視理性的啓思，而忽略經驗事物，至少對馬瑞坦而言，並不盡然。

　　教師應持守的第三條規則是建立精神心靈的統一而成就智慧，經驗事物的學習並不是目的，但是實用主義的教育卻只強調做中學的技術運用，也就強調專才的培養，而忽略整全的心靈，專技的知識不等於智慧。馬氏認爲教學的啓示固然始於經驗的事物，但最終必須以理性來完成教育的任務。由於科學的進步，各種知識的分殊，要尋求心靈的統一也更爲迫切與困難。所以如何在不同的教育階段賦予智慧以健全心靈，就是教育的重點。於此，值得吾人注意者有三，理性由經驗而來，而經驗事物是要成就人的理性發展，馬氏的這種看法，仍難逃對傳統主智主義的批評，此其一；馬氏是否忽略了教育的職業功能，或否定勞動？從《十字路口的教育》一書看來，馬氏正是打算消除技藝人與智慧人的對壘，致力於尋求統一，此其二；教學始於經驗成於理性，這是否意味著不同的學習階段有不同的目的，當然，不同階段要有不同之方

法，但是，馬氏認為雖然小學與大學不同，但都必須提供一廣泛而普遍的內心世界。換言之，在每一教育階段，都要在學生能理解的範圍內致力於普遍性，以健全兒童的心靈。

教學的第四條規則是要激發學生的智性，而不是增加學生的智性負擔。馬氏特別舉巴斯卡的父親為例，巴氏父親從不讓巴氏看到數學。馬氏當然不是反對數學，他只是強調，教學過程，要培養學生主動的思考問題，而不是被動的接受各種訊息。他也反對以讀經為名，卻只是要學生去訓練各種辯證的技巧，而忽略了對經典的感受。一言以蔽之，教學重在智慧的陶融，而不是智力的訓練。許多人把永恆派的教育哲學視為智力的訓練，馬瑞坦在《十字路口的教育》一書中，多少可以破除這種化約的看法。

博雅教育的理念

博雅教育（liberal education）可能是 20 世紀最值得探討的教育理念之一。從分析哲學的觀點看來，在論證博雅教育是否可欲時，似應先對博雅教育有一界定。但很遺憾地，不同的學者常常有不同的約定（stipulative）。甲學者說博雅教育無法合乎現代的需求，他心目中的博雅教育可能是指古代上流社會的文雅教育。乙學者認為博雅教育能藉著各種知識的型（forms）以豐富人類的心靈，不僅使人能成為理性思考者，更能成為名符其實的教育人（educated person），這位學者可能受早年赫斯特（P. H. Hirst）的影響很大。我們現在對於博雅教育乃至大學通識教育（general education）之爭議，率多屬於此類。

有關博雅教育的論證，大體上有二種方式，第一是以哈佛在 1945 年發表的《自由社會中的通識教育》（*General Education in a Free Society*）為代表，書中指陳了通識教育對於促進個人或社會國家發展之重

要，認為只是狹隘的技術訓練，無法竟其功，面對民主的現代社會，必須培養學生有效思考、溝通、適切判斷及對價值的認知能力。就我的體會，大部分贊成通識教育的人，都是循此一模式擁護通識教育。第二種是以英國赫斯特為代表，他在〈博雅教育與知識的本質〉（Liberal Education and the Nature of Knowledge）一文中，藉著對知識的邏輯分析，找出多種判準，而建構七種不同的知識類型，赫斯特認為每一種知識都涉及一些概念，若是缺乏對這些概念的體會，就無法獲得知識，也無法經驗共享，而無法成就一健全的心靈。

馬瑞坦在《十字路口的教育》一書中，雖然一直疾呼博雅教育的重要，他雖然也列舉了博雅教育的內容，但並未同赫斯特般地運用嚴格的論證，也不似哈佛報告書般地強調博雅教育有助於個人與國家的發展。馬瑞坦似乎以一種訴諸先驗的方式先去肯定博雅教育的良善，再指出其可能獲致的優點，他認為透過博雅教育可以使學生真正體會知識乃至整個文明的精神。譬如自然科學的研習，藉著對其方法論的掌握，可以提供一種宇宙的視野，對客觀性之謙卑，對真理的神聖感覺，這些在人類心靈的解放上起無比重要的作用。以人文學而言，各種古典作品都能提供心靈對善、美的追逐，使我們體會人類命運的尊嚴。

不可諱言，在大學的分系教育中，也確實反映著各種實用知識從母學科分出的特性，馬瑞坦不否認實用知識的重要，他所規劃的綜合性大學中，同時涵蓋了第一級技術工具層面的知識如工程、管理科學、金融……，第二級是實用科學如醫學、法律、政治、教育等，第三級是思辨科學如純物理、化學、史學等，學科的第四級是涉及智慧之學如形上學、知識論、神學等。這些領域不要互相獨立，應該要有機地聯合起來。事實上，大學的專門化下，新的系所常反映了特定的時代需求（如我國的保險系、資訊管理系），這些所謂專門、實用的學科，也必須吾人對它進行「完美而理性的掌握」（perfected and rational grasping）。馬瑞坦期待不管學生的主修為何，如果要真正掌握這些主修科目（即使

是實用的）的精神，以及真切體會這些科目與人類生活文明的關聯，就不能不了解博雅教育的價值。當今，有部分學者譏諷大學通識教育，是要每種都學一點，結果是「樣樣通，樣樣鬆」，細讀馬瑞坦原書，我覺得這種缺失是可以避免的，端賴通識教育的教師如何正確傳遞學科的精神。

　　閱讀本書的讀者，可能都有志於成為教師，我想針對師範教育多談論一點，許多人批評師範教育只教給學生死知識，而不傳授「實用」的知識，在教育學分裡，哲史的內容一直降低，經驗科學所探究的各種教學方法、評量、班級經營、學校組織、行政領導等學科一直推陳出新且分化迅速，如果馬瑞坦的思想可以給吾人一點啟示的話，對於師範院校以及一般大學的教育學程規劃，就值得重新思量。目前，我國培育國小師資的師範學院不論是何系，其課程規劃頗類似博雅教育的設計，數學、自然、科學、國語及藝能幾占課程之全部，許多分系的教授均相當不滿，認為所學過於龐雜，我在此也願意以馬瑞坦的理念加以回應，如果真的能夠發揮各學科博雅的精神，而不是流於向師範生「介紹」多種學科，這種博雅的課程設計，其實最能陶融優秀的師資。對一般大學生而言，若有志於投身教師行列，我們也期待課程規劃者不要只計較於探討到底需要哪些教育學分，也應善用一般大學已有的文理系所資源，結合共同科目或通識科目，共同為這些學生規劃一廣博的視野，以便日後獻身教育。

結語

　　在《十字路口的教育》中，馬瑞坦對於各級學校的學制也作了規劃，我特別希望讀者能夠仔細審視，並與我們現行的學制對照。馬瑞坦認為初等教育要鼓舞學生的好奇心，從經驗事物下手；中等教育應以人

文學科為主，啓導學生透視人類心靈的偉大成就；學院教育則直接有系統的進行博雅課程。簡言之，各階段雖有不同的重點與強調，但均必須直接或間接的啓發學生心靈前意識的理性對眞善美的追逐。當然，作爲一位天主教學者，馬瑞坦當然強調神學對教育的導進功能。我也期待讀者即使沒有宗教信仰，也能共同思索這一課題。雖然馬瑞坦被大部分美國教育哲學家歸爲多瑪士教育學者或是天主教教育學者，但是《十字路口的教育》在我看來，可以不必是所謂天主教教育著作，它眞正關懷的還是全人類的共同處境。經典之所以爲經典，正說明了其不受時空限制的通性，這並非指經典放諸四海而皆準，而是透過對經典的研讀，我們可以重新思索當代的種種問題，包括人的心靈特質、知識的特性、心靈如何藉由知識而充實、超驗世界與人類理性的分際。也唯有整全的思索這些問題，我們才能爲教育目的覓一良善的基礎。或許，在 20 世紀 80年代後，哲學已不再啓導人類，在經驗科學方法論的主導下，教育工作者重視的是人的身心發展、系統化的科學知識成果、有效的各種教學或學習策略等。科學的發展當然也會有助於人類掌握心靈、知識、認知的特性，我們期待的是哲學與科學的共謀。

　　本文原是譯者於 1995 年爲《十字路口的教育》之導論，讀者可與本書相互參照，亦請讀者留意時空背景，該書五南圖書出版公司雖已絕版，仍值得讀者於圖書館借閱之。

簡成熙

1995 年閏 8 月

於高雄軍旅生涯時

2018 年 3 月

於美國加州補述

附錄二
教育哲學：回顧與前瞻

　　讀者已經具備了教育哲學最基礎的知識，鑒於有些讀者有進一步研究的需要，也由於未來的準教師們必須通過嚴格的「甄試」，筆者希望此一專文，能更爲讀者掌握「教育哲學」在西方英語世界發展的旨趣。筆者將以美國教育哲學的發展爲主，旁及英國，並佐於臺灣的發展，文末並列舉千禧年之後最新的臺西重要教科書，希能鼓勵學子擺脫純考試之「工具理性」，以愛智之心，探索教育哲學之研究重點，並落實到臺灣教育現場。

　　教育哲學之名稱似乎最早見於美國學者霍恩（Horne）在 1904 年所出版之《教育哲學》一書，不過其內容包羅萬象，頗類似教育學的理論基礎，即使到 1960、1970 年代，美國仍有許多以「教育的基礎」（foundation of education）爲書名的著作。若把教育哲學視爲一門學術領域，從 20 世紀 1940 年代開始，就不斷有學者加以探討、反省。「美國國家教育研究會」在 1941、1954 年之年會、《哈佛教育評論》在 1956 年的專題、「美國教育哲學會」在歷次年會的探討，以及《教育理論》期刊在 1991、2000 年等都有專題檢討 20 世紀美國教育哲學之發展。期間個別的學者也發表多篇論文，以下，譯者即以上述資料，爲讀者勾繪美國教育哲學發展之輪廓。

教育哲學萌發期

波爾（E. I. Power, 1982）在其《教育哲學》一書中，曾經指出美國教育之發展：

- 殖民地時期（1635-1775）：著重宗教之力量。
- 國家草創階段（1775-1820）：開始著重識字教育。
- 國民教育階段（1820-1870）：教育規模粗具。
- 進步時期（1820-1940）：以杜威（J. Dewey）的思想爲核心。

一般而言，早期的美國教育受到宗教的影響，也很重視道德教育、公民的責任，但一直到杜威實用主義的出現，才眞正產生具影響力的教育哲學。

查布里斯（J. J. Chambiss, 1968）在《美國教育哲學的萌發》一書中，探討了 19 世紀美國重要的教育哲學人物，他指出當時思索教育問題的三大方向，其一是「歸納式的經驗論」（inductive empiricism），這是受到科學之影響，使學者著重對兒童的研究，後來逐漸發展成教育心理學，這種取向是要爲教育建立在科學基礎之上；其二是「理性論」（rationalism），植基於超驗的立場（transcendentalistic），處理自然科學所無法處理之處（invisible whole）；其三是「自然式的經驗論」（naturalistic empiricism），此一派之立場以杜威爲代表，認爲超驗式之立場不必要，而經驗也不能只狹隘的限制在科學檢測下的經驗。第一種立場後來脫離了教育哲學，成爲教育科學；第二種立場，一直若隱若現的表現在教育哲學之探索中，至於杜威的實用主義，更成爲美國教育哲學之代表。

坎米斯基（J. S. Kaminsky, 1993）曾探討英、美、澳教育哲學的發展，他以 1861-1914 年這段期間，來指稱美國教育哲學作爲一種學術領域所孕育的年代，坎米斯基特別以「前教育哲學階段」（Pre-History of

Educational Philosophy）來稱呼。坎氏在該書中，對於美國教育哲學發展的背景有很詳細的介紹。他認為美國教育哲學與社會科學很早就結合在一起，這是因為兩者都有社會道德的使命；斯賓塞（H. Spencer）和杜威分別從社會問題出發，把教育問題帶入哲學探索之中；美國南部擁護農民權益的民粹黨（Populism）與進步主義（Progressivism），則成了教育哲學具體的社會綱領；並且經由社會的「正義之士」（muckrakers）廣泛發起各種不平之鳴，促進各種社會改革，如保障女性的「中途之家」（Hull House）及救援處於困境者之「移民之家」（Settlement House）等。這些社會問題形成教育哲學理論發展的關注重點。

查布里斯約略說明了 19 世紀美國教育哲學發展之大要，坎米斯基則指出了在 19、20 世紀初，由於美國社會的遽變，教育與社會改革之間也緊密相連。當然，以杜威實用主義為核心的進步主義，無疑居於一主導地位。這種想法也表現在其主要人物的想法上，《社會疆界》（*The Social Frontier*）是代表刊物；康茲（G. S. Counts）、蔡爾滋（I. L. Childs）俱為代表人物。或許，蔡爾滋的話可以表現其教育哲學立場：（Giarelli & Chambliss, 1991: 268-269）

> 當代哲學不認為對於終極實體、終極意義與美好生活等問題，哲學具有優越性。相反地，對於哲學內容與方法，應訴之於經驗的平凡性，它不具有特別鮮明的功能。這些經驗都對所有的人開放，權威的哲學家們是否就有更大的發言權呢？我們對於所謂生活的價值與意義是立於「自由」、「均等」之上，這也成為美國社會民主的特徵……每位教育工作者對於學校教育的目的與課程，都應有自己的哲學建構，他自己就是位哲學家……。

蔡爾滋的觀點表明了教育哲學的實用性取向。在 20 世紀的 1930 年

代，進步主義與重建主義（Reconstructionism）勢力如日中天，教育哲學與教育改革完美地結合在一起。

在 1910-1930 年間，杜威的實用主義正穩健的建構之中。不過，源自 19 世紀末，作為一重大政治社會改革運動的進步主義卻仍迫不及待的把觸角延伸到教育上。討論至此，不能不回顧一下當時的重要刊物《社會疆界》以及「杜威學會」（The John Dewey Society）的成立。《社會疆界》創於 1934 年，它最初把社會重建置於杜威實用主義之基本觀點，也擁護自由的社會哲學，後來逐漸激烈左傾，在 1935 年刊出了〈教師與勞工〉，該期編輯明白指出他們贊成階級鬥爭，許多學者及讀者轉而支持「杜威學會」，雖然《社會疆界》持續到 1944 年才停刊，但作為一種激進的教育改革運動，在 1938 年就已喪失其影響力。雖則如此，《社會疆界》之重要人物，如康茲及布來彌德（T. Brameld）所發展的社會重建主義，仍持續的影響美國教育界。至今，部分批判教育學的學者及課程學者都仍重視社會重建論為其理論源頭。

教育學，或者是教育哲學是否是一種「專業」（profession）？甚至於是否是一學術（discipline）都備受質疑，本文無法在此仔細探討。「專業」強調的是一獨特的工作，「學術」則著重在知識本身的規準，應用性尚在其次；「專業」與「學術」不僅不互斥，兩者實相輔相成。吉爾利與查布里斯二氏即認為蔡爾滋無意間挑起了兩者之鴻溝，要成為一種專業（這是教育學者一直致力的重點），必得以堅實的知識作基礎；但是《社會疆界》刊物卻極力與傳統主智傾向之哲學劃清界線，而強化其改造社會的使命（Giarelli & Chombliss, 1991）。所以，爾後許多的教育哲學家，甚至於杜威本人都對進步主義的種種主張提出質疑。這些教育主張的簡要勾繪，已見於本書，譯者要指出的是，爾後的教育哲學家乃開始著重於教育哲學本身的學術內涵。

教育哲學學派

一則受到二次大戰的影響，二則是進步主義與社會重建主義激進的社會改革，並未能激起美國人之共鳴。而教育心理學的發展，也促使教育哲學家必須再強化其工作，也就是教育哲學家必須「證成」（justification）教育哲學之必要。無疑地，從幾千年來的哲學智慧來汲取是最便捷的道路；其基本的想法是哲學，是一種「根本學術」（parent discipline）。布魯巴克（J. S. Brubacher）在《現代教育哲學》一書中最能表現這種看法，他說：（簡成熙，1996：19）

> 教育的根本問題……可以化約成我們所熟知的學門領域。關於教育與事物永恆本質的關係，建構了古代的形上學；對於知識的可能性及如何掌握則形成了知識論；而指引教育邁向圓滿則構成了倫理學的內涵；所有的教育問題都落在這些永恆的領域之上。在不同的時空背景下，當然對於教育問題會有不同的解答，但是這些教育的終極問題本身卻是不會改變的。

美國國家教育研究會（National Society for the Study of Education, NSSE）在 1941 年及 1954 年年會中分別以教育哲學為主題，廣受注目。布魯巴克分別擔任這兩次年會的主席，在 1941 年年會論文中界定了五種教育哲學立場：

1. 亞里斯多德主義（Aristotelianism）。
2. 實用主義（Pragmatism）。
3. 實在論（Realism）。
4. 觀念論（Idealism）。

5. 天主教教育論（Catholic Education）。

在 1954 年的論文集中則蒐集了九種立場不同的哲學家對教育的看法：

1. 實在論者。

2. 多瑪士主義論者（Thomist）。

3. 自由基督教派的觀念論者（Liberal Christian Idealist）。

4. 實驗主義者（Experimentalist）。

5. 馬克思論者（Marxist）。

6. 存在主義論者（Existentialist）。

7. 語言分析者（Linguistician）。

8. 邏輯經驗論者（Logical Empiricist）。

9. 教育的本體論（Ontological Philosophies of Education）。

布里德（F. S. Breed）曾指出教育哲學不應定於一，頗能代表 1940 年代「學派」取向之立場，他在 1941 年年書中如是說：（簡成熙，1996：20-21）

> 當進步主義團體在紛亂的 1930 年代立基於實用主義之原則，其他不同立場的哲學批評乃無可避免……諸如杜威的工具主義（instrumentalism）式的哲學，或是進步式、民主式之教育哲學，都不應是唯一的教育哲學。……觀念論、實在論、經院哲學（scholasticism）都已歷史悠久，到現在依然以多種風貌去探索各種事物表面之後的一切……。

不同立場之教育哲學，各有其預設，1941 年年書一方面要豐富不同立場之教育哲學，而布魯巴克也同時呼籲要建立「比較教育哲學」，以化解各學派之對立。

布勞岱（H. Broudy）曾經比較 NSSE 1941 年書與 NSSE 1954 年書

之差別，發現前者主要出自教育學者之手，而後者則是出自專業哲學家之手。這也可看出「美國國家教育研究會」與《社會疆界》不同，它企求從一般哲學之內涵中，去強化教育哲學的學術性。

　　1940 年代，對於教育哲學的發展，另外值得注意的是「美國教育哲學會」之成立，一群學者有感於《社會疆界》過於激烈，在洛普（R. B. Raup）的領導下成立，其宗旨在洛普的私人信函中曾提及：

　1. 致力於提升教育問題的基本哲學關懷。

　2. 致力於一般哲學工作者與教育哲學工作者的聯繫。

　3. 鼓勵優秀的學生投入教育哲學領域的研究。

　4. 強化師資養成學校及其他教育機構的教育哲學教學。

　5. 使整個教育方案與企業能非直接的受到哲學的潛移默化。

　　教育哲學會對美國教育哲學的發展與教學是有目共睹的，至 1950 年代，成員咸感必須要有專業性的期刊，與杜威學會、伊利諾大學的共同努力，終於誕生了最能代表美國的教育哲學期刊《教育理論》。從教育哲學發展史的觀點來看，1940-1950 年間，是美國教育哲學界想要強化其學術性之努力年代。不過哲學與教育哲學畢竟其旨趣有相當之不同。NSSE 1954 年的年書，即可看出教育哲學企求從專業哲學家中汲取智慧。到底教育哲學與一般專業哲學應如何分工？分析學者謝富樂（I. Scheffler）雖已在 1954 年發表〈邁向教育分析哲學〉一文，強調「分析」的價值，但他主導的 1956 年《哈佛教育評論》春季號（*Harvard Educational Review, XXVI*），卻致力於探索教育哲學的目的與內涵，著重在一般哲學家與教育哲學家對教育哲學學術建構所應扮演之角色，也反映了哲學與教育哲學分工有其困難所在，學者們的論點其實相當分歧，筆者大致歸納：

可以從哲學的性質來界定教育哲學，強調哲學與教育的關聯

例如佛蘭克納（W. Frankena）認為有三種教育哲學，它們是「規範」（normative）、「思辨」（speculative）、與「分析」（analysis）的教育哲學，前兩者是教育歷程中的哲學，主要在為教育提供建議，並提出對人及世界的種種假定，至於分析的教育哲學，則是把教育視為一學術，所從事的哲學活動。莫里斯（R. K. Morris）則認為教育哲學離不開知識論、形上學與價值論的探討。康得爾（I. L. Kandel）則認為可以從一般哲學中引出教育哲學之目的、內容與方法。

教育哲學不宜從哲學學派中界定

胡克（S. Hook）很明確的反對從哲學立場中，可以引出教育啟示來，他舉杜威為例，杜威的教育哲學理念並不在其哲學理念之後才產生。教育哲學的發展，並不是要哲學家將其理念應用到教育上，兩者應共同致力於教育問題之探討。艾迪（A. Edel）與蘭戈（S. Langer）都同意哲學的重要性，但也都認為教育哲學的目的與內容等無法單從某一哲學立場導出。布來彌德（T. Brameld）認為教育哲學應致力於文化的建構，單從哲學學派之立場探討，會忽略了文化之因素。

哲學家不一定能有助於教育哲學

班尼（K. D. Benne）認為教育哲學如果不只是學校教育哲學，而是涉及到整個文化，哲學家若不致力於哲學人類學之研究，就談不上對教育哲學有貢獻；再者，當今之政治學與社會哲學在雅典時代是隸屬倫理學之範圍，這些正與教育息息相關，專業哲學家若沒有這些素養，也談不上對教育哲學有貢獻。佛蘭克（C. Frankel）雖然同意哲學是一種理性之建構，致力於道德之批判與美學鑑賞等理論之建構。但是，如果哲學家不去關心教育過程中所涉及的心理、社會學等種種之素材，那哲學

家也將無益於教育哲學的建構。

已觸及了「分析」在教育哲學的地位

佛蘭克納已正式將「分析」納入教育哲學學術性建構之中。派伯
（A. Pap）則強調分析哲學在大學殿堂的重要性。不過，佛爾（L. S.
Feuer）卻認爲分析不一定能澄清價值，反而會墮入文字之迷障中。班
尼也提醒吾人不要狹隘地侷限語言哲學；各種符號的分析，有其靈活的
一面。

大體上，《哈佛教育評論》對教育哲學的界定，仍頗分歧，但是
學派取向仍是聯繫哲學與教育哲學最方便的法門。事實上，美國重要教
育哲學之教科書，仍多以學派式之介紹爲主。莫里斯與白楊（Morris &
Pai）在其名著《哲學與美國學校》一書中曾經以下圖探討各學派之時
間意涵對教育的啓示，頗有畫龍點睛之效：（Morris & Pia, 1976: 15）

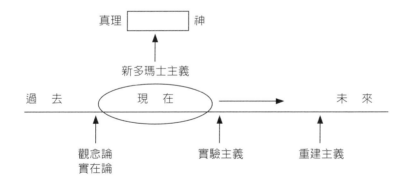

而在界定教育哲學派別時，不能不引述重建主義學者布來彌德之
分類。他首先界定四種哲學：(1) 古典哲學，如柏拉圖、亞里斯多德、
多瑪士等；(2) 當代實在論、觀念論；(3) 實用主義；(4) 知識社會學。
然後據此引述了四個重大的教育哲學：(1) 永恆主義；(2) 精粹主義；(3)
進步主義；(4) 重建主義。布來彌德的這種分類，深深影響了美國教育

哲學之發展與界定。即使是在 1980 年代，重要的美國教育哲學教科書所探討的各種學派，仍是以這些架構爲主。例如，古鐵克（G. L. Gutek, 1988）在其著作《哲學、意識型態對教育之啓示》中，把各種教育理念界定成哲學、意識型態、教育理論等三層次，分別詮釋其教育主張。

　　1980 年代，歐陸思潮諸如馬克思主義、結構主義、詮釋學、現象學等思潮已逐漸引起了美國教育學者之重視，也有了具體之成果。喬治·奈勒（G. F. Kneller）之《當代教育思潮》是其中之代表。

教育哲學	意識型態	教育理論
觀念論	自由主義	永恆主義
實在論	保守主義	精粹主義
宗教實在論	烏托邦主義	進步主義
自然主義	馬克思主義	社會重建主義
實用主義	極權主義	
存在主義		
分析哲學		

　　通常，學派取向的教育哲學建構，是循下列之脈絡：

1. 界定基本之哲學課題，特別是形上學、知識論與價值論。
2. 從其基本之哲學系統中，找出核心旨趣或是主要代表人（如亞里斯多德是古典實在論的代表）。
3. 從哲學系統或代表人物中引申出對教育之啓示。

　　以上，我們花了相當之篇幅介紹學派取向教育哲學之發展，這是因爲在以民主爲本位的美國多元文化中，學派取向確是美國教育哲學之特色。不諱言，國內自民國以來至今，教育哲學作爲一學術領域，仍受美國之影響，這些素材也構成國內教育哲學的重要文獻。

　　誠如本書作者奈特指出，學派取向的教育哲學有化約的缺失，《哈佛教育評論》的諸多學者也有類似的反省。在 1950、1960 年代，

美國教育哲學爲了強化其本身之專業學術地位，而又不滿意學派取向，遂轉而求助於號稱哲學革命之稱的分析哲學，希冀從語言與邏輯的專技知識強化教育哲學之學術性，於是開啓了「教育分析哲學」（Analytic Philosophy of Education）的探究。此一源流，又開創了美國教育哲學之新頁。

哲學議題與教育

教育哲學先進吳俊升在 1935 年首版之《教育哲學大綱》算是華人世界 20 世紀最重要的教育哲學著作之一，他以教育哲學涉及哲學的根本問題如心靈論、知識論、道德哲學、社會哲學等來論述各派哲學對教育之看法，可算開風氣之先，尤早於美國 J. Brubacher、Marris & Pai 等先進之著作，這種體例的教育哲學作品，也常見於美國著作，筆者願意在此簡單歸納。

心靈論與教育

心靈實體說，把心看作是一種靈魂作用，是人類對於心靈最原始的見解。柏拉圖把人類心靈分成三類，分別是理性、情感、嗜慾。前者同於理型性質，後兩者賴軀體而存在。亞里斯多德也把靈魂看作是身體的原型，身體的各種功能，都有各司的靈魂，如營養、感覺、動作靈魂等，最高的是智慧靈魂。中世紀的經學哲學，重視靈魂不滅，笛卡兒把心靈的思考視爲最重要的無可懷疑的實體。心靈實體說大體上區分了心靈與身體，心身二元論是典型的代表。心靈實體說既然肯定心靈的存在，直接影響到 20 世紀初官能心理學的發展，在教育上重視涉及心靈能力如記憶、思考等之「形式訓練」，較不重視課程教材的實際應用價值。心靈狀態說以經驗主義者休莫發其端，休莫認爲經驗乃是一切感覺

的印象及想像所成，心靈正是前後相續如潮流的心靈狀態。洛克也認為人心靈本空無所有，是一「白板」，是接受外在一切印象的容受器。赫爾巴特據此發展「觀念聯合論」，教學中重視各種外在的「表象」的有機組織，系統的呈現教材是其特色。唯物主義的心靈觀是把心靈作用建立在生理基礎上，20世紀行為學派的觀點，是明顯的代表。實用主義（試驗主義）的心靈論把心靈視為是人與環境互動的產物，其教育觀，讀者可自行參考本書實用主義部分。心靈問題是傳統哲學重要之內涵。晚近的哲學，對於身心問題有更為多元的討論（讀者可參考歐陽教主編的《教育哲學》（麗文出版）第六章但昭偉的介紹）。同時，晚近的認知心理學對於人類心靈（大腦）的運作，也有許多嶄新的發現，解釋了許多人類學習的現象，讀者可自行閱讀洪蘭等的相關著作。晚近的認知心理學，一方面重視人類學習的主動與意義建構，但有時也過度用腦神經等科學發現為人類學習定性，是否可能淪為唯物思考，反喪失人的意志自由，值得從哲學視野加以檢討。

人性論與教育

　　相較於西洋哲學，東方對於人性論的爭辯最為明顯，性善說，是儒家正統思想，孟子認為人皆有惻隱、羞惡、辭讓、是非之心，仁義禮智四端非由外鑠，我固有之。人之異於禽獸者，即指此而言。西洋思想探討人性善惡不若東方明確。盧梭在《愛彌爾》一書，曾論及「天造之物，一切為善，一經人手，全變壞了」，極為重視自然，有些學者認為此亦可視為性善。性惡說，也首見於儒家思想的另一支——荀子，荀子：「人之性惡，其善者偽也。」荀子把人的種種善行，視為後天人為（偽）的結果，特別重視利用教育、改善環境以教化人心。法家思想像韓非等也持性惡的觀點，重視法律對人性的規訓作用。西方基督教教義的「原罪」論，把人性視為邪惡，有賴上帝救贖。一般來說，啟蒙運動以降的自由主義，在建構社會政治秩序時，也會對人性（統治者）

持性惡的設定，希望透過法治制衡有權者。張灝即認為對人性或宇宙黑暗勢力的正視，反而有助於發展出自由與民主政體（張灝《幽暗意識與民主傳統》，聯經出版）。至於人性非善非惡，如告子等觀點，或有善有惡，如王充、揚雄等，在中國不居於主流。西洋柏拉圖、亞里斯多德大體上都認為人的心靈由多種特性所構成。柏拉圖心靈中的理性、情感、嗜慾，應發展成相應的統治者（哲學王）、軍人、一般技術者。以今日的觀點來看，恐易造成階級意識，且違反教育機會均等。亞氏最早有系統的發展智、德、體三育。東方哲學特重的人性爭議，西方則較以心靈的特性加以論述。一般讀者可能會認為人性非善非惡或有善有惡，甚至於是性惡說，較符合一般經驗的事實，而認為傳統儒家思想的性善說過於不切實際。其實，儒家思想的詮釋者，不管是宋明理學，或是 20 世紀的新儒家，對此都有非常豐富的討論，值得國人重新認識。

知識論與教育

如果用最簡單的二分法，理性主義（Rationalism）與經驗主義（Empiricism）是古典知識論的兩大派別。從知識的來源來看，經驗主義認為經驗是人類知識的唯一可靠來源，即使是反省、思考、推理等作用，也是經驗的產物。理性主義則認為理性與生俱有，人類普遍而正確的概念與知識，是來自於先天的理性思維。從哲學發展來看，理性論從柏拉圖、亞里斯多德到中世紀經院哲學、17 世紀的笛卡兒等算是西洋哲學的正統。經驗主義或可遠溯自希臘時期的辯者如普洛塔哥拉斯（Protagoras）提出「人為萬物之權衡」，亞里斯多德也較柏拉圖更為重視經驗的價值。在西洋古代哲學裡，經驗主義和理性主義的對立並不明顯，經驗主義一直到近代，英儒休莫、洛克等才算集大成。理性主義的心靈觀接近心靈實體說，經驗主義則接近心靈狀態說。以哲學派別來看，理性主義與觀念論較為密切，經驗主義與實在論較為接近。這些學派的界定，當然不同的學者有不同關注的重點與分類，讀者不必過於拘

泥，靈活的在相關的脈絡中，掌握作者的旨趣。康德與杜威都致力於整合兩者。康德大概傾向於以理性論的角度去整合經驗主義，杜威則傾向於以經驗主義的角度去整合理性主義。康德在《純粹理性批判》、《實踐理性批判》、《判斷力批判》三書分別處理知識問題、道德問題、美學問題。康德認為知識的構成——先驗的形式與後天材料——不可偏頗。我們認識外在對象，離不開空間；認識內心生活，離不了時間。時間與空間是先驗的感性形式，而先驗的悟性形式——十二範疇，則用以判斷、整理素材。簡單說來，人們之所以能獲得知識是接受到外在的經驗素材，在感性形式的架構下，經由悟性形式的整理，而獲得知識的保證。人類理性所能獲得的知識也侷限於此。由於康德是以三大「批判」聞名，有些著作也將其稱為「批評主義」，讀者不要與法蘭克福學派的批判理論（critical theory）或晚近的批判教育學（critical pedagogy）混淆。20 世紀，有些學者從社會學的角度出發，也挑戰了傳統哲學相關的知識論。法蘭克福學派的集大成者哈伯馬斯（J. Habermas）曾把知識分成三類，其一是科學與技術的經驗性的律則，這種建立在實證取向的知識，有可能形成宰制、異化，使人類喪失主體性；其二是人文類知識，是人類在歷史脈絡中，基於相互了解的實踐興趣，而產生互相移情、理解的陶冶性知識，這類解釋性的知識當然也可能受制於歷史的傳統而形成宰制；至於第三類解放的知識能促使人類自我反省，使人類從前二類知識中走出，不役於物、不受制於意識型態的操控，真正彰顯人主體性的自由。受到哈伯馬斯的影響，許多德國的學者如莫玲豪爾（K. Mollenhauer）、布瑞欽卡（W. Brezinka）等，都有相當豐富的論述，成為德國戰後教育哲學的特色，在 20 世紀中葉以後，也廣泛影響英美學界，讀者可以參考楊深坑、梁福鎮的相關論述。

有別於傳統理性主義與經驗主義，20 世紀中葉的分析哲學，認為傳統哲學家們誤用了語言。理性經驗、先驗、感性形式……，由於語言的誤用，反而阻礙了哲學家互動的可能。各種哲學論述其實都是運用語

言、文字、符號、概念等企求精確的描述「實體」，哲學問題正是一連串對「實體」的描繪，所以哲學問題也就成了語言問題。早年分析哲學家們提出「檢證原則」，凡是不合乎檢證原則的命題，都沒有嚴格的認知意義。後期分析哲學（如後期維根斯坦）則放寬了檢證原則的標準，重視語言在社會脈絡的意義，而不侷限於邏輯、概念的檢查。分析哲學對於教育的影響，就是教育分析哲學的產生，下文另有述及。與分析哲學同時，胡塞爾的「現象學」，也是 20 世紀重要的哲學派別，現象學重視「意識」的研究，較分析哲學更能滿足人類對內心世界的憧憬。美國許多教育哲學教科書都把現象學、存在主義視爲有別於分析哲學的另一教育哲學進路，以葛琳（M. Greene）爲代表，葛琳特別重視藝術、美感經驗、想像力對於心靈解放的教育價值，有些學者如平納（W. F. Pinar）等也重視課程中相關的美學議題，千禧年之後逐漸爲臺灣學者所熟悉。後現代主義對知識的看法，奈特已在本書第五章中簡要述及，於此不論。簡而言之，羅逖（R. Rorty）認爲傳統哲學（包含分析哲學）都自認哲學爲一「自然之鏡」，哲學即是眞理的反應，可以映照出眞理的所在。羅逖認爲這是神話，人們應當以反諷、玩笑、吐槽……的方式去追求眞理。德希達的「解構」、德勒茲（G. Deleuze）的「褶縐空間」都說明了運用差異性之概念去正視各種多元的可能，才是眞理（如果有的話）探索的重點。讀者若能擺脫文字的迷障，知識論的探究，一定可以讓你用更多元的角度，去反思周遭的一切。

道德哲學與教育

吳俊升將道德哲學分成「主外派」與「主內派」，前者以快樂主義（Hedonism）、效益主義（Utilitarianism，或譯功利主義）爲代表，主外派認爲善即是帶給當事人及整體最大的快樂或利益，衡量善惡的標準是以行爲的「後果」（而非動機）爲考量。在道德教育上，重視行爲的外在表現，以獎勵與懲罰爲方法。斯賓塞（H. Spencer）所倡議之「自

然懲罰」（盧梭也有類式的看法）或「邏輯後果」，學生犯了錯，儘量降低人為的處罰，由學生自行去承擔犯錯後的自然代價，為了避免此自然「代價」，學生自然會從中學到教訓而端正行為。此一方法仍然為今日自由主義者所讚許。當然，過度用人為賞善罰惡的方法，有時也會破壞學生的自主性，無助於道德自律，用賄賂或糖衣的方法討好學生就更等而下之了。主內派則以康德的「義務論」為代表，康德認為衡量善惡的標準不應該是各種行為利害的後果考量（這是他律），道德是人類訴諸理性，擺脫情感、好惡、利害，只服從普遍意志的行為，行善本身即為目的，並非為了獲致其他好處的手段，康德這種嚴格的道德自律，著重在道德的意志培養。20 世紀中葉以後的許多西方學者，引申康德的道德自律概念，認為「自主性」（autonomy）不僅是道德教育目標，更是整個教育的理想。於此，原先康德對道德性質的討論，已成為西方自由主義下個人生活方式的理想展現。簡而言之，主外派與主內派在西方啟蒙運動以後，共同構成了自由民主體制共通規範的理論基礎。主外派的主張，有助於解決爭議（少數服從多數），主內派則挺立了人性的尊嚴，確保了基本的人權（多數尊重少數）。具體表現在道德教育上，由於自由主義傾向於以價值中立的方式處理價值衝突，20 世紀戰後以降，西方自由主義國家大概都把德育視為道德認知的推理，鼓勵學生相互討論。郭爾堡的「道德認知發展論」及瑞斯（L. E. Raths）等的價值澄清法，都體現了西方自由主義德育的精神。不過，1980 年代以後，可能是西方自由主義重視個人主義所導致的社會疏離及資本主義商業邏輯腐蝕了傳統美德，建立在亞里斯多德的德行倫理學（virtue ethics）復甦，由之應運而生的品格教育（character education）重新受到重視，習慣的養成也再度被強調，這些美德在 1970 年代郭爾堡道德認知發展論者看來，都不脫「灌輸」的嫌疑。當然，今日之品格教育推行者也期待能慎防道德灌輸的弊端。另有些學者，如多元文化主義、女性主義、後現代主義、後殖民主義者同樣不滿自由主義，他（她）們認為自由

主義所標榜的價值中立，其實偷渡了西方中產階級白人男性的意識型態，德育的推行在於「揭露」及批判已有的主流道德偏見，為弱勢者發聲。部分女性主義者如姬莉根（C. Gilligan）及諾丁（N. Noddings）更發展關懷倫理學（care ethics）強調情感的面向，挑戰主流郭爾堡的道德認知發展論。後現代以降的觀點，其實可以遠溯到 19 世紀的尼采（F. Nietzsche）挑戰當時的基督教。此外，像傅柯（M. Foucault）晚年，特別重視自我倫理學的探索，透過自我技藝及自我修養，傅柯擺脫了傳統規範倫理學，而關注自身在生活周遭中的化成與改變，此即傅柯的「存有美學」，相關的論述日益受到重視。

希望以上的說明，能彌補奈特原書的不足。不過，筆者要特別提醒讀者，以上的說明實在是掛一漏萬，也不可避免曲解了許多哲學概念。讀者絕不能抱著考試背答案的態度來自我設限，應該更廣泛的閱讀其他著作。

教育分析哲學

譯者整理美國教育哲學文獻，將教育分析哲學界定成四個階段：萌發、突顯、壯大、蛻變。茲加以分述之。

萌發階段：哈帝的啓蒙

澳大利亞的哈帝（C. D. Hardie）在 1942 年首先出版《真假教育理論》一書，在其書中序言，哈帝已經指出了摩爾、維根斯坦等劍橋分析學派有助於釐清教育語言中的種種混亂，哈帝正是希望建立一理論之基礎以客觀評估赫爾巴特與杜威之教育理論。以今日之觀點來看，哈帝確實已掌握了教育分析之精神。值得注意的是，這本原創性很濃的著作，可能受到西方世界正面臨大戰的當口，在當時幾乎沒有什麼影

響。有學者指出，澳大利亞本來可以比英、美更早建立起教育分析哲學的學術性地位，但是哈帝卻是持分析之立場貶抑教育哲學，並沒有想到要利用分析強化教育哲學之學術性。《真假教育理論》後來由美國學者馬卡蘭（J. E. McClellan）與柯密撒（B. P. Komisar）協助由哥倫比亞大學師範學院出版，已經是 1962 年了，顯然哈帝的著作在 1940、1950 年代，並未深中美國教育哲學界，嚴格說來，並不能算是啓蒙，但是一般學者在撰述教育分析哲學發展史時，仍然會把啓蒙的皇冠加在《真假教育理論》一書上。

突顯時期：謝富樂與歐康諾之催生

筆者前節已經指出了，1940-1950 年代美國學者有感於教育哲學之學術性薄弱，逐漸重視其哲學性，各學派立場突顯，互不相讓。即使 NSSE 1954 年的年書，仍是以此爲導向。謝富樂首先於 1953 年在美國科學促進會（American Association for the Advancement of Science）發表〈邁向教育分析哲學〉一文，並於次年載於《哈佛教育評論》，已吸引了學者之注意。布勞岱（H. Broudy）及普來斯（K. Price）更在 1955 年「美國哲學會」（American Philosophical Association）東部分會的教育哲學研討會上發表論文，強化教育哲學學術的必要性。與謝富樂相較，布勞岱更明確的批評了教育哲學的學派取向。他認爲教育哲學應致力於其理論之建構（theory building），一方面以邏輯、知識論、形上學、倫理學及一般價值理論作爲概念或論證之來源，去處理教育問題，第二條路則是應用哲學學派立場，去處理教育問題（布勞岱未否定學派立場，只論及其助益不大）。理論建構後，接下來教育哲學的工作是「理論評估」（theory evaluation），布勞岱認爲語言與概念的分析，值得強調。

值得注意的是，布、普二氏及謝富樂的論文都發表在專業的哲學或科學研討會上，他們的目的仍是希望強化教育哲學的學術性。布、普二

氏的論文發表後，受謝富樂主導的《哈佛教育評論》1956 年春季號，立刻針對此文，廣邀哲學學者與教育學者討論教育哲學的內容與方法，似有與 1954 年 NSSE 年書互別苗頭之意味。從教育哲學發展史的觀點來看，1950 年代中，教育哲學家們仍游移於哲學與教育之間，暫時未能掌握教育哲學的方向。

1956 年的《哈佛教育評論》，既是受謝富樂所影響，編輯們明白指出，該次研討之主題及所有內容，均得力於謝富樂之運籌。為什麼謝富樂不趁此機會，強化教育分析哲學呢？謝氏在該期發表的是傳統教育哲學之論文〈教育自由主義與杜威哲學〉。筆者的推論是當時仍未有足夠的分析哲學家願意關懷教育，再者，教育哲學歷經學派式的努力後，已有相當的成果，也面臨了瓶頸。事實上，在該次研討中，已若隱若現的看出了教育分析的影子。布、普二氏的論文即明白擁護教育分析，與會的學者們也率多從評論布、普二氏之文為發端，去討論哲學家與教育家應如何分工合作，以確立教育哲學之內容。

「教育分析哲學」的口號在 1953 年已被謝富樂提出，經布、普二氏的推波助瀾，雖然《哈佛教育評論》與會的諸學者們意見不一，但至少以「分析」來強化教育哲學學術性之看法，已愈來愈引起注意，只缺「臨門一腳」了。歐康諾（D. J. O'Connor）在 1957 年出版《教育哲學導論》一書，影響極為深遠，英、美都感同身受。歐康諾在這本小冊子中，雖然一開始就指出教育涉及：(1) 一組傳遞知識、技能與態度之技術；(2) 一組支持去解釋或證立這些技術使用的理論；(3) 一組價值或觀念，表現在所欲傳遞的知識、技能與態度之目的上，以指引各種教、訓之方式，其中第 (3) 部分涉及哲學。初看似與傳統哲學無異，但他卻運用分析方法來處理「價值判斷」（value judgement）、「理論」（theories）、「解釋」（explanations）、「教育理論」（educational theory）、「道德和宗教」（morals and religion）等概念。歐康諾是英國名哲學家，他在 1957 年於英國出版《教育哲學導論》，影響極為深遠。由於

在 1950 年代初，謝富樂就已經在哈佛倡導教育分析，所以歐康諾之著作雖非美國本土之產物，但也促成了美國教育分析的聲勢。

謝富樂在 1958 年編輯了一本《哲學與教育》之論文集，作爲教育分析的教科書，其中所選的文章是出自世界級的專業哲學家之手，如倫理學情緒論之史帝文生（C. L. Stevenson）、後設倫理學者黑爾（R. M. Hare）、分析學者萊爾（G. Ryle）、科學哲學大師納格爾（E. Nagel）等。這也可看出，此時的美國，在謝富樂的倡導下，已逐漸從分析哲學中汲取營養，去具體建構教育哲學了。易言之，在 1950 年代，新興的教育哲學家們或出於對傳統學派式教育哲學之不滿，或出於欲藉分析來強化教育哲學學術性，或是受到謝富樂等學者之直接教導與啓發，大致都有了共識，即教育分析哲學的時代已經到來。

壯大時期：1960 年代

謝富樂在 1960 年代，有兩本重要的著作出版，《教育的語言》與《知識的條件》，成爲美國教育分析的重要經典。史密斯（B. O. Smith）與艾尼斯（R. Ennis）主編之《教育的語言與概念》是美國 1960 年代，重要的教育分析哲學論文集。謝富樂在 1966 年再版之《哲學與教育》與 1958 年版相較，更多出自於教育分析學者之手。而當時重要的教育哲學期刊諸如 *Educational Theory*、*Studies in Philosophy and Education*、*Educational Philosophy and Theory* 都有相當多的教育分析論述。譯者認爲在此一階段，美國教育分析有下列重點：

1. 針對教育論述的邏輯進行剖析，諸如定義、口號、隱喻等，從而使教育工作者在討論教育理念時，能更注意所使用語言的意義。

2. 針對「教學」概念的分析，具體的顯現分析在教育語言的澄清作用，與英國對「教育」的三大規準分析——合認知性、合價值性、合自願性，異曲同工。

3. 針對各種類型的認知加以剖析，使教育目標、教育方法與教育
   內容的關係更明確，藉著對各種認知（知道）（know）類型相
   互轉換的探討，分析學者對於知識教學、道德教學，乃至藝術
   教學等，都提供了許多有用的模式。當然，這些文獻都相當的
   專技，也引起了許多的批評，認為分析無助於實際的教學。

蛻變時期

約在 1970 年代，教育分析學者開始質疑分析本身的限制，其實早
在 1950、1960 年代，就有多位學者提出批評。梭爾提士（J. F. Soltis,
1971）在 1970 年代初發表〈教育哲學的分析與異例〉，他認為教育分
析有內外在限制，分析技術本身無法完全為學習過程提出合理的說明
與建議，分析也無法處理教育所涉及之外在價值與社會問題。艾迪（E.
Edel, 1972）在〈十字路口的教育分析哲學〉一文，也認為分析應整合
經驗科學及社會歷史情境。雖然如此，在美國教育哲學會中的年度論文
集，仍然有多篇探討教育分析之論文。不過，觀乎 1970 年代以後主要
的教育哲學教科書，大部分的著作均把教育分析視為一學派而已。與英
倫教育哲學相較，教育分析在 1970 年代的美國，並未居於主導地位。

英國以皮德思為首的學者於 1965 年成立「大英教育哲學會」，之
後英倫的教育分析發皇快速。在此之前，皮德思曾以化約主義——批評
傳統教育哲學學派取向，歷史主義——批評教育哲學只是繁瑣的教育人
物思想，格言主義——許多充滿教育智慧格言的論述，痛斥傳統教育哲
學方法之缺失。在皮德思的卓越領導下，英國的教育哲學——倫敦路
線，成為全球教育哲學的重鎮，吸引全世界學子取經。國內先進歐陽教
躬逢其時，親炙皮德思，在 1970 年代初，即帶回了觀念分析的教育思
潮，影響臺灣教育哲學深遠。雖然有美國學者 Burbules 指出，美國為
首的教育分析哲學家在 1960 年代對分析的堅持尤勝於英國，但正當英
倫教育分析最成熟的時候，美國卻逐漸走入瓶頸。當然，英倫的教育分

析在 1980 年代後也經歷了蛻變，馬克思、亞里斯多德等之理念又重新吸引英倫學者之注意。美國畢竟幅員廣大，教育分析在 1970 年代的美國，相較於英國似未有更成熟的發展，另一方面，分析的蛻變形成了進一步之整合與多元的發展，也影響了 1980 年代教育哲學的風貌。

教育哲學的多元發展

　　歷經 1960、1970 年代之分析。教育哲學對日益多變的教育風貌，逐漸喪失了發言權，至 1980 年代，也引起了重新之反省，美國「國家教育研究會」在 1941、1954 年均以探討教育哲學為重點，在 1980 年由分析學者梭爾提士任主編，出版《哲學和教育》一書，分別由名重一時之美國教育哲學學者撰寫「課程理論」、「教學理論」、「知識論」、「美學」、「邏輯」、「倫理學」、「社會哲學」、「科學哲學」及「形上學」等領域之教育哲學論文。其中布勞岱（H. Broudy）曾經提出一般教育工作者可以期待教育哲學之處，也頗能彰顯美國 1980 年代教育哲學之特色：

1. 雖然不是所有的教育問題都與教育哲學有關，有些是關乎經濟、行政、技術或科學事實；不過教育哲學家有責任去探索影響學校教育的一些普遍性問題，以教育工作者能理解的語言提出其哲學觀點與方法。為了使兩者能互通，在師資養成階段，教育哲學的課程不可免。

2. 雖然許多教育問題有不同的看法，教育哲學家們不能只持守自己的教育觀，他有責任把這些爭議的來龍去脈向教育工作者說明清楚，不至於產生歧義、含混的現象。

3. 教育哲學家們應致力去探索各種教育主張與政策，審慎地評估其後果及可行性。

4. 教育哲學家也應該爲教育工作者提供一個綜合性、系統性及一致性的教育信念與論證，爲教育提供一個圓滿的視野，使教育與生活哲學完美地結合在一起。

5. 教育哲學家應勇於疾呼理性的討論與探索的自由，以取代一元化的標準。

教育哲學作爲一門教育專業的學術領域，也必須要能回應實際的教育問題。傳統學派式之教育哲學取向以及教育分析，不見得能爲實際的教育問題提供切近的良方。所以針對這些由實務而引發觀念爭議的「大問題」，就成爲教育哲學學者必須致力的重點。像是均等與卓越如何兼顧？學生個性（個別化教學）與群性（合作教學）如何調適？公私立學校功能之定位爲何？性或宗教教育應否在學校實施？精英與大眾教育如何取得平衡？諾爾（J. W. Noll, 1985）主編之《教育問題的二極紛爭》、畢崔斯與葛樂士（Beatrice & Gross, 1985）主編之《學校大爭議——美國教育往何處去？》、李奇（M. Rich, 1988）主編之《教育改革》，均是「大問題」取向之教育哲學文集。

時序進入「後現代」，各種後學——後現代、後結構、後殖民，也逐漸成爲教育哲學的學派之一，譯者梳理 1980、1990 年代美國教育哲學的研究趨向，發現「分析」雖不再成爲主流，但分析的精神確已融入英美教育哲學生態中，當年備受分析「打壓」的傳統或歐陸哲學業已重新展現生命力。眾聲喧嘩的多元風貌已儼然成形。倫敦路線隨著 1980 年代第一代分析大師的榮退，千禧年之後，第二代如 John White、T. H. McLaughlin、R. Dearden 等也屆齡退休或凋零。大英《教育哲學期刊》在後結構論者如 Richard Smith、Paul Standish 等的操盤下，也呈現多元的風貌。教育哲學當然必須時時體察時代的學術氛圍，也必須扣緊教育議題。譯者回顧英美發展，前瞻未來教育哲學探索的使命，茲歸納如後：

1. 各種重大教育改革所涉及哲學與教育理念爭議之探討，諸如

「派代亞計畫」、「國家在危機之中」等、英國的國訂課程等。臺灣 1990 年代以降的教育改革，並未經過縝密的哲學論述，應該加以強化。

2. 傳統教育哲學人物、理念之重新詮釋。如羅逖詮釋杜威實用主義的後現代意涵，後結構主義學者重新肯定尼采的價值等。華人世界的教育哲學工作者也應有系統的用嶄新的視野重溫自先秦孔子到當代蔡元培等的哲思。

3. 女性主義教育哲學的建構，在 1980 年代以後日益受到重視。諸如珍‧馬丁（Jane Roland Martin）反省傳統及分析取向教育哲學家杜威、皮德思等所建構之教育理念，是以男性之理性思維為主導，所以在教育目標之設定上，忽略了女性之特質。女性主義對臺灣教育理論與實務的影響也逾十年，值得學者擺脫情緒的好惡（無論是贊成還是反對）加以正視，女性主義學者也應時時自我檢視，勿淪為另一種霸權而不自知。

4. 西方世界重視各種教育問題涉及之法學論證。諸如兒童權利、受教權、義務教育、父母選擇學校權等。教育學者所須具備的不是犀利的法律知識，而是嚴密的論證與推理。相形之下，國內教育哲學似較為缺乏類似的討論。千禧年之後，臺灣人權相關議題等日益受到重視，雖然教育分析方法在西方已經式微，但國內仍應強化教育哲學證成（justification）的特色。

5. 涉及各種教育理論或實踐（educational practice）的知識反省。在美國各種「實作」（practical）的教育理念、教師實際的反省思考……已吸引了教育心理、課程教學，乃至教育社會學者的關注。教育哲學學者也逐漸注意此一面向所涉及有關哲學知識、倫理學上的探討，《大英教育哲學期刊》在 1980 年代以後系列探討亞里斯多德實踐概念及其在教育及德育的蘊義，即為顯例。而實踐概念所涉及的教育研究方法論的相關討論，也吸

引了許多學者的討論。

6. 各種社會爭議所涉及教育的倫理反思。如情慾或性傾向多元、同性戀正式公開於校園，部分學者認爲會引起學校管理上的困擾，另外有些學者則痛斥前述立場學者的霸權心態。這些另類學生所享之權利能否以學校「安全」之理由加以剝奪？有些學者對許多大學生的學習心態、生活作息不滿，另有些學者則呼籲要重視大學生多元的風貌，不一而足。譯者認爲，教育哲學可以更強化其應用倫理學的色彩，因爲這些爭議的回應，很難單靠教育心理、行政、諮商輔導等學門，它們必須透過倫理學上的證成，才能成爲學校可資取法之政策。

教育哲學作爲一教育專業的學術領域，在英美的確有式微之勢。也許在教育大學教育學院或教育學程中心的專業課程中，它的實用性遠遜於其他學門。這種現象也逐漸影響到國內的教育生態中。或許，教育哲學必須要從孤芳自賞中走出，實際的關切教育實際問題。而一般教育工作者也必須放棄狹隘實用之觀點，不要以一種功利、速成的態度去要求教育哲學。依譯者之見，教育哲學對於一般教育工作者之貢獻在於：(1)使教育工作者能針對教育問題作廣泛而深入之思考，從而澄清或解決爭議所在；(2) 強化個人的教育信念，從而使教師的表現植基於圓滿的專業知識與精神基礎上。

本文已經把英美 20 世紀教育哲學之發展作了整理，希望能夠有助於讀者更能掌握教育哲學的特性。當然，作爲一位臺灣教育工作者，了解英美教育哲學並不是我們的目的，譯者也期待國內同道能夠本著他山之石的態度，結合傳統中國哲學、教育素材構思，配合著臺灣教育的現貌，早日建構一套華人社會適用的教育哲學。而不淪爲國外教育哲學的附庸。

最後筆者要再次強調，教育哲學的學習絕不能淪爲考試的背誦。讀者閱讀本書時，一定要多加思考、比較。雖然本書已是綱舉目張，仍不

免出現許多哲學術語、人名，讀者一回生、二回熟，不要望而卻步。假設你在師資培育過程中，因爲修過教育哲學科目，也期待本書與本附錄能有助於您獲得一最精簡的教育哲學輪廓，且讓我們共同爲思索臺灣的教育而努力。

參考書目

簡成熙（1996）。理性、分析、教育人。臺北：師大書苑。

Beatrice & Gross Ronald (eds.) (1985). *The Great School Debate*. N. Y.: Simon & Schuster, Inc.

Beck, Clive M. (1991). North American, British and Australian philosophy of Education from 1941 to 1991: Links, Trends, Prospects, *Educational Theory*, 41 (3), 311-320.

Broudy, H. (1955). How Philosophical Can Philosophy of Education be? *Journal of Philosophy*. LII (October), 612-622.

Broudy, H. (1964). The Role of Analysis in Educational Philosophy. *Educational Theory*. 14 (October), 261-269, 285.

Broudy, H. (1981). Between the Yearbooks, J. F. Soltis (ed.) *Philosophy and Education*. University of Chicago Press.

Bremeld, T. B. (1956). *Toward a Reconstructioned Philosophy of Education*. N. Y.: Dryden.

Burbules, N.C. (1989). Issues and Trends in the Philosophy of Education. *Educational Administration Quarterly*, 25 (3), 229-252.

Chambliss, J. J. (1968). *The Origins of American Philosophy of Education: Its Development as a Distinct Discipline, 1803-1913*. The Hague. Netherlands: Martinus Nijhoff.

Edel, A. (1972). Analytic Philosophy of Education at the Crossroads. In J. F. Doyle (ed.) *Educational Judgments*. London: Rontledge and Kegan Paul.

Giarelli, J. M. & Chambliss, J. J. (1991). The Foundations of Professionalism: Fifty Years of the Philosophy of Education Society in Retrospect. *Educational Theory*, 41 (3), 265-274.

Gutek. G. L. (1988). *Philosophical and Ideological Perspectives on Education*. Englewood Cliffs, N. J.: Prentice-Hall, Inc.

Hardie, C. D. (1962). *Truth and Fallacy in Educational Theory*. N. Y.: Teachers College Press.

Henry, N. B. (1942). *The Forty-First Yearbook of National Society for the Study of Education. (Part I), Philosophies of Education*. Norwood, Mass.: The Plimpton Press.

Kaminsky (1993). *A new history of educational philosophy*. Westport, CT.: Greenwood Press.

Noll, J. W. (ed) (1985). *Taking sides: Clashing view on controversial issues*. Guilford, Conn.: The Dushkin Publishing.

Maloney, K. E. (1985). Philosophy of Education: Definitions of the Field, 1942-1982. *Educational Studies*, 16 (3), 235-258.

Martin, J. R. (1982). Excluding Women from the Educational Realm. *Harvard Educational Review*, 52 (2), 133-148.

Morris, V. C. & Pai, Y. (1976). *Philosophy and the American School*. Boston: Hou Ghotn Mifflin Company.

O'Connor, D. J. (1957). *An Introduction to the Philosophy of Education*. London: Routledge & Kegan Paul.

Price, K. (1995). Is a Philosophy of Education Necessary? *Journal of Philosophy*. LII (October), 622-633.

Rich, J. M. (1988). *Inovation in Education: Reforms and Their Critics*.

Boston: Allyn & Bacon.

Scheffler, I. (1960). *The Language of Education*. Springfield: Charles C. Thomas.

Scheffler, I. (1965). *Conditions of Knowledge: An Introduction to Epistemology and Education*. Chicago: Scott, Foresman.

Siegel, H. (1981). The Future and Purpose of Philosophy of Education. *Educational Theory*, 31, 11-15.

Smith, B. O. & Ennis, R. H. (1961). *Language and Concepts in Education*. Chicago: Rond McNally & Company.

Soltis, J. F. (1971). Analysis and Anomalies in Philosophy of Education. *Educational Philosophy and Theory*, 3, 37-50.

Soltis, J. F. (1983). Perspectives on Philosophy of Education. *Journal of Thought,* 18, 14-21.

Soltis, J. F. (1985). *An Introduction to the Analysis of Educational Concepts*. Lanham: University Press of America.

Strain, J. P. (1964). A Critique of Philosophy Analysis in Education. *Educational Theory*. Educational Theory. 14 (April), 187-193, 228.

Suttle, B. B. (1974). The Identity Crisis in Philosophy of Education. *Educational Theory*, 24, 276-283.

Walton, J. & Kuethe, J. (eds.) (1963). *The Discipline of Education*. Madison: University of Wisconsin Press.

延伸閱讀

作為一翻譯性之著作，譯者不宜有太大的主體性，原書作者已列有完整的英文書目，但考量到有許多師資培育課程是以本書作為教科書，譯者特別列出一些中文教育哲學教科書的特色，以及最近國外最重

要的教育哲學文集，殷殷期盼能對教師及學子提供助益。

　　吳俊升的《教育哲學大綱》（商務），仍值得學子（特別是研究生）仔細研閱，歐陽教之《教育哲學導論》（文景）及李奉儒之《教育哲學：分析的取向》（揚智）代表了倫敦路線的成果。邱兆偉主編的《教育哲學》、《當代教育哲學》（俱為師大書苑），則是國內眾多學者以教育哲學派別加以論述的佳作。歐陽教主編的《教育哲學》（麗文），也是國內學者的集體成果。馮朝霖之《教育哲學專論：主體、情性與創化》（高等教育），表現了歐陸思潮的特色。梁福鎮之《普通教育學》（師大書苑）及《審美教育學》（五南），也都表現了德國的學術傳統。林建福之《教育哲學：情緒的特殊觀照》（五南）、彭孟堯之《教育哲學》（學富），特別值得研究生參考。陳迺臣的《教育哲學》、《教育哲學導論》（俱為心理出版社），整合了中西，甚至是佛學的智慧。張光甫的《教育哲學：中西哲學的觀點》（雙葉），對儒家及道家的教育思想，有深入的說明。當然賈馥茗系列的作品，最能代表中國思想傳統。簡成熙之《教育哲學：理念、專題與實務》、《教育哲學專論：當分析哲學遇上女性主義》（俱為高等教育出版），分別以大學生及研究生為對象，均值得讀者進一步參考。

　　有關翻譯著作方面，除本書外，近年來，卯靜儒等譯自 B. J. Thayer-Bacon 等著之《教育的應用哲學》（學富）、黃藿等所譯 D. Carr 之《教育意義的重建》（學富）及劉育忠所譯 Ozmon & Craver 之《教育哲學》（五南），俱為英、美近年來重要的教育哲學教科書。前兩本是以教育主題為綱，後者則是以教育哲學派別作鋪陳，均值得讀者參考。

　　臺灣 TSSCI 之教育期刊，雖然有些會以教育哲學為主題，但過於零散。《教育資料與研究》66 期（2005），以教育哲學為主題，可算是臺灣近年來最有系統回顧與前瞻教育哲學的書刊。有黃藿、林仁傑及陳伊琳對英國教育哲學及英國《教育哲學期刊》的分析，簡成熙評述臺灣戰後 1949-2005 年教育哲學發展的態勢，以及郭實渝、楊洲松、方永

泉、梁福鎮對分析哲學、後現代思潮、批判取向教育哲學及德國普通教育學之專文，最值得參考。

　　至於國外近 10 年來新的教育哲學教科書不算太多，但大出版社都有教育哲學文集的出版。諸如 Hirst, P. & White, J. (Eds) (1997). *Philosophy of education: Major themes in the analytic tradition*, London: Routledge. 林逢祺、洪仁進等已導讀了此四巨冊，嘉惠國內學子獨多。Black, N., Smeyers, R., Smith, R. & Standish, P. (2003). *The Blackwell guide to the philosophy of education*. Oxford: Blackwell Publishers Ltd.; Carr, Wilfred (Ed) (2005). *The RoutledgeFalmer reader in philosophy of education*. London: Routledge; Curren, R. (2003). *A companion to the philosophy of education*. Oxford: Blackwell Publishing Ltd.; Curren, R. (2007). *Philosophy of education: An anthology*. Oxford: Blackwell Publishing; Siegel, H. (Ed) (2009). *The Oxford Handbook of philosophy of education*. Oxford: University of Oxford Press. 這些著作大體上都反映了近 20 年來西方世界教育哲學的重要議題。

國家圖書館出版品預行編目資料

哲學與教育：基督教觀點／George R. Knight
著；簡成熙譯. -- 初版. -- 臺北市：五南,
2018.04
　　面；　　公分.
譯自：Philosophy and education:an introduction
　　　in Christian perspective
ISBN 978-957-11-9651-0（平裝）
1.教育哲學
520.11　　　　　　　　　107004050

111Q

哲學與教育——基督教觀點

作　　者 — George R. Knight

譯　　者 — 簡成熙(404.2)

發 行 人 — 楊榮川

總 經 理 — 楊士清

副總編輯 — 陳念祖

責任編輯 — 黃淑真、李敏華

封面設計 — 姚孝慈

出 版 者 — 五南圖書出版股份有限公司

地　　址：106台北市大安區和平東路二段339號4樓

電　　話：(02)2705-5066　　傳　　真：(02)2706-6100

網　　址：http://www.wunan.com.tw

電子郵件：wunan@wunan.com.tw

劃撥帳號：01068953

戶　　名：五南圖書出版股份有限公司

法律顧問　林勝安律師事務所　林勝安律師

出版日期　2018年4月初版一刷

定　　價　新臺幣500元